「日本語らしさ」の文法

近藤安月子 著

Kondoh Atsuko

研究社

はしがき

　どの言語の母語話者も、日常的あるいは公的な場での話し言葉、また私信から論文に至る書き言葉のさまざまな文脈において、複数の選択肢の中から迷いなく特定の表現形式を選択します。多くの場合、その選択は無意識に行われます。しかし、言うまでもないことですが、母語話者の言語表現の選択はまったくランダムに行われるわけではなく、瞬時の母語話者の判断に基づく文や発話の構築には、その言語を司る基本的概念や傾向があり、中には、当該の言語の特徴を支えるものが少なくありません。

　著者は、2016年3月に東京大学大学院総合文化研究科を退職するまで40年を越える長きにわたり日本語教育に携わりました。その過程で、日本語母語の話者が無意識に選択する日本語表現と日本語学習者の産出する日本語との違いに接し、その経験は、どう説明したらよいか、どう教えたらよいかを考え始めるきっかけになりました。日本語教育の現場教師には、目標言語としての日本語を学習者の視点から眺めるという、客観的な姿勢が求められます。そして、学習者の産出する日本語には、日本語を外から眺めるために必要な数多くのヒントが潜んでいます。

　また、日本語学と日本語教育学の教鞭をとる傍ら、数々の共同研究活動を通して、自然な日本語あるいは日本語らしい日本語とはどのようなものか考える機会を得ました。近年の日本語学や日本語教育の研究では、日本語と学習者の言語との対照をもとに日本語を客観的に捉えようとするものが増えています。本書は、日本語をできるだけ客観的に捉えることを試み、「日本語らしさ」とは何かについて著者なりの考察をまとめて著したものです。

　日本語の文法の特徴を捉える際に、これまで主として①語順、②語構成、③文の構成要素である主語・述語構造と情報に関わる主題・解説構造のどちらが顕著か、という、3つの側面が使われてきました。近年の認知言語学の研究で、日本語母語話者は表現対象とする事態の中に身を置いて、そこから事態を主観的に把握するという「主観的把握」の傾向があることが指摘されています。本

書は、日本語の文法の分析に、④認知言語学の概念である事態把握が文法にどのように現れるかという、第4の側面を加えて論じました。本書は日本語文法の網羅的な記述ではありませんが、考察対象とした「日本語らしい日本語」の文法表現には、①②③に④の側面を加えた分析が不可欠であることを提案しています。

　本書は、言語学や日本語学を専門的に学ぼうとする方、日本語教師を志す方、現在日本語教育に携わっている方のみでなく、専門は異なっても教養として日本語の文法について考えてみたい方など、幅広い読者を対象としています。

　執筆に当たっては、日本語学、言語学などの多くの先行研究、学説を参考にさせていただきました。本論に不可欠な先行研究や用語の出典などのほかは基本的に言及しておりませんが、巻末の参考図書に書名を記しました。これまで言語学、日本語学の発展に尽くしてこられ、本書で参考にさせていただいた関係各位に心より感謝を申し上げます。

　本書が考察対象とした言語現象は、東京大学大学院総合文化研究科の授業で扱ったテーマと重なります。著者のゼミで活発な意見交換をしてくれたゼミ生のみなさん、院授業で様々な見解を述べてくれた受講院生のみなさん、日本国内外での多様な日本語教育現場で出会った学習者のみなさん、その日本語教育現場で共に考え、意見を交換した日本語教師のみなさま、本書の分析に関わる主要な概念をご教示くださった先生がた、また共同研究で意見を交わした研究者のみなさまに、衷心より感謝の意を表します。みなさまとの出会いなくしては、本書は実現しませんでした。

　また、本書の執筆を薦めてくださった研究社とりわけ編集者の佐藤陽二さんに感謝いたします。佐藤さんには、企画段階のご助言から最終稿の読みづらい箇所の修正のご提案まで、大変にお世話になりました。この場を借りて、厚くお礼を申し上げます。

　最後になりますが、本書の執筆を含め、長年にわたり、支え、励ましてくれた家族にも心から感謝します。

　本書を手にとってくださる読者の方々にとって、著者の考える「日本語らしさ」が日本語を客観的に眺め、日本語らしい日本語ということについて考えるヒントとなれば、幸いに存じます。

2018年2月　近藤　安月子

目　次

はしがき　iii

第 1 章　はじめに：日本語を考える 4 つの視点 …………………… 1

1.1　語順の視点から：述語が最後の言語（Verb-final language）　1
1.2　語構成の視点から：膠着語言語（Agglutinative language）　2
1.3　主語・述語と主題・解説の視点から：主題が顕著な言語（Topic-prominent language）　3
1.4　事態把握の視点から：主観的把握の言語（language of Subjective Construal）　4

第 2 章　日本語の語のしくみ：膠着語と語順 …………………… 7

2.1　語と品詞と形態（語形変化）　8
  2.1.1　語と品詞分類　8
  2.1.2　名詞　9
  2.1.3　助詞　10
  2.1.4　副詞　12
  2.1.5　形容詞と動詞　12
  2.1.6　その他の品詞：接続詞、連体詞、感動詞　13
  2.1.7　品詞のまとめ　14
2.2　述語の 3 タイプと「形容動詞」の位置づけ　14
2.3　述語の語形変化と「助動詞」　17
2.4　節と句の主要部と語順　23

第 3 章　文の成り立ち：述語と格 …………………… 27

3.1　格助詞と意味役割　27
3.2　必須補語と任意の補語　28
3.3　膠着語としての述語動詞の内部構造　30
3.4　意味による動詞分類　30
  3.4.1　語彙的意味による動詞分類　31

3.4.2　意志動詞と無意志動詞　32
　　3.4.3　自動詞と他動詞　34
　　3.4.4　形態的な対をなす自他動詞（有対自他動詞）：非対格自動詞と他動詞　36
　　3.4.5　移動動詞と変化動詞　37

第4章　コトの描写の原点としての〈私〉：主観的把握再び........ 41
　4.1　「見えない〈私〉」と〈私〉の〈見え〉　41
　4.2　コトの体験者としての〈私〉：感情感覚を表す表現の関連から　44
　4.3　ナル型言語としての日本語：スル型言語とナル型言語　47

第5章　文のしくみ1：ヴォイスと格.. 50
　5.1　非対格自動詞（ナル型）文と対応する他動詞（スル型）文　52
　5.2　受動文　55
　　5.2.1　直接受け身文　58
　　5.2.2　間接受け身文1　62
　　5.2.3　間接受け身文2：「持ち主の受け身」文　65
　　5.2.4　受け身文の使われ方　67
　5.3　使役文　69
　　5.3.1　使役文の被使役者の格表示　71
　　5.3.2　使役文の働きかけの解釈　73
　　5.3.3　使役文の特殊な使われ方　75
　　5.3.4　非対格自動詞の使役形と他動詞および「使役動詞」の関係　75

第6章　文のしくみ2：ヴォイスとしての授受動詞文 78
　6.1　ウチとソトの概念：話し手〈私〉中心の人間関係　79
　6.2　語彙的ヴォイスとしての授受動詞：モノの授受　80
　6.3　統語的ヴォイスとしての授受動詞：恩恵の授受　84
　6.4　ヴォイスの使い分け：有対自他動詞文、受け身文、使役文、授受動詞文　87

第7章　文のしくみ3：テンスとアスペクト 92
　7.1　コトの時間：テンス（Tense）　92
　　7.1.1　状態述語のル形とタ形　92
　　7.1.2　動きや変化を表す動詞のル形　93
　　7.1.3　動きや変化を表す動詞のタ形　94

7.1.4　語りに現れるル形とタ形　95
　　7.1.5　相対テンス：トキとマエとアトを手掛かりに　96
　7.2　コトの諸相：アスペクト（aspect, 相）　97
　　7.2.1　基本的なアスペクト：動きと状態　97
　　7.2.2　スルとシテイルとシタ：動きの開始前・動きの最中・動きの終了後　98
　　7.2.3．現在の状態を表さないテイル形　101
　　7.2.4　シテイルとシテアルとシテオク：行為の結果状態の表し方　102
　　7.2.5　シテシマウとシタトコロダとシタバカリダ：動きの終結の表し方　107
　　7.2.6　語彙的アスペクト形式：シカケル・シハジメル・シダス・シツヅケル・シツヅク・シオワル　112

第8章　文のしくみ4：変化と移動 115
　8.1　ナルとスルを伴う変化表現1：〜クナル（スル）と〜ニナル（スル）　115
　8.2　ナルとスルを伴う変化表現2：〜ヨウニナル（スル）　117
　8.3　移動動詞を伴う変化表現：シテイクとシテクル　120

第9章　文のしくみ5：主題化と焦点化 127
　9.1　主題化1：ハとガの機能　128
　9.2　主題化2：無助詞の機能　134
　9.3　焦点化1：添加型とりたて助詞−モ、サエ、マデを中心に　139
　9.4　焦点化2：排他型とりたて助詞−ダケ、シカ、バカリを中心に　144

第10章　モダリティ1：話し手のコトの捉え方と心的態度 149
　10.1　モダリティとムード　149
　10.2　文の構造：中核の情報（コト）と話し手の態度　151
　10.3　モダリティと聞き手の存在：モノローグ的かダイアローグ的か　153
　10.4　評価のモダリティの位置　154
　10.5　断定と推量、蓋然性、証拠性　156
　　10.5.1　断定と推量：ダとダロウとトオモウ　157
　　10.5.2　蓋然性：カモシレナイとハズダとニチガイナイ　160
　　10.5.3　証拠性1：シソウダとヨウダ　165
　　10.5.4　証拠性2：ラシイとスルソウダとヨウダ　171

第 11 章　モダリティ 2：
　　　　　聞き手の存在を前提とする話し手の態度...................... 174
　11.1　聞き手と話し手の協働：〈共同注意〉と「協調の原理」　174
　11.2　話し手の意志の表出と意志の表明　175
　11.3　関連づけ 1：ノダと手続き的意味　181
　11.4　関連づけ 2：ワケダとノダ　188
　11.5　終助詞　192
　　11.5.1　カ　194
　　11.5.2　ヨとネ　195
　　11.5.3　ヨネ　198
　　11.5.4　終助詞をめぐる文法化　199

第 12 章　複文のしくみ 202
　12.1　名詞を修飾する従属節　204
　　12.1.1　連体修飾節：「内の関係」節と「外の関係」節　205
　　12.1.2　文の名詞化節 1：ノ節とコト節　208
　　12.1.3　文の名詞化節 2：「主要部内在型関係節」試論　210
　12.2　時を表す従属節：アイダ（ニ）とウチ（ニ）とマエ（ニ）　212
　12.3　日常言語的推論が関わる従属節　216
　　12.3.1　テ形接続の機能と意味　217
　　12.3.2　原因と理由：カラとノデ　218
　　12.3.3　順接条件：トとバとタラとナラ　220
　　12.3.4　逆接：テモとノニ　224

第 13 章　談話の結束性 228
　13.1　照応関係の指標：指示語　230
　　13.1.1　現場指示のコソアド　231
　　13.1.2　文脈指示のコソアド　233
　13.2　連接関係の指標：接続表現　237
　　13.2.1　文と文の連接関係：接続詞　237
　　13.2.2　文から談話へ：文章論、談話連結語、談話標識　240

第 14 章　待遇表現：人間関係の標識 243

14.1　相対敬語と絶対敬語、対者敬語と素材敬語、人間関係　243
14.2　対者敬語を表す文体と文体の切り替え：丁寧さ　246
14.3　敬語の分類　247
　14.3.1　尊敬語　247
　14.3.2　謙譲語 I　249
　14.3.3　謙譲語 II（丁重語）　250
　14.3.4　美化語　252
14.4　授受動詞の敬語形　253
14.5　待遇表現の動向　256
14.6　ポライトネス（Politeness）と日本語の待遇表現　261

第 15 章　おわりに 264

注　釈　269
参考文献　276
索　引　285

第 1 章　はじめに
日本語を考える 4 つの視点

　日本語という言語はどのような言語でしょうか。日本語の文法を司る基本的な原理や規則にはどのようなものがあるでしょうか。日本語の諸相の分析を通して、日本語の文法についてのこの問いに本書なりの答えを導くことを目的とします。本書は日本語を母語としない人にとっても説明の力のある日本語の記述を目指して母語話者には当たりまえに思えることが学習者にはどのように映るかを、日本語を外から眺め、できるだけ客観的に見る努力をしようと思います。

　日本語の文法の具体的な分析に入る前に、日本語がどのような言語であるかを 4 つの視点から概観します。ある言語の特徴や具体的な特徴を考える研究分野に、その言語を他の言語との対照の視点から分析する「言語類型論」があります。言語類型論は、さまざまな言語の比較対照を通して、いくつかの言語のあいだの類似性や共通性を分析する言語学の分野です。代表的な文献には、Comrie（1981, 1989）、角田（1991, 2009）、ウエイリー（2006）（大堀ほか訳）、堀江・バルデシ（2009）などがあります。

　まず、言語の類型を見るとき、語順や語構成から諸言語の類似・相違を分析することが多いようです。ここでは、日本語の分析の前提として、語順、語構成に加えて、文の構造としての主語・述語と文の情報構造としての主題・解説、また、言語の母語話者が言語化する事態をどのように捉えるかに着目した「事態把握」傾向の 4 つの視点から、日本語の特徴を考えます。本書は日本語の類型論的分析を主目的とはしませんが、次章以下で日本語の特徴を考えるうえで有用な、他の言語と比較対照して得られるいくつかの日本語分析の視点を紹介し、日本語とはどのような言語かという問いに近づくための基本的なスタンスを述べておきたいと思います。

1.1　語順の視点から：述語が最後の言語（**Verb-final language**）
　文の構成要素として、主語（S = subject）、目的語（O = object）、動詞（V =

verb) に注目し、ある言語でそれらがどのような順番で文を構成するかによって言語を類型化することができます。可能な語順としては、SOV、SVO、OSV、OVS、VSO の 6 通りが考えられ、諸言語の典型的な他動詞文を類型することが試みられています（ただし、自然言語では、OSV の存在はまだ確認されていません）。

　日本語はどの類型に入るでしょうか。基本的な他動詞文の構成要素として、「太郎」「ビール」「飲む」を取り上げると、英語は、Taro drinks beer で SVO になりますが、日本語はどうでしょうか。一番先に頭に浮かぶのは「太郎がビールを飲む」で SOV ですので、日本語は通常 SOV 言語に分析されます。ただ、「ビールを太郎が飲む」と言ってもよさそうです。

　英語の他動詞文の主語と目的語は上記のように語順によって決まるのですが、他動詞と主語、目的語との関係を表すガやヲなどの助詞を有する日本語では、他動詞文の主語と目的語の位置は英語のようには限定的に決まりません。SOV でも OSV でもよさそうです。語順が確定しているのは、V の位置で、いずれの場合も V が文末です。V が文末にあれば、S と O の位置は自由だと言えそうです。他動詞文に基づいた語順の類型では、英語は SVO 言語ですが、日本語の場合、他動詞文に限らず、すべての文において、動詞（述語）が文の最後に現れますから、日本語は V-final（動詞が文末）の言語と言ってよさそうです。

　このことは、第 2 章の 4 節で再び取り上げます。また、第 12 章の複文にも語順の問題が関わります。※注1

1.2　語構成の視点から：膠着語言語 (Agglutinative language)

　次は、語構成から日本語の語を見てみます。一般に、類型論では、言語の語構造に基づいて、次の 4 種類、孤立語 (isolating language)、膠着語 (agglutinative language)、屈折語 (inflectional language)、抱合語 (incorporating language) が認められています。屈折語は語の形が主語の数や性、述語の時制などによって変化する言語で、ラテン語、英語、ドイツ語、フランス語などインドヨーロッパ諸語の多くがこれに当たります。たとえば、英語の I read a book と He reads books の read/reads と book/books、また I walk to the station と I walked to the station の walk/walked などがそれです。孤立語は、語が語形変化をせずに使われる言語で、代表的なのは中国語やチベット語です。抱合語は 1 つの文の構成要素、たとえば、主語、目的語と述語が 1 語にまとめて表される言語で、アメリカンインディアンの言語（モホーク語）に見られるとされます。膠着語は、その名称が表すとおり、構成要素が膠でくっつけられたような形態の語を持つ言

語で、日本語やモンゴル語、韓国語、トルコ語がその例です。ただし、ある言語の語がすべて1つの類型に属するというのではありません。たとえば、日本語は基本的に膠着語ですが、いわゆる動詞などの述語の活用形は、屈折語的であると言えます。※注2

ただ、日本語の語とは何かを考えることは、たとえば、英語の word を考える場合とは異なります。英語は単語を分かち書きしますので、語や単語というとき、それがどのようなものを指すかは正書法から自明なことのように思えます。しかし、日本語の語を定義することはなかなか難しいのです。「本」や「子ども」などのいわゆる普通名詞は簡単に思えますが、「本を」や「子どもが」はどうでしょうか。また、「読む」と「読んだ」、「読まない」と「読まなかった」は、どれも1語ですが、内部の構造が異なります。さらに、「子どもに勉強の妨げになりそうな漫画は一切読ませなかった」という文は何語からなるかなどを考えるとき、語やそれより大きな単位の句、そして、節や文がどのような内部構造を持つかを考えることが必要になります。このことは、第3章で取り上げます。

1.3　主語・述語と主題・解説の視点から：主題が顕著な言語（Topic-prominent language）

外国語としての日本語教育では、日本語のハとガは日本語学習者にとって習得が難しく、また日本語母語話者にとっても客観的に説明することが難しいと言われます。たとえば、(1) の英文を翻訳しようとすると、いわゆる主語にハもガもつきうることに気づきます。

(1)　Taro read a book.
　　太郎ハ/ガ本を読みました。

では、ハとガは交替自由かというと、そうではありません。多くの場合、(2)(3) のように、何らかの文脈が与えられると、どちらか一方が選択されます。

(2)　A：子どもたちは何を読みましたか。
　　B：太郎**ハ**本を、次郎**ハ**新聞を読みました。
(3)　A：どの子が本を読みましたか。
　　B：太郎**ガ**本を読みました。

文脈を外すと、(1) のような1つの英語の文に、日本語では2つの翻訳が可能です。この違いについて、Li and Thompson (1976) は、「世界の言語の中には、主語が顕著である言語 (Subject-prominent language) と、主題が顕著である言語 (Topic-prominent language) が存在する」という仮説を立て、「英語には主語が顕著である傾向、日本語や中国語には主題が顕著である傾向がある」と結論づけました。ただし、主語が顕著な言語が主題を言語化しない、あるいはそれとは反対に、主題が顕著な言語が主語を言語化しないという意味ではなく、言語によってどちらを優先するかに相対的な差があるということです。

これを主語−述語構造と主題−解説構造による類型と考えてみましょう。

日本語には、ハとガがあり、主語−述語も主題−解説も、いずれも明示的に言語化することが可能です。日本語文法において、ハとガの機能をどのように定義するかは大きな研究課題です。日本語学では、主語と主題また主格について、これまでさまざまな議論がなされてきました。本書はそのような議論を展開する意図はありませんが、基本的に、ガは主として主語−述語構造に関わる助詞、ハは主として主題−解説構造に関わる助詞と仮定して、日本語のいわゆる助詞の振る舞いを分析することを試みます。

なお、日本語の主題−解説の視点による傾向は、第4章と第9章で取り上げます。

1.4　事態把握の視点から：主観的把握の言語 (language of Subjective Construal)

言語によって、母語話者による出来事の捉え方に違いがあると言われます。日本語教育の現場では、この違いが際立つときがあります。たとえば、英語を母語にする学習者にとって (4) のような日本語の自他動詞の使い分けや、(5) のような能動文と受動文の使い分けを理解し、習得することは比較的難しいと言われます。

(4)　ドアを開けた。/ ドアが開いた。
(5)　雨が降った。/ 雨に降られた。

日本語母語話者は (4) の自他動詞、(5) の能動文・受動文を容易に使い分けます。

自分が壊したのにもかかわらず、(6) のように言うことにも違和感はありません。

(6)　あ、おもちゃが壊れた。

　しかし、「おもちゃを壊した」ではなく「おもちゃが壊れた」を選択する理由を日本語学習者に説明するのは難しいものです。
　このような現象について、言語によって母語話者に「好まれる言い回し（fashions of speaking）」（Whorf, B. L. 1939, 1956）が違うためだという考え方があります。池上（2003, 2004, 2011）、Ikegami（2015）などは、Whorfの提唱した概念の背後には、認知主体としての話者と、その話者が認知の対象となる事態をどのように捉えるかという「事態把握（construal）」という認知的な行為があるとして、〈事態把握〉の2つの基本類型を「主観的把握（Subjective construal）」「客観的把握（Objective construal）」とし、(7)のように定義しています。

(7)　事態把握の類型：主観的把握と客観的把握（池上2011: 52）
　　　〈主観的把握〉：話者は問題の事態の中に自らの身を置き、その事態の当事者として体験的に事態把握をする――実際には問題の事態の中に身を置いていない場合であっても、話者は自らがその事態に臨場する当事者であるかのように体験的に事態把握をする。
　　　〈客観的把握〉：話者は問題の事態の外にあって、傍観者ないし観察者として客観的に事態把握をする――実際には問題の事態の中に身を置いている場合であっても、話者は（自分の分身をその事態の中に残したまま）自らはその事態から抜け出し、事態の外から、傍観者ないし観察者として客観的に（自己の分身を含む）事態を把握する。

　池上は、英語母語話者の事態把握は客観的把握の傾向が強く「ドアを開けた・雨が降った・おもちゃを壊した」を好む傾向があり、日本語母語話者の事態把握は主体的把握の傾向が強く、「ドアが開いた・雨に降られた・おもちゃが壊れた」を好むと論じています。日本母語話者は、言語化の対象となる事態を、話者自身がその事態の中にいて、その事態が話者の目の前に出来(しゅったい)するかのように把握し、それを言語化する傾向があると指摘します。
　近藤ほか（2010, 2013, 2014など）は、日本語学習者の産出する日本語に、いわば日本語らしさからの逸脱が見られることが多いことに注目し、池上の(7)を前提として、逸脱の原因が学習者の母語の事態把握と日本語母語話者のそれとの異同にあるのではないかという仮説を立て、日中韓3言語の事態把握の対照研究を行いました。その結果、この3言語の中では、日本語母語話者に主観

的把握の傾向が強く、中国語母語話者が最も客観的把握の傾向が強く、韓国語母語話者はやや日本語母語話者寄りだという結果を得ました。

　第5章から第9章の分析で、この日本語母語話者の把握傾向を具体的に観察して、事態把握の傾向が日本語文法の特徴を理解するうえで重要であることを指摘します。

　以上4つの類型的視点に基づき、日本語は、語順の点では基本的に **V-final 言語**、語構成の点では**膠着語**、主題か主語かの点では、**主題が顕著な言語**、そして、話者の事態の把握の点では、**主観的把握傾向の言語**であるという前提に立ちます。また、関連するいくつかの興味深い概念を援用しつつ、日本語を分析し、本書なりに日本語はどのような言語かという問いに客観的に答えたいと思います。

第2章　日本語の語のしくみ
膠着語と語順

　本章では、日本語の諸相を探るうえで不可欠な語順について考えます。まず問い（1）の答えてください。

（1）　日本語母語話者は日本語の文法を知っているか。

　（1）の答えは「はい」です。では、それはどのような文法知識でしょうか。日本語母語話者は日本語の文法知識を持っているはずですが、外国語を学習したときの経験と違って、日本語を習得した自覚も記憶もありません。
　一般に、子どもの母語の発達は3歳ごろまでに完了し、日本語においても、2歳半から3歳ごろまでに、基本的な文法規則を獲得すると見られています（*cf.* 小柳 2004）。その数年間の言語発達の記憶など本人にはないでしょう。もちろん、誰でも学齢期に達して表記法を学んでから、抽象度の高い語彙や表現を「学習」した記憶は持ち合わせていますが、語彙をどう並べどう変化させるかに困ったりはしません。自由に使えているのに、そのような規則を習得した記憶はないのが普通です。
　日本の義務教育で、中学校の国語で学ぶ文法を「学校文法」と呼びます。本書で扱うのは学校文法ではなく、日本語学習者のフィルターも通した「日本語の文法（＝日本語文法）」です。日本語母語話者が義務教育で学ぶ学校文法と日本語教育で日本語の非母語話者が学習し習得する日本語文法では、役割が異なります。母語話者にとっての学校文法は、無意識に獲得した母語知識を意識的に整理する道具であり、規範です。それに対して、日本語文法は、学習者が意識的に学習して習得していくものです。
　その規則は日本語の文を産出する文生成のツールとして使われます。そのような文法規則の総体は、日本語の学習が終わるまで明かになりません。また、日本語教育の文法は学習者の疑問に対する説明の力が問われます。そのためには、日本語という言語を客観的に分析し、記述することが必要です。

本書では、母語話者が無意識に獲得した知識を、非母語話者に対しても説明の力を持つように客観的に分析し記述することを心がけます。そのプロセスを通して、第1章で述べた4つの視点が、日本語にどのように顕在するかを論じます。その入り口として、言語知識を、言語を司る規則の集合であると想定します。
　言語の規則（＝文法規則）には、少なくとも4種類の基本的な手続きが関わっています。

(2)　　言語の文法を司る規則
　　　　音声を整える手続き ⇒ 音声学・音韻論の知識
　　　　語の形を整える手続き ⇒ 形態論・語構成規則の知識
　　　　文中の語順を整える手続き ⇒ 統語論・構文規則の知識
　　　　2つ以上の文のつならりを整える手続き ⇒ 談話・談話構成規則の知識

　自然言語の特徴として、一般に言語表現は2つの異なるレベルに分けられると言われます（cf. Martinet, 1965）。最小の意味を担う言語表現の単位を形態素（morpheme）、形態素の意味の対立や区別を担う最小の単位を音素（phoneme）と呼びます。また、自然言語の伝達内容は文（sentence）という単位で表されます。(2)の音声学・音韻論の知識は音素レベルの規則です。形態論・語構成規則の知識は形態素レベルの規則です。統語論・構文規則の知識は文レベルの規則です。単一の文を超えて、実際の言語使用の場での複数の文（sentences）からなるまとまりの構造を司るのは語用論・談話構成規則です。
　このうち、本書は、語構成規則（形態論）、構文規則（統語論）、談話構成規則（談話）を中心に論じます。音声や音韻論の規則については、それ以外の手続きを論じるうえで必要な程度にとどめます。音声や音韻論に関心がある方は巻末の参考文献をご覧ください。
　また、本書全体を通じて、次の3つの記号を使います。＊は、非文法的な文＝非文です。？は非文ではないが、容認度が下がる文です。？→ ?? → ??? と数が増えるごとに容認度が下がります。＃は、文法的だがその文脈では解釈できない文であることを示します。

2.1　語と品詞と形態（語形変化）
2.1.1　語と品詞分類
　まず、次の日本語の文がどのような「語」からなるか考えてください。

(3) 昨日、ホテルのレストランで派手なシャツの学生がとてもおいしそうにパスタを食べていた。

　(3)は複数の「語」が並べられています。日本語は英語のように語間にスペースを入れる分かち書きをしないので、表記だけから語の区切りが分かるわけではありません。日本語の「語」を考えるとき、日本語文法では「文節」という概念が使われます。文節というのは、「文」を細かく区切った結果、それ以上意味的にも音声的にも区切ることができない単位です。「語形変化がなく、意味を持つ最小単位」と定義づけられます。これは、言語学の単位の形態素に近い考え方です。

　形態素は、言語において、形態的にも意味的にもそれ以上分解できない形態の最小単位です。形態素には独立して使えるもの、つまり1形態素で1語であるものと、他の形態素と一緒にしか使われないものがあります。なお、単独で語を形成する自由形態素（free morpheme）と、単独で語を形成できない拘束形態素（bound morpheme）を区別することがあります。

　単一の形態素からなる語を単純語と呼びます。たとえば、「本」「人」「木」などがそれです。複数の形態素からなる語は合成語です。「山川」「水色」「雨降り」など、合成語には実質的な意味を持つ形態素が2つ以上組み合わさってできるのが複合語です。「お電話」「大きさ」「本屋」など、実質的な意味を持つ形態素に接頭辞や接尾辞などの接辞がついたものも合成語になります。また、実質的な意味を持つ形態素に文法的な機能を表す形態素がつくものがあります。これについては、述語の語形変化のところで詳述します。実質的な意味を持つ語を実質語、他の形態素についてそれに何かしらの文法的な意味合いを持たせる役割を担う語を機能語と言います。

2.1.2　名　詞

　(3)を形態素で考えてみましょう。語形変化が無い形態素は「昨日」「ホテル」「の」「レストラン」「で」「シャツ」「学生」「が」「とても」「パスタ」「を」です。それらは「それは〜だ」の「〜」に入れて自然かどうかでさらに区別できます。「〜」に入る語は、「昨日」「ホテル」「レストラン」「シャツ」「学生」「パスタ」です。これらは、これ以上分割できず単独で現れる、1形態素からなる自立語で、実質的な意味を持つ実質語と呼ぶこともできます。これらの実質語はすべて名詞です。

　名詞には、「東京」「富士山」などのように特定の人や事物の名前を指す固有

名詞、「都市」「山」などの不特定の一般的な人や事物を指す普通名詞、「3人の学生」「休みは1週間だ」の「3人」「1週間」など、物事の数や量を表す数量（名）詞があります。

「～<u>ところ</u>だ（← 所）」「～<u>わけ</u>だ（← 訳）」「～<u>もの</u>だ（← 物）」「～<u>こと</u>だ（← 事）」などは、元の名詞の意味が希薄になり、文法的な機能を帯びて、「だ」を伴って文末に現れたものです。この場合の、「ところ」「わけ」「もの」「こと」などを形式名詞と呼びます。形式名詞をひらがなで表記するのは、元の名詞の実質的な意味が失われているためです。

日本語にも代名詞を認める立場がありますが、日本語の一人称、二人称、三人称の表現の振る舞いが英語などの他言語とは異なることから、本書では、人称名詞と呼びます。また、「これ・それ・あれ・どれ」などを指示代名詞と呼ぶことがありますが、本書は、いわゆるコソアド語を指示語とし、「これ」「ここ」は名詞、「この」「こんな」は連体詞、「こう」は副詞のように、複数の品詞にまたがる語群として扱います。これは第13章で詳述します。※注3

2.1.3　助　詞

「それは～だ」の「～」に、「の」「で」「が」「を」などは入れられません。これらは「ホテル」「レストラン」や「学生」などの名詞について使われます。このように常に他の語について現れる語を付属語と呼びます。付属語のうち、「デ」「ガ」「ヲ」「ヨ」は、文中におけるその名詞の機能を表します。このような語を機能語と呼びます。これらの機能語の品詞は助詞です。名詞のあとに現れる「で」「が」「を」に当たる語を英語で考えると by bus、for John、on the table などの前置詞 by、for、on で、必ず名詞句の前に現れます。語順の観点から、日本語は後置詞言語、英語は前置詞言語と見ることができます。

日本語の助詞は、文中の位置と機能によって6種類に分類されます。次の例を見てください。

(4)　a.　学校デ太郎ガ三郎ニ教科書ヲ貸した。
　　　b.　コンビニで英語ノ新聞トコーヒーを買った。
　　　c.　大学に行ったケド、休講だったカラ、帰った。
　　　d.　三郎に教科書を貸した。参考書モ貸した。でも、ノートダケ貸さなかった。
　　　e.　A：いい天気ですネ。
　　　　　B：そうですネ。でも、夕方から雨が降りますヨ。

　　　　A：　そうですカ。

　(4a)の名詞に後接する「デ」「ガ」「ニ」「ヲ」は、動詞「貸す」とともに使われて、それぞれ「貸す場所・人・相手・もの」などの役割を示します。このように、名詞のあとについて、動詞とともにコトガラを作り上げる助詞を格助詞と呼びます。

　(4b)の「英語ノ新聞」の「ノ」は、前に来る名詞句で後ろに来る名詞句を修飾する機能を持つ連体助詞です。「ノ」による修飾関係は多様です。「私ノ本」「漱石ノ本」のように所有者と所有物や作者と作品を表す場合、「本ノ表紙」「象ノ鼻」「部屋ノ入り口」のような全体と部分、「私ノ両親」「彼ノ友だち」のような人間関係、「金ノ指輪」「ステンレスノなべ」のような材料や原料などを表す場合があります。また、「英語ノ本」は「英語で書かれた本」「英語についての本」などの解釈が可能です。具体的な修飾関係については、高橋ほか（2005: 46–8）を参照してください。

　(4b)の「英語の新聞トコーヒー」は、「友だちト喧嘩した」「友だちト勉強した」「おはようト言った」など名詞と動詞や引用内容と動詞をつなぐ格助詞とは異なり、「田中さんト山田さん」「姉ト妹」のように名詞句と名詞句をつなぐ助詞で、並列助詞や並立助詞と呼ばれます。並列助詞には、トのほかに、「本ナリ雑誌ナリ」の「ナリ」、「家族ヤラ友人ヤラ」の「ヤラ」などがあります。

　(4c)の「ケド」「カラ」は述語「行った」と「休講だった」のあとに現れています。しかし、句点（。）の前ではありません。どちらも節の述語に後接して、「大学に行った」で終わる従属節と「休校だった」で終わる従属節とが「帰った」という主節とどのような意味関係にあるのかを示します。「ケド」は逆接、「カラ」は順接で理由を表します。節と節をつなぐ機能から、接続助詞と呼ばれます。

　(4d)の「モ」「ダケ」は「参考書」と「ノート」に後接して、それぞれ「貸した」「貸さなかった」という述語に対応して格助詞のヲが表れる位置に使われます。「モ」は「ほかにも貸したものがあること」を含意し、「ダケ」は「貸さなかったものはノートのほかにはない」を含意します。このように、述語動詞とともに使われて、何かに焦点を当てて言外の意味を含意する助詞を、国語学では副助詞や係助詞と呼びますが、本書では「とりたて助詞」と呼ぶことにします。

　(4e)の「ネ」「ヨ」「カ」は、述語のあとで文の最後の位置に現れて、話し手の聞き手に対する態度を表します。このような助詞を終助詞と呼びます。

まとめとして、表1に助詞の一覧を示します。第3章では格助詞を中心に論じます。連体助詞と並列助詞は必要がない限り詳細には触れません。接続助詞は、第12章の複文のしくみと第13章の談話のしくみで扱います。とりたて助詞については、第9章の主題化と焦点化に関連させて論じます。また、終助詞については、第11章の聞き手に対するモダリティで論じます。

表1　日本語の助詞

助詞の種類	おおよその機能	例
格助詞	名詞句と述語との意味関係を示す	ガ、ヲ、ニ、デ、カラ、ト
連体助詞	名詞句と名詞句との意味関係を示す	ノ
並立助詞	名詞句と名詞句をつなぐ	ト、ヤラ、ナリ
接続助詞	節と節の関係を示す	ケド、ノニ、ノデ、ガ
とりたて助詞	文の要素を焦点化し、言外の意を含意する	ハ、モ、サエ、ダケ、シカ
終助詞	話し手の発話態度を示す	カ、ネ、ヨ、ヨネ

2.1.4　副　詞

「とても」は「それは～だ」の「～」に入りませんが、「おいしかったですか」「ええ、トテモ」と使ったり、「トテモきれいだ」「トテモおいしい」のように、あとに続く語の状態や程度を表します。このような語を副詞と呼びます。副詞は述語を修飾することが主な機能です。その修飾の内容によって、「とても」「もっと」「ずいぶん」「かなり」などの程度を表す程度副詞と、「ゆっくり」「のんびり」「急に」「突然」「うっかり」などの様態を表す様態副詞、「やはり」「もちろん」「ぜひ」「たぶん」「きっと」などの話し手の述べ方（＝陳述）を表す陳述副詞に分類されます。

2.1.5　形容詞と動詞

「派手な」「おいしそうに」「食べていた」を形態素分析すると、「派手な」は「派手だ」、「おいしそうに」は「おいし－そう－に」に、「食べていた」は「食べて－い－た」に分けられそうです。これらは、それぞれ「派手だ」「おいしい」「食べる」などの語の中心的な意味を担う形態素「派手」「おいし」「食べ」に、それぞれ「な」「そう－に」「て－い－た」がついて語になったと考えられます。「おいし」と「食べ」はそれぞれ形容詞と動詞です。

形容詞と動詞は、何かがどうである、何かがどうするという意味で文の述語になる実質語です。形容詞の「おいしい」は「おいしい」「おいしかった」「おいしく」など、動詞の「食べる」は「食べる、食べた、食べない」などと語形変化します。このような語形が変化した語は、実質的な意味を担い、変化しない部分「おいし」と「たべ」をそれぞれ形容詞の語幹 (stem)、動詞の語幹と呼びます。また、「い」「かった」「く」や「る」「た」「ない」などは単独では現れず、必ずほかの形態素についてしか使われないもので、拘束形態素と言われます。これらは、その前に現れる語に時や否定などの意味を添えます。これらを機能語と呼んで、実質語と区別してみましょう。語形変化をする形容詞や動詞は、実質的な意味を担う形態素に拘束形態素などが後接して膠着語になっています。

形態素分析はローマ字表記にすると分かりやすくなります。「派手な」は /hade-na/ となり、hade が語幹、na はその後ろの名詞につないで、「派手」がその名詞の属性であることを示していると分析できます。「おいしそうに」は「oisi-soo-ni」となり、oisi が語幹、-soo はそのような様相を帯びている意味を添える形態素（詳細は第 10 章）、ni はあとに動詞が続くことを示す形態素と分析できます。第 1 章で述べたように、日本語の語は形態素が 1 つだけの場合も複数の場合もあることが分かります。これは日本語が言語体系論的に膠着語であることの証左です。このような機能語は、学校文法の品詞では、助動詞と呼ばれます。詳細は後述しますが、本書では、語形変化をする語（＝活用語）の語形変化の中で形態素として処理します。

さきほどの「派手なシャツ」は、学校文法で言うと「派手だ」が活用した形で、「派手だ」は「元気だ」「静かだ」「暇だ」「きれいだ」などとともに形容動詞に分類されています。しかし、この命名は日本語教育の文法では説得力を欠くので、本書は別の名称で呼びます。その理由はあとで述べます。

2.1.6　その他の品詞：接続詞、連体詞、感動詞

このほかに、(3) に現れなかった語としては、「しかし」「でも」「だから」など、文と文のつながりを表す接続詞、「この」「こんな」「大きな」「小さな」「ある（或る）」など名詞の前に現れる連体詞、「はい」「いいえ」など応答を表す語、「ああ」「おや」「まあ」などの感動や感嘆を表す語があります。これはまとめて感動詞と呼ばれます。挨拶の表現も感動詞に含まれます。

2.1.7 品詞のまとめ

　実質的な意味を持つかどうか、語形が変化するかどうかに加えて、文中の機能を加えてみましょう。仮に、文を主語と述語に分けてみます。助詞を伴って単独で主語になれるかどうか、あるいはそれだけで述語として成り立つかどうかを考えます。名詞は、助詞を伴って主語にはなれますが、述語にするには「だ」を伴わなくてはなりません。一方、動詞と形容詞、形容動詞は述語になれますが、もちろん助詞を伴っても主語にはなれません。これまでの考察を踏まえて日本語の品詞をおおむね表2のようにまとめます。†をつけた品詞は2.2と2.3で取り上げます。

表2　日本語の品詞

	語形変化	文中の機能		
		主語になる	述語になる	
実質語	有	不可	可	動詞、形容詞、†形容動詞
	無	可	不可	名詞
		不可	不可	副詞、連体詞、接続詞、感動詞
機能語	有	不可	不可	††助動詞
	無	不可	不可	助詞

2.2　述語の3タイプと「形容動詞」の位置づけ

　「形容動詞」という品詞の問題点について考えましょう。表2の分類は、母語話者が無意識に獲得した母語の知識を整理するための規範の分類として、つまり学校文法としては問題がなさそうですが、日本語を母語としない人に向けた、文生成のための品詞分類としては適切でしょうか。次は、この問題を考えます。

　表2では、述語になれる自立語は動詞、形容詞、形容動詞です。これらを使って、日本語文を述語の主要部分の品詞で分類します。「今朝5時に起きた」「毎日、7時に学校へ行く」「図書館で本を読んだ」などのように述語の主要な部分が動詞であるものを動詞述語文と呼びます。また、「この本は面白い」「あそこの料理はおいしかった」「太郎は頭がいい」などのように述語の主要な部分が形容詞であるものを形容詞述語文と呼びます。さらに、「太郎は7歳だ」「専門は言語学だ」「昨日あの店は休業だった」などのような「名詞＋だ」の文を名詞述

語文と呼びます。「太郎は元気だ」「桜がきれいだった」「今日は暇だ」は学校文法なら形容動詞述語文ですが、日本語を母語としない学習者にはどのように映るでしょうか。

　形容動詞の「元気だ」「きれいだ」は、意味の点から何かの属性を表すという点で形容詞に似ていますが、語形変化はどうでしょうか。学校文法活用表によると、形容詞は「かろ（未然）、かっ・く（連用）、い（終止）、い（連体）、けれ（仮定）」と活用し、形容動詞は、「だろ（未然）、だっ・で・に（連用）、だ（終止）、な（連体）、なら（仮定）」となっています。一方、学校文法の助動詞「だ」の活用は「だろ（未然）、だっ・で（連用）、だ（終止）、な・の（連体）、なら（仮定）」で、形容動詞の活用と助動詞の「だ」の活用とほぼ同じです。

　日本語を外から見ることを試みてください。学習者の目には「学生だ・学生だった・学生だろう」も「元気だ・元気だった・元気だろう」も述語の活用の点では同じです。つまり「語形変化のない部分＋語形変化のある部分」で、形容動詞述語と名詞述語の違いは判然としません。形容動詞は、意味的には形容詞に近く、形態的には名詞述語に近いことが分かります。つまり、日本語教育の文法では、形容動詞という品詞を独立させて認めることは説得力を欠くのです。しかし、形容動詞が形容詞や名詞と異なることは、名詞の修飾語として使ってみると明確です。形容詞は「美しい公園」、形容動詞は「きれいな公園」、そして、名詞は「近所の公園」となります。

　日本語教育では、形容動詞を形容詞に近いと見るか、名詞に近いと見るかで、教科書の記述に違いがあります。意味を重視して、形容詞の下位分類とする立場は「大きい」などをイ形容詞、「きれいだ」などをナ形容詞とします。一方、形態を重視する立場は、「本」「学生」などを名詞とし、「きれい」「暇」「元気」などをナ名詞として区別します。どちらの立場をとるかにかかわらず、日本語の述語タイプは「名詞＋だ」の名詞述語文、形容詞述語文、動詞述語文の3タイプに整理できます。この分類には日本語教育の文法に求められる客観的な視点が反映しています。

　本書も、日本語教育の文法にならって、以下、イ形容詞、ナ形容詞を使います。イ形容詞、ナ形容詞、名詞＋ダの語形変化は表3のようになります。/-/ は形態素のつながりを表します。形容詞の意味的な分類は、第4章で事態把握の概念に関連させて考察します。

表3　日本語の形容詞述語と名詞述語の活用（語形変化）

	イ形容詞 例　大きい	ナ形容詞 例　元気だ	名詞＋だ 例　日本だ
辞書形	ooki-i	genki da	nihon da
テ形	ooki-ku te	genki de	nihon de
ナイ形	ooki-ku na-i	genki dewa na-i → janai	nihon de wa na-i → janai
タ形	ooki-kat-ta	genki dat-ta	nihon dat-ta
タラ形	ooki-kat-tara	genki dat-tara	nihon dat-tara
タリ形	ooki-kat-tari	genki dat-tari	nihon dat-tari
バ形	ooki-ku areba → ooki-kereba	genki de areba	nihon de areba
～＋N（子供）	ooki-i kodomo	genki na kodomo	nihon no kodomo

　次の例からは、日本語の語が例外なく品詞分類できるとは限らないことが分かります。

(5)　a. ここには、元気ナ／＊ノ人も　病気＊ナ／ノ人もいる。
　　 b. 元気ナ高齢者が多いですが、彼らの元気ノ素は何でしょうか。
　　 c. 平和ナ国の人々が平和ノ祈りを唱えた。
　　 d. 幸せナ人は幸せノありがたさに気づかないことがある。

　「病気」と「元気」は体調を表すのに、「元気だ」はナ形容詞述語、「病気だ」が名詞述語であることに戸惑う初級の日本語学習者がいます。(5b)から(5d)を見ると、「ナ」でも「ノ」でも使われる語が存在します。(5b)の「元気ナ高齢者」の「元気」は高齢者の属性ですが、「元気ノ素」の「元気」は活力の意味の名詞です。同様に、(5c)「平和ナ国」の「平和」は国の属性を指すナ形容詞ですが、「平和ノ祈り」の「平和」は祈りの対象として名詞です。(5d)の「幸せ」もナ形容詞は属性を表す解釈と「幸せ」という状態を指す名詞としての解釈が可能です。ほかにも、日常生活で、基本的にはナ形容詞のはずの語が「～の名詞」で使われる例があります。ナ形容詞と名詞のあいだで揺れがあるわけです。

寺村（1982）はこれを実質語の境界の曖昧さだと指摘しています。日本語教材の語彙リストで「幸福（な / の）、無秩序（な / の）、広範囲（な / の）」のように併記しているものがあります（近藤・丸山 2001, 2005 など）。品詞分類には限界があり、品詞間の境界は必ずしも明確ではありません。

2.3　述語の語形変化と「助動詞」

ここでは、表2の実質語の動詞の語形変化に関連して機能語の助動詞について考えます。

日本語教育の文法では、学校文法における助動詞の扱いが違います。学校文法の助動詞には (5a〜c) の「させる」「られる」などの使役や受け身や可能を表すものや、「しよう」など話し手の意志を表すもの、「ない」「た」など否定や過去を表すもの、また、(6d) の「らしい」「ようだ」「そうだ」などの話し手の推量や伝聞を表すものなどたくさんあります。また、(6e) は、(6d) の「らしい」「ようだ」がさらに過去形へと変化しています。

(6) a.　昨日は難しい論文を読ませられた。
　　b.　明日は勉強しよう。
　　c.　昨日は、お母さんに叱られなかった。
　　d.　あの子はお母さんに叱られた [らしい / ようだ / そうだ]。
　　e.　あの子はお母さんに叱られた [らしかった / ようだった]。

まず学校文法の動詞分類を整理しましょう。動詞を活用の仕方に基づいて、五段動詞、一段動詞、サ行変格動詞、カ行変格動詞に分類します。次の表4に例を示します。

五段動詞の語幹は五十音のア段、イ段、ウ段、エ段、オ段の5段にわたって変化します。一段動詞の語幹は、イ段（見る・居る・着る）かエ段（食べる・教える・見える）です。不規則に変化するものは、サ行変格動詞とカ行変格動詞です。サ行変格動詞は、「する」と「漢語＋する」（いわゆるスル動詞）、カ行変格動詞は「くる」「持ってくる」などです。

(6) の例を学校文法で考えてみましょう。(6a) は「読む」に使役の助動詞・受け身の助動詞・過去の助動詞がついた形です。(6b) は「勉強する」というサ変動詞の未然形、(6c) は、「叱る」に受け身の助動詞・打ち消しの助動詞・過去の助動詞がついた形です。(6d) は (6c) にさらに推量の助動詞が、(6e) は、(6d) に過去の助動詞がついた形です。動詞の語形を変化させる助動詞と、変化

表4 学校文法の動詞の活用表

辞書形	五段：読む	一段：食べる	サ行変格：する	カ行変格：くる
未然形	読ま（ない） 読も（う）	食べ（ない） 食べ（よう）	し（ない） し（よう）	こ（ない） こ（よう）
連用形	読み（ます） 読ん（で） 読ん（だ）	食べ（ます） 食べ（て） 食べ（た）	し（ます） し（て） し（た）	き（ます） き（て） き（た）
終止形	読む。	食べる。	する。	くる。
連体形	読む（人）	食べる（人）	する（人）	くる（人）
仮定形	読め（ば）	食べれ（ば）	すれ（ば）	くれ（ば）
命令形	読め	食べろ・食べよ	しろ・せよ	こい

　させた動詞のあとにつける助動詞があることになります。これでは、日本語を客観的に見ようとしても、混乱が生じます。
　学校文法の動詞活用は、表4のように未然形・連用形・終止形・連体形・仮定形・命令形の6種類です。「読む」の場合、活用形は、それぞれ「読ま（ない）・読も（う）・読み（ます）・読ん（で）、読む。・読む（人）・読め（ば）・読め」となります。動詞の意味を担う語幹は変化しないはずですが、「よま・よみ・よん・よむ・よむ・よめ・よめ」と変化し、そこに助動詞の「ない・ます・で・φ・φ・ば・φ」という助動詞がついたことになります。
　学校文法の活用形の名称の基準は何でしょうか。意味に基づくもの（未然形・仮定形）、機能に基づくもの（連用形・連体形・終止形）など、名称の基準は一定ではありません。「未然」の意味は「まだそうならないこと」「まだ起こらないこと」（三省堂『国語辞典』第3版など）のようですが、「読まない」「読もう」が「まだそうならないこと、まだ起こらないこと」だと言われても、納得しにくく感じます。また、仮定形「書けば」に意味が似ている「書いたら」は仮定形とされません。さらに、現代語には終止形「読む」と連体形「読む人」の区別はありません。この名称の区別はその語の使用環境で決まるわけです。名詞修飾の観点からは、「読む人」の「読む」も「読んだ本」の「読んだ」も連体形であっても不思議ではありません。
　日本語母語話者の規範としての文法、あるいは内省を整理するための文法と、

日本語学習者が段階を追って学習する知識を使って、新しい文を産出するためのツールとしての文法は、異なって当然です。日本語教育では、動詞の活用は順を追って導入され、学習が完成するまで活用の全体像は見えません。ですから、用語はなるべく分かりやすいものを使い、述語の語形変化にはなるべく意味に頼らず、形式に着目した名称を使うことが慣例になっています。日本語教育の文法では、助動詞という品詞を認めず、述語の語形変化つまり述語の活用形として見るもの（6a〜c）と文末形式として処理するもの（6d, e）に分けて分析します。

　では、日本語教育の文法での動詞の語形変化を考えてみましょう。いくつか分析方法はありますが、本書では、膠着言語としての日本語に着目して、動詞を形態素に分け、形態素の特徴から動詞分類を試みます。

　第1章で簡単に述べたように、語の類型論的には、日本語は膠着言語です。日本語の語は「本」のように1つの形態素からなるもの、「食べた」のように、「食べる」の語幹の形態素「たべ」に過去であることを示す形態素「た」の2つの形態素からなるもの、とさまざまです。表2と同じように、日本語の動詞が膠着語であることが分かるような表示をします。表4の「読む」の活用（語形変化）の例を見てください。「読む」から「読もう」まですべて1語ですが、それぞれの語の内部構造は異なります。

　日本語は膠着語ですから、動詞活用形も動詞語幹にさまざまな形態素がついたものだと分析できます。たとえば、辞書形は「語幹 yom＋時制の形態素 u」、否定形は「語幹 yom＋否定形形態素 ana＋時制の形態素 i」、受け身形は「語幹 yom＋受け身形態素 are＋時制の形態素 ru」、使役受け身形は、「語幹 yom＋使役形態素 ase＋受け身形態素 rare＋時制の形態素 ru」です。動詞の内部構造は、語幹の形態素にさまざまな形態素がついたものです。動詞の語幹形態素につく u, i, te, ta, na-i, tara, tari などの形態素は、助動詞ではなく述語の活用語尾です。表5のように、動詞の内部構造が分かるように、ローマ字表記で、形態素をハイフンで区切って示します。

　文の述語として使われるマス形・タ形・ナイ形・受け身形・使役形・使役受け身形を見ると、形態素の順序は、語幹で始まり最後は時制の形態素と決まっています。＊がついている語形は、形態素の連なりに音韻変化が伴って実際の形が形成されるものです。この音韻変化は音便と呼ばれます。動詞の連用形の音便には、yom → yon になる撥音便（「ん」）、「書く」のように kak → kai になるイ音便、「乗る」のように nor → not になる促音便（「っ」）があります。

　活用形の名称も異なります。学校文法の活用形の名称の問題は先述のとおり

表5　動詞の活用（語形変化）　例　「読む」の活用（語形変化）

辞書形	yom-u		
マス形	yom-i-mas-u	受け身形	yom-are-ru
テ形	yom-te → yonde※	使役形	yom-ase-ru
タ形	yom-ta → yonda※	使役受け身形	yom-ase-rare-ru
タラ形	yom-tara → yondara※	可能形	yom-e-ru
タリ形	yom-tari → yondari※	バ形	yom-eba
ナイ形	yom-ana-i	意向形	yom-oo

です。日本語教育の文法では、意味や機能に基づいた名称はなるべく使いません。新しい文を産出するためのツールとしての文法規則は、日本語母語話者が自分の知識を整理するための道具とは異なって当然です。順を追って導入される述語の語形変化には、なるべく意味に頼らず、形式に着目した名称を使うことが慣例です。

　日本語の動詞を形態的に客観的に捉えるためには、動詞の語幹の形態素に基づく分析が必要です。4つの分類をローマ字表記にしましょう。五段動詞の「読む」は表5で見たように、yom-u、yom-imas-u、yom-te、yom-ana-iなどとなり、語幹はyomです。同様に、「書く」はkak、「泳ぐ」はoyog、「遊ぶ」はasob、「話す」はhanas、「乗る」はnor、「待つ」はmat、「死ぬ」はsin、「買う」はkawで、いずれも子音で終わります。そこから、これらを子音動詞と呼びます。子音動詞の語幹はk、g、b、s、r、t、n、m、wの9つの子音です。

　一段動詞も同様に考えてください。「食べる」は「tabe-ru、tabe-mas-u、tabe-te、tabe-na-iなど」で、語幹は母音の/e/で終わります。「見る」は「mi-ru、mi-mas-u、mi-te、mi-na-iなど」となり、語幹は母音の/i/で終わります。そこで、学校文法の一段動詞を語幹が母音で終わる動詞の意味で、母音動詞と呼びます。

　変格動詞は活用が不規則ですから、不規則動詞と呼ぶと、表6のような形態的な動詞分類が可能になります。中止形は、「昨日は、本を読み、テレビを見た」などの使い方からの命名ですが、「読み書き」のようにそのまま名詞として使われることも、また、「読みすぎる」「読み始める」のように、複合語の語基（base）にもなりますが、本書では、複合語や合成語など語構成規則の詳細に

は触れません。

表6　形態素に基づく動詞の分類

	子音動詞 読む	母音動詞 食べる	不規則動詞 来る	不規則動詞 する
辞書形	yom-u	tabe-ru	ku-ru	su-ru
中止形	yom-i	tabe	ki	si
テ形	yon-de	tabe-te	ki-te	si-ta
タ形	yon-da	tabe-ta	ki-te	si-te
タラ形	yon-dara	tabe-tara	ki-tara	si-tara
タリ形	yon-dari	tabe-tari	ki-tari	si-tara
ナイ形	yom-ana-i	tabe-na-i	ko-na-i	si-na-i
命令形	yom-e	tabe-ro	ko-i	si-ro
受身形	yom-are-ru	tabe-rare-ru	ko-rare-ru	sare-ru
使役形	yom-ase-ru	tabe-sase-ru	ko-sase-ru	sase-ru
可能形	yom-e-ru	tabe-rare-ru	ko-rare-ru	(deki-ru)
バ形	yom-eba	tabe-reba	ku-reba	su-reba
意向形	yom-oo	tabe-yoo	ko-yoo	si-yoo

　日本語の動詞の語形変化が客観的に捉えられることが分かります。表6にあるように、どのような動詞でも、その動詞の使役形、受け身形、可能形は、どれも母音動詞型の活用をします。たとえば、子音動詞「読む」の使役受け身形のタ形は、母音動詞の最後の -ru を -ta に変えて「yom-ase-rare-ta」となり、受け身形のタラ形は、最後の -ru を -tara に変えて「yom-are-tara」となります。動詞の活用の形態による分類の話はここまでです。動詞の意味的な分類は第3章で詳述します。

　では、日本語教育では助動詞を認めないかというとそうではありません。助動詞という用語そのものは、たとえば英語の Auxiliary verbs などとの混乱も生じさせかねないので、使いません。しかし、たとえば、「元気だ」「学生だ」の「だ」は「です」「でしょう」「である」「だろう」などとともにコピュラ（Copula・繋辞）と呼びます。文末形式の「のだ」「わけだ」「ようだ」「そうだ」などの

「だ」もコピュラです。「だ」「である」「です」は、おおむね表7のように語形変化します。

表7　コピュラ「だ」「である」「です」の語形変化

	だ	である	です
辞書形	da	de ar-u	des-u
中止形	de	de at-te	des-i-te
タ形	dat-ta	de at-ta	des-i-ta
タラ形	dat-tara	de at-tara	des-i-tara
タリ形	dat-tari	de at-tari	des-i-tari
ナイ形	de wa na-i → janai	de wa na-i	de wa arimasen
バ形	nara	de areba	————
推量形	daroo	de aroo	desyoo

　コピュラと述語の活用変化以外に学校文法で助動詞とされる「かもしれない」「にちがいない」などは形態素分析をせず、話し手の推測を表すひとまとまりの文末形式と扱います。これらの表現形式については、第10章で詳述します。
　表1は学校文法の品詞一覧でした。日本語教育の文法の品詞は表8のようになります。

表8　日本語教育の文法の品詞

		語形変化	文中の機能		
			主語になる	述語になる	
実質語		有	不可	可	動詞、イ・ナ形容詞
		無	可	不可	名詞
			不可	不可	副詞、連体詞、接続詞、感動詞
機能語		有	不可	不可	活用語尾、コピュラ
		無	不可	不可	助詞

2.4 節と句の主要部と語順

再び (3) の例を使って日本語の語順について考えます。(7a〜e) は基本的には (3) と同じ出来事を描写しています。自然に聞こえるかどうかという点で、容認度に多少差が出るようですが、どれも非文とは言い切れません。

(3) 昨日、ホテルのレストランで派手なシャツの学生がとてもおいしそうにパスタを食べていた。(再掲)

(7) a. ホテルのレストランで、昨日、派手なシャツの学生がとてもおいしそうにパスタを食べていた。
 b. 昨日、派手なシャツの学生がホテルのレストランでとてもおいしそうにパスタを食べていた。
 c. ?パスタを、昨日、派手なシャツの学生がホテルのレストランでとてもおいしそうに食べていた。
 d. ?派手なシャツの学生がとてもおいしそうに昨日、ホテルのレストランでパスタを食べていた。
 e. ??とてもおいしそうにパスタを、ホテルのレストランで、昨日、派手なシャツの学生が食べていた。

(3) と意味的には同じである (7a〜e) を使って、文の構成要素の語順について考えます。日本語の語順は比較的自由だと言われますが、自然に聞こえる文にするためはいくつかの制約があります。たとえば、文頭は、「昨日」「ホテルのレストランで」というように、描写する出来事の時間と場所を提示するのが自然です。昔話が「昔々あるところに……」で始まることからも分かります。

また、場所「ホテルのレストラン」+助詞「で」、動作主「派手なシャツの学生」+助詞「が」、食べた物「パスタ」+助詞「を」は、語順が変わっても意味は変化しません。

唯一語順が固定しているのは、動詞の「食べていた」で、どの文でも文の最後です。

文の最重要部分は述語ですが、日本語では述語が最後に来ます。日本語学習者は「日本語は最後まで聞かないと肯定か否定か、過去のことが今のことか分からない」などと言いますが、それがまさに日本語の類型論的な特徴です。

動詞などの述語は、その意味に応じて、「誰が」「何を」「どこで」などの表現を伴って使われます。このように述語の意味に応じて選択された名詞に後接して、述語とともに文の骨格を作り上げる表現を寺村 (1982) にならって、補語

と呼びます。述語と補語の関係については、第3章で、助詞との関連で詳述します。

　(3)の「ホテルのレストラン」と「派手なシャツの学生」を例に、文を構成するより小さな単位について考えましょう。前者は、「レストラン」、後者は「学生」が主要な部分です。「ホテルの」と「派手なシャツの」がなくても、(3)の基本的な意味は伝わります。「ホテルの」は「レストラン」を、「派手なシャツの」は「学生」を、それぞれより具体的に表現しています。「駅前のホテルのレストラン」「新しいホテルのレストラン」「有名なシェフが料理長をしているレストラン」「おととい君と行ったレストラン」など、「レストラン」を飾ることばは「レストラン」の前に現れます。

　「レストラン」に飾りのことばがついたひとまとまりを名詞句と呼びます。名詞句の主要な部分も名詞です。日本語は文も名詞句も主要な部分が最後に現れる言語です。英語は a restaurant in a hotel, the restaurant near the station, the restaurant in the newly built hotel near the station など、主要部の a/the restaurant が名詞句の冒頭に来ます。日本語と英語の語順は、ほぼ鏡像 (mirror image) です。英語母語の日本語学習者にとって、基本語順の習得は初級段階の大きなハードルの1つです。日本語母語話者が英語を学習するときの語順の難しさと反対のイメージです。韓国語母語話者が日本語を学習しても語順では大きな問題が生じないのは、韓国語も主要部が最後の言語だからです。ただし、名詞句の場合は、飾ることばの順序は述語にとっての補語ほど自由ではありません。「前のホテルのレストラン」と「ホテルの前のレストラン」、あるいは「有名なレストランの料理」と「レストランの有名な料理」は意味が異なることは明かです。

　日本語の語順に関するこれまでの議論をまとめましょう。

(8)　日本語の語順の基本
　① 文の主要部(述語)は文の最後に現れる → 述語が最後の言語 (Verb-final language)
　② 名詞句の主要部(被修飾語)は修飾語句のあとに現れる → 被修飾語句が最後の language
　③ 補語は名詞句に助詞が後続する → 後置詞言語 (post-positional language)

　(8)の①②から、日本語は「主要部最後の言語 (head-final language)」だと言われます。また、複数の補語の語順は基本的に自由です。

(9)　日本語の文の基本語順
　　　【［補語1……補語n］　述語】、ただし、補語1から補語nの語順は自由。

　名詞句の複数の修飾語の語順は必ずしも自由ではありません。

(10)　日本語の名詞句の基本語順：
　　　【［修飾語1……修飾語n］　名詞】ただし、修飾語1からnの語順は必ずしも自由ではない。

　最後に、文の概念についてひとことだけ加えます。
　先の名詞句の修飾語句をもとに考えてみましょう。「レストラン」の修飾語句の「有名なシェフが料理長をしている」や「このあいだ君と行った」などには、それぞれ「料理長をしている」と「行った」という述語があります。これらの述語はそのあとに来る「レストラン」を飾っているわけですが、前者では、料理をしている人である「有名なシェフ」が助詞「が」を伴っています。後者も、「行った」は「君と」という補語を伴っています。主語は言語化されていませんが、話し手「わたし」だと分かります。
　このように、文末あるいは句点（。）の前ではないところに現れる述語は、そこに「文」が潜んでいることを示しています。このような位置に現れる述語とそれを補う語句からなる部分を、句点（。）で区切られる文（sentence）と区別して、節（clause）と呼びます。節の主要な部分も述語です。文と節の概念は、第12章の複文のしくみに関わります。この「文」や「節」が表す内容は、述語を中心とした意味の塊として、コト（三上1953、寺村1982など）、命題（仁田1991、益岡1987, 1991, 2007など）などが使われます。本書は、三上や寺村に倣ってコトと呼びます。
　以上が本書を理解するうえでの、語における基本的な前提事項です。以後、第3章では、コトの中核をなす述語と格助詞の関係、第4章では主観的把握に関わる基礎的な概念と用語を導入します。コトは、話し手から切り離された中立的な情報であるとは限らず、話し手が出来事をどう捉えたかが現れます。第1章で紹介した話し手の事態把握が大きく関与し、語彙や表現形式の選択に現れます。第5章から第9章でヴォイス、テンス、移動、主題化と焦点化を、第10章と第11章で、コトと話し手の態度を表すモダリティを考察します。第12章で複文のしくみを取り上げ、第13章で、談話のまとまりを保証する言語表現を考察し、第14章で、人間関係が表出する待遇表現を取り上げます。第15

章「おわりに」で本書の全体を振り返ります。

第 3 章　文の成り立ち

述語と格

　本章では、文を構成する基本的な要素としての述語と格について考察します。文のしくみを論じるためには、述語と補語の関係を明らかにしなくてはなりません。

3.1　格助詞と意味役割

　コトの中心である述語と、それを補う情報を名詞句として導く格助詞の関係を考えます。

　文は話し手が対象とする具体的なコトの言語化です。コトの中心をなすのは述語で、すでに述べたように動詞述語、形容詞述語、名詞述語の 3 タイプがあります。述語はいろいろな情報を担う名詞句と結びついて、何らかの事態を表出します。この時、情報を担う名詞句と述語がどのような関係にあるかを明示するのが格助詞です。

　日本語文の中心は述語です。述語を中心に描かれる事態がどのような要素を必要とするかによって、補語が選択されます。たとえば、誰かが突然入ってきて「読んだ！」と言ったとします。その人が本を手に持っていたら、話し手の意図を理解するのは問題ありませんが、そのような文脈がなかったら、それを聞いた人は「誰が？」「何を？」と問いたくなります。「太郎ガ図書館デ今日の新聞ヲ読んだよ」であれば「読む」という行為に関連して、「太郎」が行為者、「図書館」が場所、「今日の新聞」が太郎の行為の対象だということが、「ガ」「デ」「ヲ」によって示されます。格助詞は、文中の名詞句と述語の意味的な関係を示す統語的な手段です。

　次に、格助詞が明示する意味役割を整理します。西欧語の文法で使われる主格、対格、与格、奪格、場所格などの用語との混乱を避けるために、以降、格をガ格、ヲ格、ニ格など、格助詞と合わせて表示します。

　まず、ガ格は「読む」のような働きかけや「変わる」のような変化の述語の場合、その動作の主体（動作主）あるいは変化の主体（変化主）を表し、「太郎ガ

英語ガ分かる」「次郎ガ将棋ガできる」「妹ガ映画ガ好きだ」のような文で、「太郎」「次郎」「妹」がある状態を経験する主体（経験主）であることを示すだけでなく、「英語」「将棋」「映画」などの誰かの能力が発揮される対象や好悪の対象を表すこともあります。

　ヲ格は、「読む」のような働きかけの向かう先（対象）や「嫌う」「好む」「憎む」のような感情が向かう対象を表すものと、「駅前の道ヲまっすぐ行って・歩いてください」とか「次の角ヲ左に曲がります」のように「行く」「歩く」「曲がる」のような移動を表す動詞の経路を表すことも、「昨年大学ヲ卒業した」「部屋ヲ出たところで友だちに会った」「次の駅で電車ヲ降ります」のように移動の出発点・起点を表すこともあります。

　ニ格は、「兄が弟ニ数学を教える」「姉が友だちニ電話した」「友だちニ会った」のように、動作の向かう相手を表すことも、「今朝5時ニ起きた」「2001年ニ生まれた」のように動きや変化の時を表すことも、「田中さんはどこニいますか」「今日の新聞はここニあります」「もう20年もここニ住んでいます」のように、何か誰かが存在する場所を表すことも、「明日9時にここニ来てください」「東京ニ着く時間は何時ですか」のように移動の到着点や目的地を表すこともあります。

　デ格は、「昨日新宿デ食事した」「図書館デ勉強した」のような活動の場所を表すことも、「車デ来ました」「鉛筆デ書いてください」のように活動の手段や道具を表すことも、また、「渋滞デ遅れた」「事故デけがをした」のような何らかの事態を引き起こした原因や理由を表すこともあります。

　このように、述語の意味を中心にある事態を描くとき、必要な情報を担う名詞句が述語とどのような関係にあるか、どのような意味役割を担うかが格助詞によって表示されます。

　格助詞はおおむね表1のような文中の名詞句が担う意味役割を表示します。ただし、これは網羅的な表ではありません。より詳しくは、たとえば、日本語記述文法研究会編（2009a: 5, 103）の格助詞と用法の対応表などを参照してください。

3.2　必須補語と任意の補語

　表1に示した格助詞が導く補語には、述語によって、その述語が描写する事態が成立するために必須の要素と、それがなくても事態の基本的な意味解釈に支障が生じない任意の要素・余剰の要素があります。たとえば、「10時ニ受付デ田中ガ来訪者名簿ニ鉛筆デ氏名ヲ書いた」という文では、ガ格補語の「田中

表1　格助詞とその主な意味役割

ガ格	動作・変化の主体（動作主）、経験する主体（経験主）、能力の対象、感情が向う対象
ヲ格	動作・活動の対象、移動の経路、移動の起点
ニ格	存在の場所、目的・目標、時、着点
ヘ格	移動の方向
デ格	出来事の場所、道具・手段、原因・理由
カラ格・ヨリ格	起点、比較の参照点
マデ格	最終到達点、限界点
ト格	共同動作の相手、動作の協力者、引用

ガ」とヲ格補語の「氏名ヲ」は、それぞれ「書いた」という動詞が表す事態が成立するために必要な意味役割の動作主と動作対象を示していますが、「10時ニ」のニ格補語が示す事態の時間、「来訪者名簿ニ」のニ格補語が示す書き込み先、そして、「鉛筆デ」のデ格補語が示す手段は、それらがなくても基本的な意味の理解に不都合は生じません。

　述語が表す事態が成立するために必要最低限の情報を担う補語を必須補語、それがなくても事態の成立に問題が生じない補語を任意の補語あるいは付加的補語と呼んで区別します。基本的に、動作主を表すガ格補語、対象を表すヲ格補語、相手を表すニ格補語は述語が表す事態成立のための必須補語であり、時を示すニ格補語や活動の場所や活動の道具・手段を示すデ格補語などは述語の意味と関係なく使うことができる任意の補語です。動詞の中には、ガ格もとらないものがあります。自然現象を表す動詞に多く、たとえば「春めく」「吹雪く」などです。

　西洋語の文法では、述語がいくつ必須の結合価（valency：おおむね本書の必須補語）をとるかで分類し、結合価の数によって、1項動詞（walk, talk）、2項動詞（kick, read）、3項動詞（give）としますが、日本語教育の文法でも、必須補語をもとに動詞を類型化し、「春めく」「吹雪く」などのガ格も取りにくいものは0項動詞、1項動詞は「〜が」をとる動詞（起きる、寝る）、2項動詞には「〜が〜を」をとる動詞（読む、食べる）、「〜が〜に」をとる動詞（受かる、入る、変わる）、「〜が〜と」をとる動詞（喧嘩する、結婚する、別れる）、また3項動詞には「〜が〜に〜を」（見せる、教える、与える）など、4項動詞には「〜

30　第3章　文の成り立ち

が〜を〜から〜に」をとる動詞（上げる、下げる、移す）に分類して、それらを文型として提示することがあります。また、第5章の「文のしくみ1：ヴォイスと格」で、格助詞のガ、ヲ、ニを、能動文と他動詞文、能動文と受動文、他動詞文と使役文など、日本語の話し手によるコトの捉え方で使われる格助詞として扱います。

3.3　膠着語としての述語動詞の内部構造

　本節から、コトについて具体的に考えます。その前に、動詞述語のおおまかな構造を確認します。(1)を見てください。コト部分を[　]でくくり、コトと表示します。

(1)　[その子が毎日母親に野菜を食べさせられている]コト

　日本語の語は膠着語です。(1)のコトの述語動詞の語形を分析するとおおむね(2)になります。

(2)　食べさせられている：[[[[[食べ]させ]られ]てい]る]

　(2)の述語動詞の内部構造は、[[[[[動詞語幹] sase] rare] te i] ru]の形です。この構造の基本的な考え方は、寺村(1982: 60)の「文の構成図」や仁田(1997: 142)の「文法カテゴリーの層状構造」が論じています。saseは使役形態素、rareは受け身形態素、teiは「ている」というアスペクトの形式、ruはtaと交替するテンスの形態素に当たります。もちろん、「食べさせられていない」も可能ですから、テンスの前には否定を表す部分が来ることがあります。動詞の語幹がそれ以外の要素に包みこまれています。そこで、まず、コトの中核である述語の核となる動詞について考えます。第2章では、動詞の形態に基づく分類をしました。ここでは、意味に基づいた動詞の分類をいくつか紹介します。

3.4　意味による動詞分類

　動詞を「動きや変化を表す語」と定義することは正しくありません。「居間に子どもがいる」「駅前に銀行がある」など、動きや変化を表さない動詞があるからです。動詞の意味の分類にはさまざまな観点からの分析と分類が可能です。ここでは、ある動詞が動きや変化を表すかどうか（動態動詞か状態動詞か）、動詞の動きや変化は話し手の意志で制御可能かどうか（意志動詞か無意志動詞

か）、動きを表す動詞は他者への働きかけを表すかどうか（自動詞か他動詞か）、動きや変化は移動を伴うものかどうか（移動動詞か変化動詞か）などの観点からの分類を紹介します。

3.4.1　語彙的意味による動詞分類

　述語は、それが表す事態が動きや変化を伴うかどうかで、動態述語と静態述語に分類できます。形容詞述語と名詞述語は、動きや変化を伴わないので、静態述語です。

　また、動きや変化を表す動詞とそうでない動詞があります。前者を動態動詞と呼びます。多くの動詞がこのクラスに入ります。「歩く」「働く」「飲む」「食べる」「読む」「書く」などがそれです。動態動詞はできごとを表します。これに対して、「ある」「いる」「分かる」「できる」などは、動きや変化ではなく、何らかの状態や性状を表す動詞です。このような動詞を状態動詞と呼びます。状態動詞は、存在や能力や性質などの属性を表します。

　動詞の語彙的意味に基づく動詞分類にはいろいろな先行研究がありますが、金田一（1950）は、動詞自体が行為を表すか、状態を表すか、変化を表すかといった動きの側面、すなわちアスペクトに注目して、日本語の動詞を状態動詞、継続動詞、瞬間動詞、第4種の動詞に4分類しました。この研究は日本語動詞の意味分析の先駆け的な研究です。※注4

(3)　日本語動詞の4分類（金田一 1950）
第1種の動詞「状態動詞」：時間の観念にかかわらず、本質的に状態を表す動詞で、テイルがつかない。
　　（本が）アル、（犬が）イル、（英語が）できる、（このはさみが）切れる
第2種の動詞「継続動詞」：ある時間の中で継続して行われる動きや作用を表す動詞で、テイルがつくと動作や作用が進行中であることを意味する。
　　読む、書く、飲む、食べる、働く、歩く
第3種の動詞「瞬間動詞」：一瞬で終わるような動作や作用を表す動詞で、テイルがつくと、その動作や作用の結果の状態の残存を意味する。
　　（電気が）つく、消える、死ぬ、決まる、開く、忘れる、知る、分かる
第4種の動詞：時間の観念を含まず、常にテイルの形で使われる動詞で、何か・誰かが何らかの状態を帯びていることを意味する。
　　そびえる、とがる、似る、すぐれる

近年、Pinker（1989）や影山（1996, 2001）などによって、日本語の語彙概念構造（Lexical Conceptual Structure；LCS）の研究、とりわけ、英語の語彙意味論研究の枠組みを使った日本語の動詞分析が進んでいます。影山（1996, 2001）は、動詞の語彙の概念構造を分析して、動詞の意味のタイプを明らかにした試みとして重要です。※注5

影山の枠組みの分析では、動詞の語彙的意味の分析に、行為を表す ACT、状態を表す STATE、起動相を表す BECOME、存在を表す BE、移動を表す MOVE、働きかけを表す CAUSE などの述語とそれが要求する項の概念が用いられます。たとえば、「到着する」の概念構造は「到着する：BECOME [y BE AT-z]」と表示されます（影山 1996: 58）。

この枠組みでは、動詞はその語彙的意味により、「いる・ある」などの状態動詞、「食べる、働く」などの活動動詞、「生まれる、生じる」などの出現動詞、「消える、消し去る」などの消滅動詞、「殴る、打つ」などの接触・打撃動詞、働きかけの結果の状態変化を伴う「壊す、割る」などの破壊動詞、「できる、作る」などの動詞の動きの結果対象が出現する作成動詞などに分析されます。この枠組みを使って、日本語と英語のさまざまな語彙の概念構造の対照分析がなされています。

3.4.2　意志動詞と無意志動詞

動詞が表す事態が動作の主体の意志でコントロールできるかどうかによる分類もあります。動作主体の意志によるコントロールが可能な動きや変化・状態を表す動詞を意志動詞、コントロールができない動詞を無意志動詞と呼んで区別します。意志動詞かどうかの区別は願望の「～したい」や意志を表す「～しよう」の形で使えるかどうかで判断することができると言われます。

(4)　a.　遊びに行く→遊びに行きたい / 行こう ⇒ 意志動詞
　　　b.　すしを食べる→すしを食べたい / 食べよう ⇒ 意志動詞
　　　c.　ここにいる→ここにいたい / いよう ⇒ 意志動詞
　　　d.　ここにある→*ここにありたい / *あろう ⇒ 無意志動詞※注6
　　　e.　英語ができる→*英語ができたい / *できよう ⇒ 無意志動詞※注7
　　　f.　雨が降る→*雨が降りたい / *雨が降ろう ⇒ 無意志動詞

動態動詞では、(4a) のような移動の「行く」や (4b) のような働きかけを表す「起きる」「寝る」「歩く」「食べる」「書く」「読む」などは意志動詞です。ま

た、動詞の語幹に使役形態素をつけた「食べさせる」「書かせる」などは意志動詞的な振る舞いをします。

　先の状態動詞でも、(4c) の「いる」は有情物を主語にとる動詞で、「明日もここにいたい」とか「明日もここにいよう」などが可能な意志動詞ですが、無情物を主語にとる (4d) の「ある」は「*明日もここにありたい」とか「*明日もここにあろう」などと言えないので、無意志動詞です。また、(4e) の「できる」などの状態動詞や「きれる」などの無意志動詞です。

　動態動詞の無意志動詞には、(4f) のような自然現象を表す「(雨が) 降る」「(風が) 吹く」の他、生理現象や心理状態を表す「疲れる」「しびれる」「震える」「めいる」、受動的な意味を表す「(試験に) 受かる」「(子どもを) 預かる」「(財産を) 失う」なども同様です。さらに、動詞の語幹に可能の形態素をつけた「書ける」「歩ける」「食べられる」や受け身形態素をつけた「言われる」「書かれる」「取られる」「盗まれる」も無意志動詞的に振る舞います。

　(5) の「忘れる」のように、意志動詞としても無意志動詞としても使わる動詞があります。

(5)　a.　あ、財布を忘れた！/ 財布を忘れちゃった。
　　　b.　いやなことは早く忘れたい / 忘れよう。

　(5a) の「忘れる」は無意志動詞ですが、(5b) の「忘れる」は、意志動詞のような振る舞いを見せます。

(6)　a.　娘が教師になった。
　　　b.　いい教師になりたい / なろう。
　　　c.　洋服についた泥を落とした。
　　　d.　ラッシュアワーの駅でパスモを落とした。

　また、(6a) の「なる」も無意志動詞ですが、「いい教師になりたい / なろう」と言うことが可能です。このような場合の「忘れたい / 忘れよう」「なりたい / なろう」は、「明日ここに来たい / 来よう」「食べたい / 食べよう」などとは異なり、「いやなことを早く忘れる」「いい教師になる」という状態の実現を希求しているのであって、主体が「忘れる」こと、「なる」ことをコントロールできるわけではありません。また、(6c) の「落とす」は「払い落す、叩き落とす」の意味で意志動詞ですが、(6d) の「落とした」は無意志動詞のように振る舞い

ます。
　明らかに意志動詞である「言う」「壊す」も、(7) のように「うっかり」や補助形式の「〜ちゃった (てしまった)」をつけると、意志性が読み取れません。

(7)　a.　うっかり本当のことを言っちゃった。
　　　b.　あ、壊しちゃった。

　動詞の意味の解釈は、共起する副詞的な表現は文末形式を含めて、大きく文脈に依存しますから、動作主体の意志によるコントロールが可能かどうかで例外なく動詞を区別することはできません。

3.4.3　自動詞と他動詞
　他者への働きかけを他動性 (transitivity) と呼びますが、動詞を他動性の有無で区別することもできます。必須補語に動作主のほかに働きかける対象をとり、その対象をガ格で表示する動詞を他動詞とし、それ以外を自動詞とします。(8a) は自動詞、(8b) は他動詞の例です。

(8)　a.　自動詞：なる、起きる、寝る、降る、来る、行く、帰る、分かる、できる
　　　b.　他動詞：する、起こす、寝かす、食べる、書く、読む、呼ぶ、教える、頼む

　他動詞の典型は必須補語として〈動作主ガ　対象ヲ〉をとる動詞です。(8) を次のように言い換えることができます。

(8′)　a.　自動詞：〈動作主ガ　対象ヲ〉型の補語をとらない動詞
　　　b.　他動詞：〈動作主ガ　対象ヲ〉型の補語をとる動詞

　〈動作主ガ　対象ヲ〉型の必須補語がとれれば他動詞ですから、〈動作主ガ　対象ヲ　相手ニ〉型の必須補語をとる「教える」「見せる」「預ける」「与える」、〈動作主ガ　対象ヲ　出どころカラ〉型の必須補語をとる「もらう」「はずす」「取り除く」「受け取る」なども他動詞です。
　また、「歩く」「走る」「降りる」は「太郎がこの道を歩いた」「子どもが廊下を走った」「田中は新宿駅で電車を降りた」のように「〜が〜を」をとることが

できますが、「この道」「廊下」はそれぞれ「歩く」「走る」という動作が働きかける対象ではなく、動きの「通り道」を表し、「電車」も「降りる」という動作が働きかける対象ではなく、動きの起点を表すので、これらの動詞は他動詞ではありません。

他動詞の特徴は、対象のヲ格補語をガ格にして、受け身文にできます。

(9) a. 先生が生徒をほめる。→生徒が先生にほめられる。
    b. 子どもがこの本を読む。→この本が子どもに読まれる。
    c. 子どもが廊下を走る。→*廊下が子どもに走られる。
    d. 田中が電車を降りる。→*電車が田中に降りられた。

しかし、(10)のように、対象ヲ以外の補語、特にニ格をとって、他への働きかけが認められる動詞があります。

(10) a. 子どもが親に頼る
     b. こどもが虫に触る。
     c. 太郎が花子に惚れる。

これらの動詞もニ格補語をガ格にして受け身にすることができ、これらを他動詞とするかどうかが問題になります。

(10´) a. 親が子どもに頼られる。
      b. 虫が子ども触られる。
      c. 花子が太郎に惚れられる。

角田(1991, 2009)は他動性の強弱の観点から、「触る」と「壊す」では働きかけが向かう先にどのような影響を及ぼすかという他動性の程度に違いがあるとし、「壊す」は典型的な他動詞、「触る」は「壊す」より他動性が低いと分析します。

(11) a. 子どもが車を壊した。→車に変化がある。
     b. 子どもが車に触る。→車に変化はない。

本書は、角田の考えを踏襲し、典型的に〈動作主ガ　対象ヲ〉をとる動詞を他

動詞とします。

3.4.4 形態的な対をなす自他動詞（有対自他動詞）：非対格自動詞と他動詞

　自動詞と他動詞には、動詞の核となる意味を表す形態素を共有する対として認められ、形態的に関連していることが分かる動詞群があります。このような自他動詞は、有対自他動詞と呼ばれます。日本語学では、有対自他動詞の研究は歴史が古く、さまざまな見解があります。形態的な対応については、佐久間鼎（1936）の自他動詞の関係図を（12）に示します。正確な派生関係については、統一した見解はないようです。日本語学での自他動詞の研究は須賀・早津編（1995）を参照してください。（13）は有対自他動詞の例です。

(12)　佐久間（1936）　自他動詞の関係図

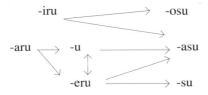

(13)　有対自他動詞
　開く−開ける、閉まる−閉める、つく−つける、とれる−とる、壊れる−壊す、落ちる−落とす、増える−増やす、減る−減らす、始まる−始める、出る−出す、入る−入れる、なおる−なおす、割れる−割る、上がる−上げる、下がる−下げる

　（13）の他動詞と対をなす自動詞と、「歩く、走る、起きる、寝る」などの自動詞を比べると、ガ格補語の性質が異なることが分かります。たとえば、「ドアが開く／閉まる」「電気がつく／消える」と「学生が歩く／走る／起きる／寝る」などを比べると、前者はガ格補語がドアや電気のような無情物で、動詞は何らかの変化を表しますが、後者のようなガ格補語が表す有情の主体が意志でコントロールできる動きや変化とは異なります。「ドア」を、動作主体ではなく、何らかの外界からの刺激や働きかけを受けて変化した対象と考えたほうが自然です。
　自動詞のこの区別には、生成文法の非対格性の仮説（Unaccusative Hypoth-

esis）(Perlmutter 1978, Burzio1986) に基づく分析が受け入れられています。この仮説に基づくと、日本語の 2 種類の自動詞を区別できます。

対格が日本語ではヲ格に当たるとすると、非対格というのはヲ格ではない格ということになります。日本語の他動詞文では、働きかけが及ぶ対象は基本的にヲ格補語で表されます。前述のように、「開く」や「閉まる」のガ格補語の「ドアガ」は意味的には対格（ヲ格）をとるべき名詞句でありながら、ガ格を伴って現れます。このように対象の変化を表す動詞でありながら、対象がヲ格ではなくガ格で表示されるような自動詞を、「起きる、寝る」などの自動詞と区別して、非対格自動詞（unaccusative verbs）と呼びます。「起きる、寝る」などは、非能格自動詞（unergative verbs）と呼ばれ、本章のこれまでの自動詞に対応します。(14) に日本語の自他動詞をまとめます。他動詞の〔；〕の前はいわゆる有対他動詞です。

(14)　日本語の有対自他動詞の例
  a.　非能格自動詞：起きる、寝る、歩く、座る、行く、来る
  b.　非対格自動詞：開く、閉まる、壊れる、割れる、増える、下がる
  c.　他動詞：開ける、閉める、壊す、割る、増やす、下げる；食べる、読む、飲む

非対格自動詞のガ格補語と有対他動詞のヲ格補語がどちらも対象であるということは重要なポイントです。有対自他動詞を使い分けることにより、同じ事態について、他動詞で「誰かガ何かヲどうするか」を表し、非対格自動詞で「何かガどうなるか」を表し分けることができます。この場合、同じ事態に 2 通りの表現の可能性が生じます。同じ事態を話し手がどのように表現したいかによる使い分けは、第 4 章の「コトの描写の原点としての〈私〉：主観的把握再び」で、日本語母語の話し手の主観的把握と関連するスル型動詞とナル型動詞の解説で取り上げます。

3.4.5　移動動詞と変化動詞

移動動詞は、ガ格補語が表す動作主体の移動を表す動詞で、「行く」「来る」「出る」「入る」「乗る」「降りる」があります。この中で、日本語の文法で重要な機能を帯びているのは「行く」「来る」です。

寺村（1982: 102–115）は、「行く」「来る」「帰る」「戻る」以外の移動の表現を、場所を表す補語との共起関係で分類しています。それぞれの動詞がどのよ

うな場所を必須補語としてとるかにより、出発点と関わる動詞、通過点（経路）と関わる動詞、また、到達点と関わる動詞の3種に分類しています。(15) がその例です。

(15)　タイプ1：　出発点 (point of departure) と関わる動詞：出る、降りる、(とび) 出す
　　　　　　　　出発点の格：　どこヲ / どこカラ
　　　タイプ2：　通過点 (path) と関わる動詞：通る、歩く、飛ぶ、走る、経る
　　　　　　　　通過点の格：　どこヲ
　　　タイプ3：　到達点 (goal) と関わる動詞：入る、乗る、着く、(とび) こむ
　　　　　　　　到達点の格：　どこニ

　上の3タイプとは別に「行く」「来る」「帰る」「戻る」の4つの動詞を扱っています。話し手が発話時にいる場所、話し手が普段いる場所、属しているところを話し手の「自分の領域」とし、4つの動詞の共通点を、出発点あるいは到達点が「自分の領域」に関わることと指摘します。寺村は、自分の領域に関わることを境遇性と呼び、4つの動詞を (16) のように分析します。

(16)　行く：出発点＝自分の領域であるような移動
　　　来る：到達点＝自分の領域であるような移動
　　　帰る：出発点と到達点が自分の領域で、自分の領域からどこかへ移動し、
　　　　　　再び自分の領域に戻るような移動
　　　戻る：単に出発点と到達点が同じであるような移動のこと

　寺村の「行く」と「来る」に関連する話し手の境遇性あるいは話し手の視点は、日本語母語の話し手の主観的把握の表れです。近藤・姫野 (2012) は「行く」と「来る」は移動を表す基本的な動詞だとして、この2つの動詞が事態にいる話し手を中心とする方向性の主観的な捉え方 (主観的把握) を指標する言語表現であると分析しています。(17) の AB のやり取り (cf. 近藤・姫野 2012: 34) はこの2つの動詞の典型的な使い方です。

(17)　A：ちょっと部屋まで来てもらえますか。
　　　B：はい。今行きます。

(17)では、発話のイマ・ココで、AはA自身の現在地へのBの移動を「来る」で表し、BはB自身が現在いる場所からの移動を「行く」で表しています。このような方向性を持つ動詞の使い方で問題になるのは、移動する側が移動先を、何を基準に把握するかという点です。英語では、(17)のような場面では、Bは移動先を聞き手（A）の立場から捉えて I am coming. のように come を使って応じますが、日本語では「来る」は使えず、あくまで移動する側本人（B）の現在地が起点となります。話し手中心の立場で自身の移動を表現し、話し手に近づく方向の移動には「来る」を、話し手から遠ざかる方向の移動には「行く」が使われます。詳細は近藤・姫野（2012: 59–42）を参照してください。

　「行く」「来る」の振る舞いについては、古くから他言語の対応する動詞のそれと異なることが指摘されています。母語話者の視点（point of view）の概念を使った大江（1975）、久野（1978）などが日本語の視点研究の先駆けとしてその後の研究に大きな影響を与えています。近年では、中澤（2011）が「行く」と「来る」を直示表現の視点を表す指標として他言語との対照言語的な観点も含めて分析しています。

　変化動詞は、動詞が何らかの変化を表す動詞のことです。(18)がその例です。

(18)　信号が黄色から赤に変わる。
　　　都市の人口が増える。
　　　地方の人口が減る。
　　　体重が減少する。
　　　借金が増大する。
　　　紅葉で木々が染まる。

　これらは、ある主体何か基準とする状態（初期状態）から別の状態に移った・至った・移行したことを表す動詞群です。たとえば、(18)は「信号」「都市の人口」「体重」などが「黄色信号の状態」「1000万人の状態」「45 kgの状態」などの初期状態から、時間を経て「赤信号の状態」「1500万人の状態」「50 kgの状態」などに移ったことを表すと考えられます。これらの動詞はすべて自動詞ですが、対応する他動詞の「変える」「増やす」「減らす」「減少させる」「増大させる」「染める」は、その変化が誰かの意図的な行為であることを表します。

　変化の概念と移動の概念は、関連しています。移動動詞を移動する主体の時間軸上の位置変化とする、移動動詞は変化動詞に含まれると考えられます。も

ちろん、その反対も可能で、変化をある状態から時間軸上の別の状態への移動と捉えることもできます。変化と移動の関連が明確になるのは、「行く」と「来る」が上記のような本動詞としてではなく、「テイク・テクル」の形で補助動詞として使われる場合です。

「行く」と「来る」は、先の例のように本動詞として使われる場合にはそれほど大きな問題がありませんが、(19)(20)のようにテイク、テクルの形で補助動詞として使われると、その方向性が興味深い振る舞いを見せます。なお、補助動詞としての動詞はひらがなで表記されます。テイク・テクルは物理的な移動も変化も表します。(19)の例は、基本的な移動の意味を保持している例で、(20)は変化を意味する例です。

(19) a. 宿題をしてきました。
　　 b. ちょっとお昼を食べてきます。
　　 c. テニスボールが飛んできました。
　　 d. 図書館で本を借りていきます。
(20) a. 子どもが大きくなってきました。
　　 b. 仕事をする女性が増えてきました。
　　 c. 少子化が進んでいくでしょう。
　　 d. (新幹線の窓から) あ、富士山が見えてきた。

「行く」と「来る」に内在する方向性は、補助動詞のテイクとテクルが変化の表現として機能することに反映します。変化表現としてのシテイクとシテクルについては、近藤・姫野 (2012) を踏まえ、第8章「文のしくみ4: 移動と変化」の8.3節で取り上げます。このほかに「あげる・やる、くれる、もらう」などの授受動詞もありますが、話し手の事態把握が関与する動詞群として、第6章「文のしくみ2: ヴォイスとしての授受動詞文」で取り上げます。

第4章 コトの描写の原点としての〈私〉
主観的把握再び

　本章では、第1章で紹介した4つ目の概念の事態把握を再度取り上げます。この概念は、第5章以降の日本語の具体的な考察に必要な基本的な考え方です。

　池上 (2003, 2004, 2011, 2015) は、B. Whorf (1956) の fashions of speaking に言及し、言語には、その話者に〈好まれる言い回し〉があり、その背後には、その言語の母語話者の〈事態把握〉があると述べています。〈好まれる言い回し〉と言う表現は、Whorf の fashions of speaking の日本語訳です。言語によって、好まれる言い回しとその背後にある事態把握の傾向が異なります。以下に、日本語母語の話し手の基本的な事態把握の傾向を3点解説します。

4.1 「見えない〈私〉」と〈私〉の〈見え〉

　日本語母語話者は英語母語話者などに比べて主観的な事態把握を好み、述べようとする事態の中に身を置いてそこから事態を捉える傾向があります。このような話し手は事態の中で、自身の周りで感覚や知覚に訴える、目や耳で捉えることができる、認識できるものを言語化し、認識できない、知覚できないものは言語化の対象としません。この日本語の事態把握の傾向とその具体的な現れは、池上・守屋 (2009) や近藤・姫野 (2012) が論じています。

　事態把握の傾向について考える典型的な手がかりは、次のような、道に迷って通りすがりの人に情報を求める場面にあります。日本語と英語の表現を比べてみましょう。

(1)　日本語: すみません。ここはどこですか。
　　　英語: Excuse me. Will you tell me where I am?

　道を尋ねるような基本的な言語行動にも、事態把握の傾向の違いが現れます。(1) の英語表現には、話し手を指すIが明示されていますが、(1) の日本語表現には「わたし」という語がありません。この話し手〈私〉は、道が分からなく

なっている事態の中にいて、そこから状況を観察しています。そのような観察者の視野には、当然ながら自分自身は入りません。日本語母語話者にはいつも自身が見えていないわけではなく、客観的に地図上の自身の位置を示すこともあります。その場合、(2) のように「わたし」が言語化されます。

(2) すみません。（地図を見せながら）<u>わたし</u>は今どこにいるんでしょうか。

　観察者としての話し手自身に関して、その観察の範囲を話し手の視野とし、話し手にどのように見えるのかを〈見え〉とします。

(3) 〈見え〉（本多 2005: 32）
　　「見え」とは、知覚者にとって状況がどのように立ち現れるか、ないしは状況がどのように経験されるかを捉えた述語である。

　本多は、〈見え〉を「知覚に限定せずあらゆる知覚および認知のシステムに適用できる用語」としています。本書も、本多に倣い〈見え〉を、視覚に限定せず、聴覚、嗅覚、触覚などの知覚に拡張して使います。
　また、言語化されていない場合の話し手の自己認識について、本多 (2005: 25) は次のように述べています。

(4) a. 言語において、音形をもった形式によって表現できるのは、話し手の視野の中に含まれるものに限られる。
　　b. 知覚における直接知覚される自己は視野の中にあるものではない。したがって、音形のある言語形式によって明示的指示することはできない。すなわち、知覚における直接知覚される自己相当にする言語表現の形式はゼロ形である。

　主観的把握傾向にある話し手の場合、観察者自身は自身の〈見え〉には含まれません。(1) の日本語の話し手はゼロ形であり、事態に身を置いた話し手の視野には話し手自身は存在しないと考えます。〈見え〉の中に話し手が存在しないわけです。
　英語の表現には、I が言語化されています。英語母語話者は事態の外から客観的に事態を把握する傾向があり、把握の対象となる事態、そして〈見え〉にも、自分自身の分身 I を認め、それが存在する場所を尋ねています。また、日

日本語の (2) の場合も、観察者である話し手が事態の外から自身を含む事態を客観的に観察し、自分自身を「わたし」で言語化しています。

基本的に、日本語母語話者の主観的把握の傾向は、その言語表現に「わたし」があまり登場しないことを説明することができます。(5) のような自己紹介の場面では、日本語母語の話し手には (5a) より (5b) のほうが自然に聞こえるでしょう。(5a) は日本語の初級学習者、特に英語のような言語を母語にする学習者が産出する日本語に見られ、「わたし」を多用する傾向があります。

(5) a. はじめまして。わたしは〇〇です。わたしの専攻は歴史です。どうぞよろしく
　　 b. はじめまして。〇〇です。専攻は歴史です。どうぞよろしく。

(5a) と (5b) の違いは 2 つあります。1 つは「ハ」の有無、もう 1 つは「わたし」という人称詞の有無です。ハは、何かを主題としてとりたて、それについて何かを述べるという、主題−解説構造の主題を担う助詞です。主観的把握を好む日本語母語の話し手には自分自身は見えず、「わたし」が主題化されません。自己紹介の冒頭で「わたし」を使わない理由はここにあります。話し手の〈見え〉には自分自身が入っていないからです。

また、次の例も、事態把握の違いが反映しています。(6a) と (6b) では、どちらの内言が自然に聞こえるでしょうか。

(6) （終着駅で目が覚めてあたりを見まわして）
　　 a. あ、誰もいない。
　　 b. あ、わたししかいない。

(6a) は主観的把握で、(6b) は「わたし」の分身を見る客観的把握です。目が醒めて、思わずつぶやくとしたら、おそらく (6a) は (6b) より自然でしょう。(6a) の話し手は、事態の外から事態を観察しているのではなく、発話のイマ・ココに身を置き、自身が感覚的・知覚的に捉えた〈見え〉を言語化しています。〈見え〉には話し手自身はいません。話し手は、イマ・ココを自身の体験の場として、そこから事態を捉えていると言えます。(6b) の話し手は、観察者として事態の外から事態の中の「わたし」を見ています。(6b) のような話し手は、事態を客体化し、自分の分身を含めた〈見え〉を言語化します。コトの描写の原点としての〈私〉を次のようにまとめます。

(7)　コトの描写の原点としての〈私〉
　　　主観的把握の傾向のある話者にとって、〈私〉は事態を観察し把握する原点であり、自分自身は〈見え〉に入らず、したがって、〈私〉は見えない。

　日本語母語話者は (5a) より (5b) を、(6b) より (6a) を好む傾向があります。それはあくまでも日本語母語の話し手の〈見え〉に自身を入れない傾向があるということであって、(2) で示したように、日本語母語話者が客観的に自身を見ることができないわけではありません。たとえば、情報のやりとりが続いて、互いの情報が対照的である場合や話し手の情報を特に際立てて述べたい場合には、「わたし」が言語化されます。

(8)　A：日本のアニメが好きです。
　　　B：そうですか。わたしは、アニメはちょっと……。

　自己紹介の (5b) の「○○です」の代わりに、(9) のように「申す」を使うこともあります。

(9)　はじめまして。○○と申します。専攻は歴史です。どうぞよろしく。

　この場合は、「わたし」と言う言語形式はなくても、「申す」という謙譲語動詞の意味に「わたし」が主語であることがコード化されています。日本語の謙譲語動詞には見えないはずの「わたし」が隠れているわけです。敬語は第 14 章で解説します。
　日本語母語話者にとって把握の原点は〈私〉ですが、〈私〉に〈私〉が見えないことは絶対的なことではありません。あくまでも傾向です。しかし、この傾向がコトの言語化にさまざまに反映しています。※注8

4.2　コトの体験者としての〈私〉：感情感覚を表す表現の関連から

　形容詞を意味に基づいて分類すると、日本語の事態把握の現れの 2 点目が分かりやすくなります。基本的にイ形容詞を用いますが、ナ形容詞も準じるものと考えます。
　形容詞は大きく (10a) 属性形容詞、(10b) 感覚形容詞、(10c) 感情形容詞、(10d) 評価性形容詞の 4 つに分類されます。評価性形容詞は、感情を表す動詞の語幹に形容詞派生接辞の asi-i がついた複合語です。たとえば、「好ましい」

は子音動詞「好む」の語幹の konom に asi-i がついた派生形容詞、「望ましい」も子音動詞の「望む」の語幹の nozom に asi-i がついた派生形容詞です。形容詞の意味に動詞語幹の意味が反映しています。

(10) a. 大きい、美しい、広い、白い、明るい、暗い、元気だ、活発だ、静かだ
　　 b. 痛い、かゆい、寒い、冷たい、だるい、好きだ、嫌いだ
　　 c. うれしい、楽しい、悲しい、つらい、寂しい、残念だ
　　 d. 好ましい、羨ましい、懐かしい、望ましい、憎らしい

　まず、感情形容詞と感覚形容詞について考えます。日本語では(10b)のような感覚を表す形容詞、(10c)のような感情形容詞が表す感覚と感情、(10d)のような評価性形容詞が表す評価は基本的に話し手〈私〉に属します。当該の形容詞を使うと、発話の時点での話し手の属性が暗示され、(11b, c)のように「わたし」を言語化する必要がありません。

(11) a. わたし / あなた / ○○さんは　若い・背が高い。（属性形容詞）
　　 b. （わたしは）/ *あなた / *○○さんは　うれしい・痛い。（感情・感覚形容詞）
　　 c. （わたし（に）は）ふるさとが懐かしい・恋しい。（評価性形容詞）

　うれしさや痛さ、懐かしさ、恋しさ、望ましさなどは「わたし」を主語にとるもので、このことは、一般に感情・感覚・評価性形容詞の人称制限と呼ばれます。この形容詞の人称制限が主観的把握の表れです。話し手の内面の感覚や感情などは話し手だけが知覚できることで、知覚者自身は言語化の対象になりません。これらの形容詞には、知覚者が〈私〉であることがコード化されていると言うこともできます。本書では、このような〈私〉を「体験者としての〈私〉」と呼びます。ただし、もちろん、体験者〈私〉の内面の状態を他者の状態と対照的に表現したい場合は、「（あなたはそうではなくても）わたしはうれしい・痛い・懐かしい」などと言うことは可能です。
　また、「ほしい」や「したい」や「しよう」「思う・感じる」などにも主観的把握が関わります。(12a)は願望の表現（ほしい、動詞語幹＋たい）、(12b)は認識や思考の表現、(12c)は意志の表現です。「V-たい」は、動詞の語幹に形容詞型の話し手の感情を表す接尾辞「-たい」が後接した複合語で、全体とし

ては感情形容詞で、話し手の欲求を表します。※注9

(12)　a.　そろそろ休みがほしい / 休みたい。
　　　b.　この仕事はなかなか難しいと思う / 感じる。
　　　c.　明日は休もう。

　(11b) も (12) も、話し手の内面を表しており、話し手自身が体験する場としてのイマ・ココに依拠して自身のみが直接知覚・認識可能な内面を直接体験として捉え、言語化しています。「体験者としての〈私〉」に関わる表現の使用には〈私〉に言及しないこと、つまり「〈私〉のゼロ化」が義務的です。
　話し手以外の人の感情・感覚、評価などを表現したい場合は、(13b)(14b)(15b) のように、それぞれ「－そうだ」「～みたいだ」などの形式を用いて、それらが発話のイマ・ココでの話し手にとっての〈見え〉であることを言語化しなくてはなりません。

(13)　a.　〈私〉のこと「痛い！・眠い！」
　　　b.　第三者のこと「痛そうだ・眠そうだ」
(14)　a.　〈私〉のこと「休みたい！」
　　　b.　第三者のこと「休みたそうだ。休みたいようだ」
(15)　a.　〈私〉のこと「難しい！・懐かしい！」
　　　b.　第三者のこと「難しい・懐かしいと思っている・感じているみたいだ」

　第三者の意志はその外見に現れにくく、話し手の〈見え〉になりにくいのですが、事前に第三者の意志の情報を入手していれば (16b) は可能です。

(16)　a.　〈私〉のこと：「明日は休もう！」
　　　b.　第三者のこと：「明日は休もうと思っているらしい・ようだ・そうだ」

　「体験者としての〈私〉」は (17) のようにまとめられます。

(17)　体験者としての〈私〉
　　　日本語母語の話し手は、自分以外の人の感情感覚や内面の状態に直接言

及できない。自分以外の人について言及するときは、それを発話のイマ・ココでの〈見え〉として捉えたことを示す言語標識を必要とする。

これらの形容詞は話し手の内言に近く、(18)のように、発話のイマ・ココに同時に存在する聞き手に、その場の感情・感覚や内面の状況を問うことは可能です。

(18) （聞き手に向かって）眠い？ / どこか痛い？ / 何か飲みたい？

ただし、これは聞き手の内面に踏み込める関係の場合のみです。そのような関係にない場合は、たとえ「ですか」をつけても容認されません。親しくない人の場合は、「先生、何かお飲みになりますか」などと、相手の意志を問う形にする必要があります。内面に踏み込んでよい間柄かどうか、どのような人間関係が言語行動を制約するかについては、第14章の待遇表現で取り上げます。

4.3　ナル型言語としての日本語：スル型言語とナル型言語

第1章で、池上（2011）を引用して、言語によって事態把握の傾向が異なると述べました。ここでは、それを捉えるのに有用な〈スル型〉言語と〈ナル型〉言語という対立概念を解説します。

この概念は日本語と英語との比較対照を基に、両言語の表現の傾向を分析することを通して明らかになったものです。〈ナル型〉言語の先駆的な研究は池上（1981）です。池上は、佐久間（1941）の言う日本語の「おのずから然る」また「自然本位的」な傾向と、英語などの「何者かがしかする・何者かにさうさせられる」また「人間本位的」な傾向に着目し、〈場所の変化〉と〈状態の変化〉という対立概念を用いて、両言語の対照分析を試みています。そして、特に、受動態と能動態の違いを「出来事に関与する〈動作主〉を明示し、それに焦点を当てて〈スル〉的な観点から表現するか、あるいは、〈動作主〉的なものへの言及を避けて、起こったことを全体として捉えて〈ナル〉的な観点から表現するか」の違いであると指摘しています。その上で、英語を〈動作主〉指向的（スル的）な傾向の言語で、日本語を〈出来事全体〉把握的（ナル的）傾向の言語であると論じています。

この違いが分かる例に、季節の変化があります。

(19)　Spring has come.

春になりました。/ ??春が来ました。

　英語は、「春」が「来る」という動作をしたという表現で、「個体」中心の描き方ですが、日本語は、「冬」から「春」への状態変化として描かれます。英語は「する言語」、日本語は「なる言語」の典型であると言われます。※注10
　日本語教育の現場では、英語のような言語の〈スル〉的把握と日本語の〈ナル〉的把握の違いが表出することが多々あります。
　〈スル〉型と〈ナル〉型の基本はおおむね (20) のようにまとめられます。

(20) 〈スル〉型：〈動作主〉に焦点を当てた出来事の捉え方で、出来事に関与する〈動作主〉を言語化し、そこからの働きかけの視点で出来事を捉えるタイプ
　　　〈ナル〉型：〈動作主〉を背景化し、出来事全体を眼前に出来する事態として捉えるタイプ。

　事態把握に関わる対立概念である〈スル〉型と〈ナル〉型の構文レベルでの対応は第5章のヴォイスで扱います。語彙レベルで見ると、先に紹介した動詞分類を別の視点から捉えることができます。もっとも特徴的なのは、同じ事態の異なる捉え方を可能にする、非対格自動詞と対をなす他動詞、いわゆる有対自他動詞 (3.4.4 節) です。

(21) a.　太郎がおもちゃを壊した。（スル型）
　　　　おもちゃが壊れた。（ナル型）
　　b.　次郎が窓を開けた。（スル型）
　　　　窓が開いた。（ナル型）

　スル型動詞の特徴は、動作主の意図性があり、シタイの形や可能形に変えられることです。ナル型動詞のガ格補語は、動作主体ではなく、変化主体、変化する対象です。

(22) a.　話す：話したい：話せる
　　b.　壊す：壊したい：壊せる
　　c.　言う：言いたい：言える
　　d.　降る：*降りたい：*降れる

d. 壊れる：＊壊れたい：＊壊れられる

　このように、動作主体の意図性が内在する動詞をスル型動詞、事態をまるごと捉えて対象の変化を表す動詞をナル型動詞と呼びます。第3章で紹介した動詞分類を再分類したのが (23) です。

(23)　スル型動詞とナル型動詞
　　　a. 金田一 (1950)：「状態動詞」「瞬間動詞」「第4種の動詞」＝ナル型
　　　　　　　　　　　　　「継続動詞」＝スル型
　　　b. 「意志動詞」＝スル型；「無意志動詞」＝ナル型
　　　c. 「他動詞」と「能格自動詞」＝スル型；非対格自動詞＝ナル型
　　　d. 「移動動詞」＝スル型；「変化動詞」＝ナル型

　このように、〈スル〉型動詞と〈ナル〉型動詞は、日本語の動詞を2分する概念対立で、事態把握の現れです。〈スル〉型動詞は、客観的把握を担う動詞、〈ナル〉型動詞は主観的把握を担います。
　第3章で日本語の動詞の分類の考え方をいくつか紹介しました。これ以降、日本語の文の理解に際して、意味に依拠した分類が分かりやすい場合は、状態動詞、意志動詞、他動詞などの用語を適宜使いますが、日本語の基本的な事態把握に関連する節では、スル・ナルの対立を際立たせるために意図的に〈スル〉型動詞、〈ナル〉型動詞を使用します。

第5章 文のしくみ1
ヴォイスと格

　本章では、コトを表す文のしくみに関わる文法範疇（grammatical category）のヴォイス（態）について考えます。
　ヴォイスは、何らかの事態の出来をどの参与者の立場から表現しているかを出発点に考える文法範疇です。スル型とナル型の対照もここに含まれます。
　日本語のヴォイスの分類の基本的として、野田（1991）は、具体的なヴォイスの概念を表す形態素がさまざまな動詞語幹について、生産的にヴォイスの対立を作り出すものを統語レベルのヴォイス、形態的に共通する部分はないが意味的また構文的にヴォイスの対立をなすと考えられるものを語彙的ヴォイス、形態的に共通する部分を持ちながらも生産性の低い、限られた自他動詞に現れるものを中間的ヴォイスと呼び、3種類に区別します。本書も、それに沿って考えます。
　(1)は、語彙レベルのヴォイスの例です。語彙レベルのボイスは、出来事のどの参加者の立場（＝変化する側か働きかける側か働きかけを受ける側か）から捉えたかを表す動詞です。(1a, b)のように他動詞と自動詞の対になるもの、(1c〜f)のように意味的に共通し、補語の数も増減がなく、ガ格補語とニ格補語が交替するものなどがあります。また、(1g)の授受動詞も語彙レベルのヴォイスと考えます。(1d〜g)は、事態の参与者2名のあいだを移動するモノあるいは情報（知識など）を受ける側から捉える文では、働きかける側の表示は、助詞ニのほか、モノや情報の出どころとして助詞カラも使われます。

(1) 語彙レベルのヴォイス：形態的な共通性はないが意味的な対照を示す動詞のペア
　a. 犯人ガ被害者ヲ殺した。vs. 被害者ガ死んだ。
　b. 国ガその土地ヲ公園ニした。vs. その土地ガ公園ニなった。
　c. チームAガチームBニ勝った。vs. チームBガチームAニ負けた。
　d. 山田さんガ田中さんニ車ヲ売った。vs. 田中さんガ山田さんニ／カラ車

ヲ買った。
　e.　先生ガ次郎ニ英語を教えた。vs. 次郎ガ先生ニ／カラ英語を習った。
　f.　太郎ガ次郎ニ本ヲ貸した。vs. 次郎ガ太郎ニ／カラ本ヲ借りた。
　g.　田中ガ山田ニ本をあげた。vs. 山田ガ田中ニ／カラ本ヲもらった。

　(2)は中間的ヴォイスの例です。中間的ヴォイスは第3章で取り上げた非対格自動詞と対応する他動詞の対照です。ある事態を、それを引き起こした動作主体の立場から捉える（スル型）か、変化した対象を中心に出来事を描く（ナル型）かの違いです。

(2)　a.　太郎が窓ヲ開けた。vs. 窓ガ開いた。
　　b.　次郎が電気ヲ消した。vs. 電気ガ消えた。

　一方、統語的なヴォイスは、ヴォイスの概念を広くとって、可能態、自発態を含む研究（柴谷1982、寺村1982、森田2002、日本語記述文法会編2009aなど）もありますが、本書は、統語的なヴォイスの典型として、基本的にナル型あるいはスル型を表す、受動態(3a, b)と使役態(3c, d)を扱います。受動態は、受け身を表す形態素(r)areがさまざまな動詞語幹につく生産的なヴォイス、使役態は、使役を表す形態素(s)aseがさまざまな動詞語幹につく生産的なヴォイスです。また、授受動詞は、(3e, f)のような補助動詞としての用法を統語レベルのヴォイスに準じるものとして扱います。

(3)　a.　生徒ガ先生ニ叱られた。cf. 先生が生徒を叱った。
　　b.　雨に降られた。cf. 雨が降った。
　　c.　先生ガ生徒ニ本を読ませた。
　　d.　部長ガ部下ヲ働かせた。
　　e.　太郎ガ次郎ヲ手伝ってあげた。
　　f.　次郎ガ太郎ニ手伝ってもらった。

　本章では、語彙的ヴォイスとして非対格自動詞に対応する他動詞、統語的ヴォイスとして、受動態と使役態を扱います。引き続き第6章で、ヴォイスとしての授受動詞と、ヴォイスをまとめます。

5.1 非対格自動詞（ナル型）文と対応する他動詞（スル型）文

　中間的な語彙レベルのヴォイスとして、有対自他動詞、すなわち非対格自動詞と対をなす他動詞を取り上げます。動詞分類の節（第3章3.4節）で触れたように、たとえば、手が滑って皿が床に落ちてこなごなになった場合、他動詞を使って「皿を割った」と言うことも、非対格自動詞を使って「皿が割れた」と言うこともできます。割った主体（話し手）は個体（個人）ですが、その個体に焦点を当てて行為者を前景化するか、出来事全体に注目し、皿に生じた変化として表現するか、その選択は、話し手の捉え方次第です。

　非対格自動詞（ナル型動詞）を使うと、仮に話し手自身が行為者であっても、あたかもその事態が話し手個人の働きかけとは無縁に、自然に生じたかのような表現になります。一方、他動詞（スル型動詞）を使うと、たとえ言語化されなくても、ある出来事や変化を引き起こした者の存在を聞き手に暗示します。(4)の例を見てください。

(4)　a.　（ジャムの瓶詰めのふたをひねって）あ、開いた / ??あ、開けた！
　　　b.　（姉のコーヒーカップを洗っていて）あ、割れた / ??あ、割った！

　(4a, b) のような場面では、ナル型動詞（自動詞）が使われることが多いのではないでしょうか。話し手自身は、(4a, b) のそれぞれの事態を、イマ・ココの〈見え〉に出来した状態変化として捉え、それを生じさせた原因である自身を行為者として客観視していません。日本語母語の話し手は、本当は自身が働きかけた（i.e. スル）結果生じた事態でも、自身が関与しないところでその事態が生じた（i.e. ナル）かのように言語化する傾向があります。

　しかし、(4b) の事実を姉に伝える場合はどうでしょうか。

(5)　（姉に）
　　　　ごめん。　a.　??洗ってたら、割れたんだ。
　　　　　　　　　b.　???洗ってたら、割ったんだ。
　　　　　　　　　c.　洗ってたら、割れちゃったんだ。
　　　　　　　　　d.　洗ってたら、割っちゃったんだ。

　非対格自動詞の (5a) は「自然発生」のナル的表現です。他動詞の (5b) は行為者（話し手）を明示するスル的表現です。(5b) は、話し手自身が行為者であることを明示しているのにもかかわらず、ナル表現よりやや容認度が落ちるよ

うです。一方、(5c) と (5d) の動詞述語には、補助動詞テシマウがついています。この形式の詳細については第 7 章の 7.2.5 節で扱いますが、暫定的にテシマウを話し手の残念な気持ちを表す形式とします。ナル型動詞にシマウがついた (5c) は、自然発生の事態に対する残念な気持ちを表し、スル型動詞にシマウがついた (5d) は、話し手が自身の行為に対する残念な気持ちを示すことで行為者としての責任を認めています。(5c, d) はどちらも自然ですが、責任を認める形のスル型動詞を使った (5d) のほうが待遇的な問題を生じさせないようです。しかし、最終的には話し手の選択です。

行為者が存在しない事態では、ナル型動詞（非対格自動詞）の可能性しかありません。

(6) （台風のとき）
　a. あ、ろうそくが消えそう！／*ろうそくを消しそう！
　b. あ、木が倒れた！／*あ、木を倒した！
　c. あ、電気が消えた！ 停電だ。／*あ、電気を消した！ 停電だ。

一方、意図の有無を問わず、誰かの何らかの物理的な関与がある事態では、ナル型動詞（非対格自動詞）とスル型動詞（他動詞）の選択の可能性が生じます。

(7) （不注意で骨折して）
　スキーで転倒して、足の骨が折れたんです。／スキーで転倒して、足の骨を折ったんです。

ナル型動詞（非対格自動詞）の「折れた」からは、話し手が自分の身に起こったことを不慮の事故のように表現していますが、スル型動詞（他動詞）の「折った」からは、話し手が自らの不注意・自己責任を認めているらしいということが伝わります。

また、次のような場合も基本的にはどちらも使えるはずですが、一般にナル型動詞が好まれるようです。

(8) （電車内のアナウンス）
　a. 右側のドアが開きます。
　　　??右側のドアを開けます。
　b. 次は新宿に止まります。

??次は新宿に止めます。

　(8)のドアの開閉は乗務員による行為ですから、行為者とその任務の責任を明示してよいはずですが、乗客とイマ・ココを共有する乗務員も乗客と自身の〈見え〉に生じる変化としてドアの開閉を捉えており、日本語母語の話し手の事態把握傾向に合致しています。ただ、最近、スル型動詞の車内アナウンスを耳にすることもあります。日本語母語の話し手の事態把握が客観的な方向に転じつつあるという兆しかもしれません。有対自他動詞の選択を(9)のようにまとめます。

(9)　有対自他動詞の選択
　　　ナル型表現（自動詞）：行為者が特定できない場合および行為者を背景化したい場合に典型的に選択され、話し手の視野に生じた状態変化が〈見え〉として言語的に表現される。
　　　スル型表現（他動詞）：ある出来事や変化を引き起こした行為者の存在を前景化し、行為者を含めた〈見え〉を表現したい場合に典型的に選択される。

　スルとナルに関連して「〜ことにする」と「〜ことになる」に簡単に触れます。この表現の対は、スルとナルの対立を拡張することで捉えられます。(10)を見てください。

(10)　（結婚式の招待状の文面に）
　　　このたび、結婚するコトニナリマシタ。
　　　?このたび、結婚するコトニシマシタ。

　結婚は当事者の意志によるものであっても、その意志を背景化することで、周りの状況から結婚という事態が自然に生じたかのように表現できるナル型表現が好まれます。しかし、この情報を第三者に伝える場合は、その限りではありません。

(11)　((10)の情報を友人に伝えるとき)
　　A: ねえ、田中さん、?結婚することになったんだって / ことにしたんだって。
　　B: へえ、そう。

(11A)は、当事者である「田中さん」の意志であることを伝えるスル型表現が、自然発生的な印象を与えるナル型表現より好まれます。(11A)のナル型表現からは、当事者の意志が背景化され、周囲の圧力か何かの結果生じた事態であるかのようなニュアンスが生じます。
　この2つの表現の選択は、文脈に依存するところが多いようです。

(12) a. このたび、友人に誘われて、共同事業を起こすことになりました／ことにしました。
　　 b. おかげさまで、息子が結婚することになりました／??息子が結婚することにしました。
　　 c. いろいろ考えた結果、進学せずに、*就職することになりました／就職することにしました。

　(12a)は、友人の誘いが引き金であれば「ことになる」、自分の決意であれば「ことにする」で、どちらも可能です。(12b)は、「おかげさまで」が周囲の影響の存在を暗示し、かつ、話し手は当事者ではなく、自分の身内に生じた変化として表現する「ことになる」が選択されます。反対に、(12c)は、話し手自身が考えた末の結論であることを表明する「ことにする」が選択されます。コトニスルとコトニナルの選択は、他動詞（スル）と非対格自動詞（ナル）の選択基準に準じます。
　行為者にスポットライトを当てるスル型と眼前に生じた事態と見るナル型の選択と使い分けには、日本語母語の話し手の事態把握が反映します。

5.2　受動文

　統語レベルの典型的なヴォイスとして、まず能動文と受動文の関係を考えます。動きや変化の主体をガ格補語として表現する文を能動文と言います。一方、ある事態の動きや変化の主体ではなく、影響を受ける側をガ格補語にして言語化する文を受動文と言います。統語レベルの受動文は生産性が高いヴォイスです。動詞の受け身形は、(13)のように動詞語幹に受け身形態素 (r)are がついたものです。

(13)　動詞の受け身形の語形成
　a.　子音動詞：動詞の語幹＋are-ru
　　　書く kak-are-ru; 読む yom-are-ru; 売る ur-are-ru; 呼ぶ yob-are-ru; 話す

hanas-are-ru; 担ぐ katug-are-ru; 死ぬ sin-are-ru; 言う iw-are-ru; 待つ mat-are-ru
- b. 母音動詞：動詞の語幹＋rare-ru
  見る mi-rare-ru; 食べる tabe-rare-ru
- c. 不規則動詞
  する sare-ru; 来る korare-ru

　日本語の受動文は直接受け身文と間接受け身文に大別されます。直接受け身文は、(14b) と (14d) のように、受動文のガ格名詞句が他動詞の能動文のヲ格名詞句に、また、受動文のニ格名詞句が他動詞の能動文のガ格に、それぞれ対応するタイプの受動文で、能動文と受動文は論理的に同値です。

(14)　a.　太郎が次郎を殴った。(能動文)
　　　b.　次郎が太郎に殴られた。(受動文)
　　　c.　父親が子どもを叱った。(能動文)
　　　d.　子どもが父親に叱られた。(受動文)

　英語などの言語での能動文と受け身文の対応も同様です。英語では (15a〜d) になりますが、能動文 (15a, c) の目的語の Jiro と his child が対応する受け身文の主語になり、能動文の主語が受け身文の前置詞句 by Taro と by his/her father となる操作です。

(15)　a.　Taro hit Jiro.　　　　b.　Jiro was hit by Taro.
　　　c.　The father scolded his child.　d.　The child was scolded by his/her father.

　この現象を汎言語的に捉えて、能動文と受動文の違いを「能動文の対象が受け身文の主語に"昇格"し、能動文の目的語が受け身文の前置詞句 by phrase に"降格"する」という関係で一般化する生成文法の考え方もあります。「昇格」「降格」という用語の背後には、文を構成する要素のあいだに「主語＞直接目的語＞間接目的語＞その他」というハイアラキー、あるいはランク付けが存在するという前提があります。
　一方、間接受け身文は、(16a, b) と (16c, d) のように、対応する能動文が表す事態に直接関らない第三者がいて、その第三者の立場から事態を言語化する

受動文です。

(16) a. 雨が降った。(能動文)
　　 b. (誰かが) 外出中に雨に降られた。(受動文)
　　 c. 子どもが泣いた。(能動文)
　　 d. (誰かが) 電車の中で子どもに泣かれた。(受動文)

　(16b) の第三者は外出していた人物、(16d) の第三者は電車に乗っていた人物です。いずれも能動文が表す事態から影響を被っていることが伝わります。
　英語などの言語には、他動詞文と直接受け身文の対応は広く観察されますが、たとえば英語には、日本語の間接受け身文に対応する受身表現はありません。(16) を (17) の英語と比べてください。

(17) a. It rained.　　→ b.　???? ※注11
　　 c. The child cried. → d.　???

　さらに、日本語には、(18c) のような直接受け身文と間接受け身文の中間に位置するような受け身文があります。

(18) a. 田中が頭を殴った。(能動文)
　　 b. ???頭が田中に殴られた。(直接受け身文)
　　 c. 田中に頭を殴られた。

　(18a) は能動文、(18b) はその直接受け身文です。(18b) は日本語としては極めて不自然で、適切性に問題があり、通常、(18b) ではなく (18c) が使われます。(18c) は、「殴る」の語幹に受け身形態素の -are がついた形ですが、能動文の対象のヲ格名詞句がそのままヲ格で現れています。日本語学での受け身文の分類は、分析の立場によって名称が異なります。(18c) のような受け身文は、通常、「頭」は「話し手の頭」であると解釈されることから、「持ち主の受け身」あるいは「所有者受け身」と呼ばれることがあります。本書では基本的に (18c) のような受け身文を、寺村 (1982) に準じて間接受け身の一種と考え、解説の便宜を図って「持ち主の受け身文」という用語を使います。※注12

　日本語学習者にとって (16b, d) や (18c) のような受け身文は、理解しにくく、また、習得しにくい文法項目です。順次、この 3 タイプの受け身文を解説

します。

5.2.1　直接受け身文

　直接受け身文とは対応する他動詞文が認められる受動文で、前述したように、英語などにも見られます。能動文と直接受け身文は、働きかける主体とその働きかけを受ける対象、そしてその2者の関係を表す動詞からなる事態です。客観的な事態において、行為者と対象はそれぞれ同じです。→は働きかけの方向を示します。

(19)　a.　山田ガ田中ヲ殴った。山田→田中
　　　b.　田中ガ山田ニ殴られた。田中←山田

　(19a, b) は、どちらも「山田」を殴るという動きをする主体、「田中」をその動きを受ける対象としている点は同じですが、(19a) の話し手は、動作主に近い位置から事態を捉えています。(19b) の話し手も同様に、動作を受け取る側の田中に近い位置から事態を捉えています。
　それぞれの〈見え〉は、マンガの構図を想像すると分かりやすいと思います。(19a) の話し手の〈見え〉には動作主の山田の後ろ姿と山田の腕を防御できなかった田中の正面の姿が、また、(19b) の話し手の〈見え〉には田中の後ろ姿と殴り終えた山田の姿があるというようなイメージです。(19´b) のように、話し手自身が働きかけを受ける対象となる事態にすると、より明確になります。

(19´b)　山田ニ殴られた。〈私〉←山田

　(19´b) の話し手は働きかけの対象ですが、描写の原点ですから、必要がない限り「わたし」を言語化しません。その〈見え〉には、殴り手の姿はあっても、自分自身の姿はありません。このように、能動文と直接受け身文には、客観的な、あるいは論理的な意味は同じであっても、事態を捉える立場は違います。また、直接受け身文にすることができるのは、動作主と受け手の2者が関わる事態ですので、他動詞文に限ります。第3章3.4.3節で解説したように、他動性のある動詞の中には、その働きかけの対象をヲ格ではなく、働きかけの向かう先 (到達点) として、ニ格表示をするものがあります。このような動詞でも、直接受け身文を作ることができます。

(20)　a.　犬ガ子どもニかみついた。⇔ 子どもガ犬ニかみつかれた。
　　　b.　子どもガ親ニ頼った。⇔ 親ガが子どもニ頼られた。

　直接受け身文と能動文との対応はおおむね次のようになります。直接受け身文は、影響を被った側からの事態の言語化です。話し手が働きかける動作主とその受け手のどちらの立場から事態を描くか、どちらに共感するかは、視点論の「視点」に当たります。久野 (1983) によると、視点は話し手が出来事を捉えるための立ち位置、いわばカメラをどこに置いているかということです。久野は話し手が事態のどの参加者に自己同一を図るかということを、「共感 (empathy)」と呼び、事態の参加者のあいだで共感を持つ度合い (共感度) が異なるとして、授受動詞の振る舞いを分析しています。本書の、話し手〈私〉が依拠するところも同様の概念です。視点と共感度について詳しくは久野 (1983) を参照してください。
　ある事態の描写に、直接受け身文を選択するか能動文を選択するかは、久野 (1983) の「発話当事の視点ハイアラーキー」により選択されます。

(21)　発話当事者の視点ハイアラーキー (久野 1983: 146)
　　　話し手は、常に自分の視点をとらなければならず、自分より他人寄りの視点をとることができない。
　　　1 = E (一人称) ＞ E (二・三人称)

　したがって、話し手自身が影響の受け手の場合、基本的にガ格は〈私〉となり、必要がない限り、言語化されません。

(22)　直接受け身：| 出来事　受け手←影響　—　行為者 |

　　　能動文：　　A ガ　B ヲ　他動詞：動作主 A からの捉え方

　　　直接受け身文：B ガ　A ニ　他動詞の受身形：対象 B からの捉え方[注13]

　ここまでの受け身文の例では動作主の格表示はニ格ですが、ニ格以外の形式が使われる場合があります。具体的には、「カラ」「ニヨッテ」が使われます。例を見てください。

(23) a. 先輩が後輩を殴った。⇔ 後輩が先輩ニ／カラ／*ニヨッテ　殴られた。
　　 b. 有名な大工がこの家を建てた。
　　　　⇔ この家が有名な大工*ニ／*カラ／ニヨッテ建てられた。
　　 c. 親が子どもを愛している。
　　　　⇔ 子どもが親ニ／カラ／ニヨッテ愛されている。
　　 d. 通行人が犯人を見た。
　　　　⇔ 犯人が通行人ニ／?カラ／*ニヨッテ見られた。
　　　　子どもが犯人を見つめた。
　　　　⇔ 犯人が子どもニ／カラ／*ニヨッテ見つめられた。
　　 e. 先生が生徒をほめた。
　　　　⇔ 生徒が先生ニ／カラ／ニヨッテ褒められた。
　　 f. サンタ役が子どもにおもちゃを配った。
　　　　⇔ おもちゃが子どもにサンタ役*ニ／カラ／ニヨッテ配られた。

　能動文の主語が受け身文でどの表示をとるかという選択は、他動詞文の動詞の働きかけの性質、いわゆる他動性の違いによります。上の例の「壊す」は働きかけの影響がそのまま対象に及び、対象の解体という結果の状態を生じます。対象に物理的な変化を生じさせるような働きかけということです。他動詞の働きかけの性質の違いは、第3章の3.4.1節で触れた動詞の語彙的意味分析が詳しいですが、いくつかの動詞の直接受け身文の動作主体につく助詞（相当語句）を、(21)に対応させて寺村 (1982: 226) を参考にして表1にまとめました。

　基本的に、能動文のガ格名詞句は受け身文のニ格補語になりますが、動詞によって、能動文のガ格名詞句が働きかけの起点と解釈されるとカラを、その働きが原因あるいは道具のような性質を持つと解釈できる場合にはニヨッテが選択されるようです。いろいろな動詞を直接受け身文にして確かめてみてください。

　受動文の動作主の格表示の選択には、他動詞の意味が表す働きかけ、いわゆる他動性の違いが反映します。他動詞の持つ他動性の分析に関心のある方は、角田 (1991, 2009)、角田ほか (2007) を参照してください。

　直接受け身文が非対格自動詞文に接近する場合があります。第一は、他動詞文の動作主体が無情物である場合です。ここまでの他動詞文の動作主体は有情物でした。英語などでは無情物主語の他動詞文は自然ですが、日本語の話しことばでは、話し手が無情物寄りに事態を捉えることが難しく、無情物主語の他

表1　直接受け身文の動作主の表示

他動詞文の格	他動詞文のヲ格名詞句（Y）の性質	動作主の格			動詞の例
		ニ	カラ	ニヨッテ	
a. XがYを～	働きかけの結果が外見に残らないもの	○	△	○	なぐる、さわる、つかむ、押す、引っ張る
b. XがYを～	物理的働きかけで変化する対象	○	×	○	殺す、壊す、つぶす
c. XがYを～	働きかけの結果出現する作品	×	×	○	作る、彫る、建てる
d. XがYを～	感情・心理的働きかけの対象	○	○	△	嫌う、憎む、好む、愛する、笑う
e. XがYを～	感覚の働きの対象	○	△	×	見る、聞く、嗅ぐ見つめる
e. XがYを～	言語的働きかけの対象	○	○	○	叱る、批評する、非難する、誉める
f. XがZにYを～	物理的働きかけで移動する対象	×*	○	○	あげる、教える、渡す、送る、贈る

＊：ニ格の重出を避けるため。

動詞文の使用は避ける傾向にあります。その代わりに直接受け身文または意味的に対応する非対格自動詞文が好まれます。(24)のように、他動詞文の無情物主語であるガ格補語は、道具や原因を表すニヨッテあるいはデ格補語として、直接受け身文や非対格自動詞文に現れます。日本語母語話者の産出する英語に受け身文を使いすぎる傾向があると指摘されることがあります。これは、日本語母語話者が母語で無情物主語の他動詞文を好まないことから来る、母語の負の転移でしょう。※注14

(24) a. 貧困ガ人々を苦しめた。
　　　⇒ ?人々が貧困ニヨッテ苦しめられた
　　　　 人々が貧困ニヨッテ／デ苦しんだ。
　　b. 担当者の不注意ガこの事故を起こした。
　　　⇒ この事故が担当者の不注意ニヨッテ起こされた。

　　　　　⇒ この事故が担当者の不注意ニヨッテ / デ起こった。
　　　c. 高い杉の木々ガ小さな山小屋を囲んでいる。
　　　　　⇒ 小さな山小屋が高い杉の木々ニヨッテ / デ囲まれている。

　第二は、話し手の主観的把握が好まれる場合です。有対自他動詞の節（3.4.4節）で見たように、日本語母語の話し手は非対格自動詞文（i.e. ナル型の事態把握）を好む傾向があります。直接受け身も対象に生じた変化を表すナル型表現です。（25）を見てください。

（25）a. 車掌がドアを開けた。
　　　　　⇒ ドアが車掌によって開けられた。
　　　　　⇒ ドアが開いた。
　　　b. 係りが幕を上げた。
　　　　　⇒ 幕が係りによって上げられた。
　　　　　⇒ 幕が上がった。
　　　c. 鉄道会社が駅ビルを建てた。
　　　　　⇒ 駅ビルが鉄道会社によって建てられた。
　　　　　⇒ 駅ビルが建った。

　直接受け身も能動文の動作主体を背景化する構文操作ですが、動作主体そのものを〈見え〉に認めない非対格自動詞文は、日本語母語の話し手の主観的把握が際立つ構文です。

5.2.2　間接受け身文1

　間接受け身文の考察のために、（26a～c）のアとイを比べてください。

（26）a. せっかくの旅行が、[ア. 雨ガ降って / イ. 雨ニ降られて]散々だった。
　　　b. 満員電車で[ア. 子どもガ泣いて / イ. 子どもニ泣かれて]困った。
　　　c. 今日は[ア. 同僚ガ休んで / イ. 同僚ニ休まれて]、仕事が進まなかった。

　（26a～c）のアは能動文、イはこの節で扱う典型的な間接受け身文です。対応する2つの表現を比べると、イには、アから感じられない誰かの気持ち、とくに否定的な情意が読み取れます。

典型的な間接受け身文は、対応する能動文の表す事態に登場しない第三者、無標には話し手〈私〉の立場から事態を主観的に捉えたもので、(27a〜c) に示すように、通常、「わたし」は言語化されません。必要があれば、自身を客観的に捉えて「わたし」が言語化され、ガ格で表示されます。また、話し手が自分以外の第三者寄りの立場から事態を把握する場合も、その第三者はガ格で表示されます。

(27) a. 雨ガ降った。⇔ (〈私〉ガ) 雨ニ降られた。
　　　b. 子どもガ泣いた。⇔ (〈私〉ガ) 子どもニ泣かれた。
　　　c. 秘書ガ辞めた。⇔ (〈私〉ガ) 秘書ニ辞められた。
　　　d. 太郎ガ帰るとき、雨が降った。⇔ 太郎ガ雨ニ降られた。
　　　e. 電車の中で妹の子どもガ泣いた。⇔ 妹ガ子どもニ泣かれた。
　　　f. 部長の秘書ガ辞めた。⇔ 部長ガ秘書ニ辞められた。
　　　g. 太郎のペットガ死んだ。⇔ 太郎ガペットニ死なれた。

(27) が示すように、間接受け身文に対応する能動文は、他動詞文も自動詞文も可能です。間接受け身文は、能動文の事態に直接関わらない者 (無標は〈私〉) の立場からの事態把握の〈見え〉の言語化です。

間接受け身文が表現するのは、「外出中に雨が降ったことから誰かが影響を被った (27a, d)」「子どもが泣いたことから誰かが影響を被った (27b, e)」「秘書が辞めたことから誰かが影響を被った (27c, f)」「ペットが死んだことから誰かが影響を被った (27g)」という、「誰か」にとってマイナスと解釈される事態です。能動文が表す出来事が起こった結果、その出来事の外にいる者がその事態から間接的に影響を被ったとして、話し手がその第三者になり代わって、主観的に事態を捉えて描くのが間接受け身文の基本です。

「被った」という表現が表すように、間接受け身文には、通常、強い受影性があると言われます。この「受影性」が主観的把握の表れです。話し手が、ある出来事をその出来事の外にいる者の立場から捉え、通常は、迷惑だ、不愉快だという評価が含意されます。ここから、間接受け身を「迷惑の受け身」と呼ぶ研究もあります。

間接受け身は、ある出来事の外にいる者が、その出来事から不利益を被った、不快に感じた、困惑したなどの主観的な捉え方を表明する構文操作であり、出来事の関与者にはその第三者に影響を与える意図があるとは限りません。(27c, f) は、秘書が第三者に迷惑を生じさせることを意図して辞職する場合も、迷惑

をかける意図はまったくなく辞職する場合も考えられます。同様のことは、たとえば(28)のように、降雨の捉え方が文脈によって良くも悪くもなることからも明らかです。

(28) 文脈：傘を持たずに外出したとき、雨が降った。
　　　⇒ 雨ニ降られて、困った。
　　　文脈：日照りが続いて水不足だったとき、雨が降った。
　　　⇒ 雨ガ降って、助かった。※注15

　では、直接受け身文は話し手の被害の意識などと無縁かというと、そうではありません。たとえば、「見る」は動詞自体に他を脅かす意味合いはないはずですが、直接受け身文にすると、(29)のように、話し手にとって好ましくない事態としての解釈がしやすいようです。

(29) 昨日、家を出るとき、隣の人が（わたしを）見た。
　　　⇒ 昨日、家を出るとき、隣の人に見られた

　また、「褒める」や「招待する」など、基本的に恩恵的な事態を示唆する他動詞の場合も、(30)のように、文脈次第でマイナスの意味合いになります。

(30) a. 下手なスピーチを褒められた。
　　 b. 苦手なクラスメートの誕生日会に招待された。

　直接受け身か間接受け身にかかわらず、ある事態を、話し手が影響を受けた対象に引き寄せて捉えて言語化する価値があると判断したことを表すもので、最終的な解釈は文脈に依存します。
　直接受け身は対応する能動文も受動文も補語の数は同じですが、間接受け身は、「出来事に登場する要素＋出来事の外の第三者（通常〈私〉）」となり、補語が１つ増えることが構文的な特徴です。また、出来事を表す能動文の動作主の表示は、直接受け身文ではニ／カラ／ニヨッテの選択肢がありますが、間接受け身文はニ格表示に限られます。

(31) 間接受け身： 第三者（〈私〉）←影響← 出来事

日本語の間接受け身が、特に英語などの言語を母語にする学習者にとって理解と習得が難しいのは、母語の基本的な事態把握の違いによるものです。

5.2.3　間接受け身文2:「持ち主の受け身」文
　間接受け身の一種で特徴的な振る舞いを見せる受け身文を扱います。本書では、通常の間接受け身文と区別する意味で、便宜的に「持ち主の受け身」文と言う用語を使用します。まず、(32a〜d)のアとイを比べてください。

(32) a.　繁華街で、[ア.財布ガ盗まれた／イ.財布ヲ盗まれた]。
　　 b.　満員電車で、[ア.足ガ踏まれた／イ.足ヲ踏まれた]。
　　 c.　逃げるときに、被害者に、[ア.顔ガ見られた／イ.顔ヲ見られた]。
　　 d.　子どもに[ア.PCガ壊された／イ.PCヲ壊された]。

　(32a〜d)のアは直接受け身文、イはこの節で扱う間接受け身文2です。それぞれ対応する2つの受け身表現を比べると、たとえば、(32a)のアは対応する能動文の「誰かが財布を盗んだ」のヲ格名詞句をガ格にした直接受け身文で、イに比べて、直接影響を受けた対象をガ格名詞句とする前景化が見られます。それに対して、イは、直接影響を受けた対象である財布には焦点を当てず、アから感じ取れない、誰かの気持ちあるいはマイナスの情意が読み取れます。
　アよりイが自然だと感じる日本語母語話者は多いはずです。「誰かの気持ちあるいはマイナスの情意」が読み取れることが間接受け身文の基本的な特徴です。ただ、英語などを母語にする日本語学習者の産出する日本語には、イではなく、アが圧倒的に多く観察されます。
　このタイプの間接受け身文では、誰の財布か、誰の足か、誰の顔か、誰のカメラかが明記されていなくても、特に文脈で明示されない限り、所有者は話し手〈私〉として解釈されます。これが、(32a〜d)のイのような間接受け身文を「持ち主の受け身」文と名付ける根拠となります。
　典型的な「持ち主の受け身」文は、直接受け身文のガ格補語に当たる名詞句がガ格ではなく、能動文の格表示であるヲ格で言語化されます。基本的に間接受け身文ですから、能動文に明示化されない第三者、無標には話し手〈私〉の立場から事態を主観的に捉えています。(33)が示すように、通常、「わたし」は言語化されませんが、必要があれば、自身を客観的に捉えて「わたし」がガ格で言語化されます。話し手が自分以外の第三者の立場から事態を把握する場合も、その第三者はガ格で表示されます。

(33) a. 繁華街で、(〈私〉ガ)(誰かニ)財布ヲ盗まれた。
　　 b. 満員電車で、(〈私〉ガ)(誰かニ)足ヲ踏まれた。
　　 c. 逃げるときに、(〈私〉ガ)被害者ニ顔ヲ見られた。
　　 d. (〈私〉ガ)子どもニPCヲ壊された。
　　 e. 繁華街で、友だちガ(誰かニ)財布ヲ盗まれた。
　　 f. 満員電車で、兄ガ(誰かニ)足ヲ踏まれた。
　　 g. 逃げるときに、犯人ガ被害者ニ顔ヲ見られた。
　　 h. 田中さんガ子どもニPCヲ壊された。

　対応する出来事を表す能動文は、それぞれ「誰かが〈私(友だち)〉の財布を盗んだ」「誰かが〈私(兄)〉の足を踏んだ」「被害者が〈私(犯人)〉の顔を見た」「子どもが〈私(田中さん)〉のPCを壊した」となり、「Aガ[BのC]ヲ　他動詞」文です。[BのC]のBとCの関係は、誰かと足や顔のような身体の一部分のように分離不可能なものから、誰かと財布やPCなどの持ち物のように分離可能なものまでさまざまです。
　このような他動詞文の直接受け身文は、分離可能な関係では「私の財布が盗まれた」「私のPCが壊された」となり、不自然ではありませんが、能動文の対象を前景化することで「ほかでもない私の財布」「ほかでもない私のPC」と言った意味合いを感じさせます。分離不可能な関係では「???私の足が踏まれた」「???私の顔が見られた」となり、自然に聞こえません。これに対して、「持ち主の受け身」文は、「(〈私〉が)車を壊された」「(〈私〉が)足を踏まれた」「(〈私〉が)顔を見られた」「(〈私〉が)PCを壊された」となり、所有者がガ格表示、所有物がヲ格表示で、明らかに直接受け身文とは異なります。
　「持ち主の受け身」文と間接受け身文1で、補語について比べてみます。間接受け身文1では、能動文が表す事態の登場人物プラス1になることを見ました。「持ち主の受け身」文はどうでしょうか。たとえば(32a)では、能動文は出来事の行為者とその対象で補語は2つですが、「持ち主の受け身」文では、出来事の行為者とその対象と事態の外にいる〈私〉で補語が3つ、つまりプラス1で、間接受け身文であることが分かります。
　しかし、間接受け身文1と異なるのは、能動文の「持ち主ノ持ち物」という補語名詞句が「持ち主の受け身」文では、「持ち主」と「持ち物」に分解されていることです。事態の外にいる所有者としての〈私〉の〈見え〉には、事態の中に自身の所有物はあっても、所有者である自身は含まれません。必要がない限り、〈私〉は〈見え〉には入りません。

「持ち主の受け身」文は直接受け身と間接受け身文1の中間に位置するような受け身です。ある出来事から影響を被った者が、その出来事で影響を直接被った所有物のみを〈見え〉に残し、自身は出来事の外にいる(34)のような構図になります。

(34) 持ち主の受け身：

所有者(〈私〉)←影響← 出来事　所有物←影響←行為者

間接受け身文一般については、次のようにまとめることができます。

(35) 間接受け身文
ある出来事により、その事態の外にいながら間接的な影響を受ける、あるいは、その一部分または所有物が直接影響を受ける「第三者」がいて、話し手がその第三者の立場から、事態を自身に及ぼす影響として主観的に捉えたことを表す形式。「第三者」は特に記述の必要がない限り、話し手〈私〉である。

5.2.4　受け身文の使われ方

受け身文は基本的に〈私〉の事態把握を表す構文操作であることを見てきました。実際の使われ方では、これまで見てきたような主文の述語としてよりも、サレテの形で、「困る」「迷惑だ」など主文の述語が表す情意の理由や原因を表す要素としての使用が目立ちます。(36)がその例です(近藤・姫野 2012 に基づく)。

(36) a.　昨日の花見は、雨ニ降られて散々だった・残念だった。
　　 b.　あんなところで寝られちゃ困る・迷惑だ。
　　 c.　授業中に先生ニあてられてとっさに答えられなかった・慌てた。
　　 d.　急に声をかけられてびっくりした・飛び上がった。
　　 e.　授業参観で先生ニわが子を褒められて内心うれしかった・赤くなった。
　　 f.　下手なスピーチを褒められて穴があったら入りたかった・恥ずかしかった。

(37)のように、主文の補語の修飾成分としての使用もあります(修飾節の詳

細については、第12章で扱います)。

(37) a. ボランティアたちが飼い主ニ捨てられたペットの世話をしている。
    b. 突然秘書ニ辞められた部長が新しい秘書を募集している。
    c. 太郎が(誰かニ)盗られた財布を探した。

(37a～c)の主文はそれぞれ「ボランティアたちがペットの世話をしている」「部長が秘書を募集している」「太郎が財布を探した」で、受け身文は主文の対象である名詞句の修飾表現として使われています。(36a)は直接受け身文、(37c)は間接受け身文1、(37c)は「持ち主の受け身」文ですが、この部分を能動文にすると、特に間接受け身文は不自然な表現になります。

(37´) a. ?ボランティアたちが飼い主が捨てたペットの世話をしている。
    b. ???突然秘書が辞めた部長が新しい秘書を募集している。
    c. ???太郎が誰かが盗った財布を探した。

直接受け身文の(37´a)の容認度は人によって差があると思いますが、たとえば、「ボランティアたちが観光客が捨てたごみを集めている」のように、捨てられるものが無情物の場合と比べると、ペットがゴミと等しいような意味合いが感じられるため、聞き手によって、容認度が下がるようです。これは、修飾部分の構文が聞き手に指示する事態把握の方向が主文のそれと矛盾することによります。基本的に、能動文は聞き手に動作主の側からの事態把握を指示します。(37´a)は、主文の事態把握の「ボランティア」寄りの事態把握と修飾部分の「飼い主」寄りの事態把握が矛盾します。

(37´b)は主文の「部長」寄りの事態把握と修飾部分の「秘書」寄りの事態把握が矛盾します。(37´c)も同様に、主文の「太郎」寄りの事態把握と修飾部分の「誰か」寄りの事態把握が矛盾します。その結果、「財布」が太郎の持ち物であることが伝わりにくくなります。このような矛盾が起こらないように受け身文が使われています。ちなみに、これは「視点」の分析では「主節と従属節の視点の統一」と呼ばれます。

以上、日本語の受動文について考察しました。ただ、受け身文の使用について対照言語調査をした結果(近藤ほか2010, 2013, 2014)から、近年、特に日本語母語の若者のあいだで、〈私〉への影響を表す受け身文自体の使用が減っているらしいことが分かりました。受け身文の代わりに、(38)のようなシテクル文

(38) a. 雨ニ降られた。⇒ 雨が降ってきた。
    b. 知らない人ニ声をかけられた。⇒ 知らない人が声をかけてきた。
    c. 外国人ニ道を聞かれた。⇒ 外国人が道を聞いてきた。
    d. 警官ニ事故現場の写真を見せられた。⇒ 警官が事故現場の写真を見せてきた。

　若い世代の言語表現で、特に、日本語に特徴的な事態把握の言語形式である間接受け身の使用域にシテクル文が入り込んできているようです。日本語母語話者の事態把握がより客観的なものへと変化している可能性がありそうです。シテクルについては、第8章8.3節で詳述します。

5.3　使役文

　この節では、統語レベルのヴォイスである使役文とその結果の事態を表す能動文の関係を考えます。(39＝(3))を使って、使役文と能動文の基本的な関係を見ます。

(39＝(3))　c.　先生が生徒に本を読ませた。(使役文)
　　　　　　　生徒が本を読んだ。(能動文)
　　　　　d.　部長が部下を働かせた。(使役文)
　　　　　　　部下が働いた。(能動文)

　(39c)の使役文と能動文は、いずれも本を読むという動作の主体が「生徒」であること、また、(39d)の使役文と能動文も同様に、働くという動作の主体が「部下」であることは共通です。それぞれの使役文には、この動作主のほかに、動作主に働きかける者(「先生」と「部長」)が存在します。使役文が描く事態は、実際の動きや変化をする者(動作主)とその動きや変化が生じるように仕向ける者(使役者)がいて、その意味の構造は、おおよそ[使役者ガ[動作主ガ～スル]ヨウニスル]というようなものです。「先生が[生徒が本を読む]ヨウニスル」、[部長が[部下が働く]ヨウニスル]となり、この「スルヨウニスル」に当たるのが動詞の語幹に使役形態素 -(s)ase がついた使役形で、(40)のように形成されます。
　統語レベルの使役文も受け身文と同様に生産性が高いヴォイスです。

(40)　動詞の使役形の語形成
　a.　子音動詞： 動詞の語幹＋ase-ru
　　　書く kak-ase-ru; 読む yom-ase-ru; 売る ur-ase-ru; 呼ぶ yob-ase-ru; 話す hanas-ase-ru; 担ぐ katug-ase-ru; 死ぬ sin-ase-ru; 言う iw-ase-ru; 待つ mat-ase-ru
　b.　母音動詞： 動詞の語幹＋sase-ru
　　　見る mi-sase-ru; 食べる tabe-sase-ru
　c.　不規則動詞
　　　する sase-ru; 来る ko-sase-ru

　また、それぞれの文に現れる補語を見ると、(39c, d)の使役文には3つ、能動文には2つで、使役文には能動文にない働きかける主体の「先生」と「部長」がガ格補語として現れています。使役文が表す働きかけの結果が能動文が表す事態であり、その事態の実現をもたらす主体は「先生」と「部長」です。実現する事態の外にその事態を引き起こす主体がいるということで、能動文の参与者プラス1の関係であることが分かります。
　使役文は、出来事の外に、出来事の登場人物以外の第三者が使役者として存在する、次のような構図になります。

(41)　使役文： | 使役者→働きかけ→ | 出来事 |

　(41)の図は、(31)の間接受け身文の構図に似ています。

(31)　間接受け身： | 第三者(〈私〉)←影響← | 出来事 |

　使役文と間接受け身文の共通点は、どちらも能動文が表す事態の外に第三者が存在することです。相違点は、間接受け身文のガ格補語は影響の受け手なのに対して、使役文のガ格補語は、働きかけ（影響）の与え手（使役者）である点です。間接受け身文は話し手〈私〉の主観的把握を表すナル型表現と考えられますが、使役文は、基本的に他動詞文と同じく、働きかけた者（使役者）をガ格にとるスル型構文で、話し手の主観的把握の表示とは言えません。
　使役文と他動詞文は、働きかけの観点が異なります。他動詞文も働き手をガ格にとる表現ですが、動作主体の働きかけはヲ格補語の対象に直接向かうものです。使役文の場合は、事態の外の使役者が事態の中の動き・変化する主体（被

使役者）に何らかの働きかけをすることで、被使役者の動きや変化の実現を図るという性質のものです。

また、使役文の能動文は直接受け身文にすることができます。使役受け身文と呼ばれます。構図としては、(31) の出来事の中に、(41) を埋め込んだ形だと考えてください。使役受け身文の動詞の形態は、(42) に示すように、動詞語幹に使役形態素 -(s)ase をつけ、さらに受け身形態素 -rare をつけた形です。(43) は使役受け身文の例です。

(42)　動詞の使役受け身形の語形成
　a.　子音動詞：動詞の語幹 + ase-rare-ru
　　　書く kak-ase-rare-ru; 読む yom-ase-rare-ru; 売る ur-ase-rare-ru; 呼ぶ yob-ase-rare-ru; 話す hanas-ase-rare-ru; 担ぐ katug-ase-rare-ru; 死ぬ sin-ase-rare-ru; 言う iw-ase-rare-ru; 待つ mat-ase-rare-ru
　b.　母音動詞：動詞の語幹 + sase-rare-ru
　　　見る mi-sase-rare-ru; 食べる tabe-sase-rare-ru
　c.　不規則動詞
　　　する sase-rare-ru; 来る ko-sase-rare-ru

(43)　a.　先生に本を読ませられた。←先生が（〈私〉に）本を読ませた。
　　　b.　上司に働かせられた。←上司が（〈私〉を）働かせた。

(43a, b) は使役文の働きかけから影響を受けた対象をガ格にとる直接受け身文で、使役事態による影響の受け手であるガ格補語の指示対象からの事態の言語化です。

5.3.1　使役文の被使役者の格表示

まず、使役文の被使役者を表す補語の格表示について考えます。一般的に、使役の事態が自動詞文の場合、被使役者はニ格あるいはヲ格をとります。

(44)　a.　子どもが学校に行く。→親が子どもヲ／ニ学校に行かせた。
　　　b.　生徒が早く帰る。→先生が生徒ヲ／ニ早く帰らせた。
　　　c.　園児が遊んだ。→保育士が園児ヲ／ニ公園で遊ばせた。

近年、ヲ格とニ格の解釈の違いはあまり感じられないという指摘があります

が、基本的に、ヲ格は強制的な働きかけ、つまり、行きたくない子どもへの指示のように解釈され、ニ格は許可的な働きかけ、つまり、学校が好きな子どもへの許可のように解釈されます。

　ヲ格は働きかけの対象を表す補語で、ニ格は受け手を表す補語であるというのが基本的な違いで、(44)のような自動詞の使役文の場合は、その違いがそのまま適用されています。話し手には、ヲ格とニ格補語の選択肢があります。文脈によって、たとえば、(44a)で、学校に行きたくない子どもの場合はヲ格、学校に行きたがっている子どもの場合はニ格と使い分けることで、言外の意味を含意することができます。

　一方、ヲ格補語を含む他動詞文の使役文では、日本語の文がヲ格を１つしか持つことができないという制約（Double -o constraint と呼ばれることがあります）により、ニ格表示のみ可能となります。※注16

(45)　a.　子どもが本を読む。→親が子ども *ヲ / ニ本を読ませた。
　　　b.　患者が薬を飲む。→医師が患者 *ヲ / ニ薬を飲ませた。
　　　c.　生徒が作文を書いた。→教師は生徒 *ヲ / ニ作文を書かせた。

　ニ格補語のみ可能ですから、自動詞の使役文のように格助詞で言外の意味を含意することはできません。どちらの解釈かは文脈に依存します。

　以上をまとめると、被使役者のニ格表示は、基本的に被使役者の意思を尊重しつつ働きかけが行われる場合で、ヲ格表示は基本的に被使役者の意志に関わりなく働きかけが行われる場合です。ただし、統語的に同一文中のヲ格補語の複数制約が関わる使役文については、意味上の区別より、統語上の制約が優先されます。

　一方、無情物が原因で、被使役者の感情に変化があったことを表す他動詞文がありますが、その使役文は無情物がガ格補語になり、(46)のように被使役者は常にヲ格で表示されます。ただし、無情物主語の他動詞文をとりにくい日本語母語の話し手には、感情を表す他動詞文が対応する使役文より好まれます。

(46)　a.　親が子どもの大学合格を喜んだ。
　　　　　→子どもの大学合格が親 ヲ / *ニ喜ばせた。
　　　b.　子どもがペットが死を悲しんだ。
　　　　　→ペットの死が子ども ヲ / *ニ悲しませた。
　　　c.　親が子どもの病気を心配した。

→子どもの病気が親ヲ／*ニ心配させた。

5.3.2 使役文の働きかけの解釈

使役の解釈について考えましょう。上記の例からも類推できますが、使役者による被使役者への働きかけの性質あるいは効力は、物理的な移動や変化をもたらすものから、言語による指示と、働きかけの解釈の幅は広いです。被使役者の格表示も含めて、働きかけの解釈は、文脈に依存しますが、研究者のあいだである程度合意がとれているのは、(47)です。それぞれ、1例を付します。←の右側が働きかけを表す能動文の例です。

(47) 使役の働きかけのタイプ
  a. 指示・命令
     母が子どもに本を読ませた。←母が子どもに本を読むように指示した。
  b. 許可
     母が漫画好きの子どもに漫画を読ませた。←母が子どもに漫画を読んでもいいと言った。
  c. 放任・放置
     母が子どもに言いたいだけ言わせた。←母が子どもの話を止めなかった。／母が野菜を腐らせた。←母が野菜が腐るのを止められなかった。
  d. 原因
     ニュースが人々を驚かせた。←ニュースを聞いて人々が驚いた。／子どものけがが両親を心配させた。←子どもがけがをして、両親が心配した。／ペットの死が子どもを悲しませた。←ペットが死んで、子どもが悲しんだ。

(47a)の働きかけは、使役者が、有情物の被使役者にある行為を薦めたり、「指示」したり、「命令」したりして使役者を動かして事態の実現を図る使役文で、使役文の典型的なタイプです。非使役者が無情物の場合でも、昔話の「花咲か爺さん」の「枯れ木に花を咲かせましょう／咲かせてごらんにいれましょう」のように、無情物の「花」が咲く事態が実現するように働きかけようという使役者の意思表示が可能です。また、被使役者が望まないことを、使役者が実力行使で事態の実現を図るという「強制」の解釈も可能です。

また、使役者が実現を図る事態が被使役者の望んでいることであれば、(47b)のように「許可」の解釈になります。また、被使役者が望まないことであれば、

使役者が命令あるいは実力行使で、事態の実現を図るという解釈も可能です。

他動詞の使役文の場合は、先に述べたようにニ格表示しかできないので、使役の意味解釈は文脈を補うことで判断します。たとえば、「子どもニピアノヲ弾かせた」の場合、ピアノの練習が嫌いな子どもなら、「ピアノの練習をしなさい」という「強制」または「指示」の結果と解釈でき、ピアノを弾くのが好きで何時間でも弾いている子どもなら、「ピアノを弾いてもよい」という「許可」あるいは「放任」と解釈できます。「親ガ子どもニ教科書を読ませた」と「親ガ子どもニ漫画を読ませた」の場合は、「教科書」と「漫画」という文中の語が使役の意味を支えます。常識から判断して、「教科書ヲ読ませた」は「強制」または「指示」、「漫画ヲ読ませた」は「許可」あるいは「放任」となるでしょう。このように使役の意味解釈は、文中の単語を含めて、広く文脈に依存します。

(47c)は使役者の具体的な働きかけなしにある事態が実現する場合です。「放任」は、被使役者が有情物の場合に、使役者が特に積極的な働きかけをせず、被使役者の意志に任せ、事態の実現を妨がないなどの解釈です。また、「放置」は、特に被使役者が無情物の場合で、使役者が被使役者の変化を防ぐような働きかけをしない、あるいはできないなどの解釈です。もちろん、何らかの目的でガ格補語の指示対象が意図的に野菜が腐るに任せる状況もありえます。

使役者の働きかけの解釈は、被使役者が有情物かどうか、何らの行動の意思があるかどうか、使役者がその事態にどのような積極的関与が可能かなど、大きく文脈に依存します。

(47d)の「原因」は、主として書きことばで使われます。話しことばでは、先に述べたように無情物主語の他動詞文は使いにくく、←の右側の自動詞の能動文が好まれます。

さらに、(48)のような自動詞の使役文を使うと、直接関与しなかったことで、不慮の事態の出来を防ぐことができなかったという使役者の後悔の念が含意されます。

(48) a. (〈私〉が)事故で親友を死なせた。←事故で親友が死んだ。
b. (〈私〉が)うっかりアイスクリームを溶けさせた。←アイスクリームが溶けた。
c. (〈私〉が)監督不行き届きで子どもにけがをさせた。←子どもがけがをした。
d. (〈私〉が)水やりを忘れて、花壇の花を枯れさせた。←花壇の花が枯れた。

5.3.3　使役文の特殊な使われ方

誰かの様態を表す使役文があります。(49a～b) では、使役文が述語動詞の様態を表す副詞的表現として使われ、(49c, d) では主文の述語動詞として使われています。

(49)　a.　少女が長い髪をなびかせて走った。
　　　b.　子どもたちが夜空の花火を目を輝かせて見ていた。
　　　c.　みんなが外の物音に耳を澄ませた。
　　　d.　子どもたちがサンタのプレゼントに声を弾ませた。

意志を持たない被使役者と意図的に被使役者を制御できない使役者が、それぞれ「髪」と「少女」、「目」と「子だち」、「耳」と「みんな」、そして、「声」と「子どもたち」という、分離不可能な所有物と所有者の関係になっています。動詞は、「なびく」「輝く」「澄む」「弾む」という非対格自動詞で、変化主体はヲ格で現れます。このような使役文の出来事 (事態) は「少女の髪がなびく」「子どもの目が輝く」などのように「AのBが非対格自動詞」の形にできるようです。使役者と被使役者の関係は、誰かとその身体部位、所有者と所有物、全体と部分で、使役者が自身の一部に働きかける関係、いわゆる再帰の関係になります。使役者と被使役者が再帰の関係にある使役文は「所有者主語の使役」と呼ばれることがあります。「所有者主語の使役」は、使役者の身体的あるいは心理的な状態を描写するために使われるもので、いわゆる使役として解釈されません。

5.3.4　非対格自動詞の使役形と他動詞および「使役動詞」の関係

非対格自動詞文の中には、その使役文、また対応する他動詞文の意味が近接することがあります。「はいる・いれる」「でる・だす」「おりる・おろす」「のる・のせる」などの移動を伴う有対自他動詞を使って、3者を比較します。(50)～(53) のaは自動詞文、bは自動詞の使役文、cはaの自動詞に対応する他動詞文です。

(50)　a.　園児が部屋から出た。
　　　　　*椅子が部屋から出た。
　　　b.　保育士が園児を部屋から出させた。
　　　　　*保育士が椅子を部屋から出させた。

　　　　　c. 保育士が園児を部屋から出した。
　　　　　　 保育士が椅子を部屋から出した。
(51)　a. 園児が部屋に入った。
　　　　　　＊椅子が部屋に入った。
　　　　b. 保育士が園児を部屋に入らせた。
　　　　　　＊保育士が椅子を部屋に入らせた。
　　　　c. 保育士が園児を部屋に入れた。
　　　　　　 保育士が椅子を部屋に入れた。
(52)　a. 俳優が舞台から降りた。
　　　　　　＊大道具が舞台から降りた。
　　　　b. 監督が舞台から俳優を降りさせた。
　　　　　　＊監督が舞台から大道具を降りさせた。
　　　　c. 監督が舞台から俳優を降ろした。
　　　　　　 監督が舞台から大道具を降ろした。
(53)　a. 俳優がバスに乗った。
　　　　　　＊大道具がバスに乗った。
　　　　b. 監督が俳優をバスに乗らせた。
　　　　　　＊監督が大道具をバスに乗らせた。
　　　　c. 監督が俳優をバスに乗せた。
　　　　　　 監督が大道具をバスに乗せた。

　(50)～(53)が示すように、これらの動詞を使って3種の文を問題なく使い分けるには、まず、被使役者が有情物で、意志を持って行動できるという条件が必要です。bの使役文は意志を持った有情物の被使役者が使役者の指示・命令に従って自ら行動するという解釈になります。当然ですが、被使役者が無情物の場合、すなわち意志を持たない者や無情物は指令や命令などの対象にはなりえず、非文です。
　一方、cの他動詞文は、使役者自身が被使役者に直接働きかけて、その移動を実現するという解釈で、被使役者の意図性が不問となり、無情物に近い解釈になります。つまり、他動詞は、働きかけを受ける対象に意思がないほうが使いやすいことが分かります。このことは、無情物が被使役者の場合に、使役文は使えず、他動詞文を使わなくてはならないことからも分かります。
　使役文の使役者の被使役者への働きかけと他動詞の行為の主体の対象への働きかけの違いは、働きかけの効力が向かう対象が異なることにあります。他動

詞の働きかけはヲ格補語の対象への直接的な働きかけですが、使役者の働きかけは、被使役者への指示や命令などが基本で、意志を持たない者や無情物は指令や命令などの対象にはなりえません。つまり、働きかけを受ける対象が有情物でかつ意志を持っている場合は、他動詞文より使役文のほうが自然で、被使役者が無情物の場合、他動詞文が最も自然です。使役文の使役者の働きかけがどのような意味に解釈されるかは、被使役者が有情物かどうか、有情物であっても、自らの意志を持って行動できる状態にあるかどうかに依存し、文脈の諸要素によって他動詞文とすみわけていることが分かります。

　また、日本語には、数が限られていますが、「使役動詞」と呼ばれる動詞があります。動詞語幹に -as がついた形が一般的です。母音動詞の「食べさす」「見さす」などは不自然ですが、子音動詞の中には、-as がついた形で受け身形にすると、生産的な使役受け身形より自然に聞こえる場合があるようです。(54) の「飲ます」「立たす」「笑わす」「泣かす」は、広辞苑の見出し語で、それぞれ、誰かが飲む、立つ、笑う、泣くように仕向けるという意味の他動詞です。

(54) a. 苦い薬を 飲ませられた / 飲まされた。
　　 b. 廊下に 立たせられた / 立たされた。
　　 c. 漫才師の話に ?笑わせられた / 笑わされた。
　　 d. 笑いたくないのに、無理やり 笑わせられた / *笑わされた。
　　 e. 小さい子を 泣かせてはいけません / *泣かしてはいけません。
　　 f. うちの子がいじめっ子に *泣かせられて / 泣かされて帰ってきた。

　(54c〜f) から、動詞の使役受け身形は、意志を持った被使役者が使役者から物理的な働きかけを受けたということが分かります。一方、使役動詞の受け身形は、被使役者が無意志的な存在として使役者の行為を一方的に受ける側だったということが伝わります。たとえば、(54a) の「飲ませられた」は嫌がる被使役者に対して、使役者が力づくで薬を飲むように仕向けたという解釈になりますが、「飲まされた」には、「飲ませられた」にない被使役者が気づかないうちに (i.e. 無意識の状態で) 苦い薬を飲んでいたという解釈が成り立ちます。

　ただし、(54) の使役動詞も実際の使い方は限られており、「弟に水を*飲ました / *飲ましたい / *飲ましそう」などと語形変化する段階にはないようです。今後、いわゆる使役動詞が増え、その使用が定着し、最終的に動詞の使役受け身形とのすみわけが進む可能性は否定できません。

第6章 文のしくみ2
ヴォイスとしての授受動詞文

　ヴォイスとしての授受動詞を取り上げます。第5章の冒頭の例を再掲します。(1) のような授受動詞は語彙レベルのヴォイスとし、(2) のような、授受動詞の補助動詞としての現れは統語的なヴォイスに準じるものとします。

(1)　（第5章 (1g)）　　a.　田中ガ山田ニ本ヲあげた。
　　　　　　　　　　　b.　山田ガ田中ニ/カラ本ヲもらった。
(2)　（第5章 (3e, f)）　a.　太郎ガ次郎ヲ手伝ってあげた。
　　　　　　　　　　　b.　次郎ガ太郎ニ手伝ってもらった。

　(1a, b) のような語彙レベルのヴォイスとしての授受動詞は、「やる・あげる」「くれる」「もらう」とその敬語表現の「さしあげる」「くださる」「いただく」です。「やる・あげる・さしあげる」と「くれる・くださる」はそれぞれ与える動詞と受け取る動詞です。授受動詞は、モノの授受を表すのですが、その方向性に話し手の恩恵が含意されるという点で、「与える」「受け取る」と差異化され、特別な動詞群として扱われます。授受動詞は次の表にまとめられます。
　一方、(2a, b) のように、授受動詞が補助動詞として使われると、モノの授受ではなく、(2a) は太郎が次郎に手伝いという恩恵を与えた、(2b) は次郎が太郎から手伝いという恩恵を受けたという、恩恵の授受という抽象的な意味が付

表1　モノの授受を表す授受動詞

| | 授受動詞 ||
	非敬語形	敬語形
与える動詞	ヤル / アゲル	サシアゲル
	クレル	クダサル
受け取る動詞	モラウ	イタダク

表2　恩恵の授受を表す授受動詞

	補助動詞としての授受動詞	
	非敬語形	敬語形
与える動詞	テヤル / テアゲル	テサシアゲル
	テクレル	テクダサル
受け取る動詞	テモラウ	テイタダク

与されます。恩恵の授受を表す補助動詞としての授受動詞は、上の表にまとめられます。補助動詞としての授受動詞は、本動詞としての授受動詞の特徴に加え、能動文と受動文の関係に近い振る舞いを見せることもあり、統語レベルのヴォイスとして扱います。

　日本語の授受動詞は、英語のような言語の give・receive の対とは異なり、与える動詞と受け取る動詞が1対1の対応になっていないこと、授受の対象がモノに限らず、話し手の恩恵の意識という抽象的な概念でありうること、さらに待遇表現の要素が関わることなどから、日本語学習者にとって、理解しにくく、また習得が難しい学習項目の1つです。

　本章では、人間関係に基づく待遇表現（敬語）の側面を除いた、授受動詞の基本的な機能を考えます。待遇表現は第14章で扱います。

6.1　ウチとソトの概念：話し手〈私〉中心の人間関係

　日本語の話し手〈私〉のコトの捉え方には、〈私〉とコトの参加者との人間関係が関与します。特にヴォイスの諸形式、とりわけ授受動詞の選択に際して〈私〉が依拠する位置は、ウチとソトの概念に依存して決まります。授受動詞の具体的な考察に入る前に、この概念を押さえます。

　ウチとソトの概念は、簡単に言うと、話し手が聞き手をはじめ、コトの参与者とどのような距離感を持っているかということです。話し手が自分自身をとりまく人間関係で、ある人物を自身に近いとみなす（ウチ）か、自身から遠いとみなす（ソト）かを区別する概念です。事態把握の原点は〈私〉ですから、人間関係の中心には〈私〉が存在し、〈私〉を囲む同心円のような関係図が想定できます。

　話し手が、聞き手およびコトの各参与者とどのような距離感を持っているかが表現の選択に現れます。〈私〉が中核であることは変わりませんが、この距離は固定されたものではなく、発話のイマ・ココで、〈私〉を中心にして、聞き手、

図1 ウチ・ソトのイメージ

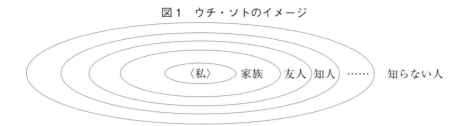

コトの参与者それぞれがどのような相対的な関係に位置づけられるかが決まります。究極のウチは〈私〉です。会話の場で、〈私〉と聞き手との関係によっては、〈私〉の家族や友人をはじめ、話し手が所属する集団や組織の成員も、ウチとなったり、ソトとなったりします。〈私〉のウチかソトかは会話のイマ・ココで話し手が判断するものです。このウチとソトの概念の関与が際立つのが、授受動詞の選択です。

6.2 語彙的ヴォイスとしての授受動詞: モノの授受

初級レベルの日本語学習者の産出する日本語には、時に（3）のような授受動詞の誤用が見られます。学習者の母語にかかわらず観察される誤用ですが、特に英語が母語の学習者の場合、日本語の非文に対応する母語（英語）の表現は正用で、日英語の違いが誤用に反映しています。？＊の記号は、文法的には正しいはずでも意味的に問題があることを示すとします。

(3)　初級日本語学習者の産出する日本語の誤用
　a.　？＊田中さんが私から手紙をもらいました。Mr.Tanaka got a letter from me.
　b.　？＊山田さんが私に本をあげました。Mr. Yamada gave me a book.

授受動詞の本動詞としての基本的な機能を考えます。まず、与える動詞のヤル・アゲル・クレルの使い方を確認します。ヤル・アゲルとクレルの使い分けは、モノの与え手（i.e. 移動するモノの出どころ）とモノの受け手（i.e. 移動するモノの到達点）によって異なります。ヤル・アゲルの選択は、待遇的な側面が関わりますので、ここでは、その違いを不問にします。どちらか読みやすい方で読んでください。

(4) a. ヤル／アゲル
わたしが田中に本をヤッタ／アゲタ。
*田中がわたしに本をヤッタ／アゲタ。
わたしの妹が田中に本をヤッタ／アゲタ。
*田中がわたしの妹に本をヤッタ／アゲタ。
田中が山田に本をヤッタ／アゲタ。
山田が田中に本をヤッタ／アゲタ。
b. クレル
*わたしが田中に本をクレタ。
田中がわたしに本をクレタ。
*わたしの妹が田中に本をクレタ。
田中がわたしの妹に本をクレタ。
??田中が山田に本をクレタ。
??山田が田中に本をクレタ。

　授受動詞の使い分けには、話し手が与え手と受け手のどちらからモノの受け渡しを描いているかが関わります。これまで見てきたように、通常、能動文は文のガ格補語の指示対象の立場から描かれます。しかし、授受動詞文はその限りではなく、ニ格補語の指示対象、つまり受け手の立場から描かなくてはならないものがあります。クレル文がそれです。(4)から分かるように、クレル文では、「わたし〈私〉」あるいは話し手の家族「わたしの妹」、すなわち〈私〉のウチが受け手となる場合、必ずニ格補語になります。与え手が誰であろうと、〈私〉あるいは〈私〉のウチが受け手の場合は、必ずクレル文を使わなくてはなりません。クレル文は与える動詞の他動詞文の形をとりながらも、常にニ格補語の指示対象を中心とした事態の描写です。
　このクレルのニ格補語の選択は、久野(1983)の「発話当事者の視点ハイアラーキー」に基づいて決定されます。「発話当事者の視点ハイアラーキー」もウチ・ソトに類する考え方です。〈私〉の妹が与え手で、〈私〉が受け手である場合、〈私〉の妹は〈私〉のソトになり、「*妹がわたしに本をあげました」とは言えず、「妹がわたしに本をくれました」となります。また、その反対に、〈私〉が与え手で、〈私〉の妹（ソト）が受け手である場合、「*わたしが妹に本をくれた」とは言えず、「わたしが妹に本をあげた」と言わなくてはなりません。つまり、ヤル・アゲル文もクレル文も他動詞の能動文でありながら、〈私〉の依拠するところが異なります。〈私〉が依拠するところは、〈私〉のウチ・ソトに依存し

ます。それは、視点論の話し手の「視点」と言ってよいものです。

　日本語学習者にとっては、ヤル・アゲル文の理解は問題がなくても、クレル文は、おそらく母語の与える動詞の動きと異なり、有標の文型となりえます。話し手〈私〉とモノの与え手との関係、受け手との関係を考慮して与える動詞を選択することは、学習者には難しく、意識的な学習が必要な学習項目です。

　次に、受け取る動詞のモラウ文を考えます。モラウは、(5)のように使われます。

(5)　モラウ
　　　私ガ田中ニ・カラ本をモラッタ。
　　　*田中ガ私に・から本をモラッタ。
　　　私の妹ガ山田ニ・カラ本をモラッタ。
　　　*山田ガ私の妹に・から本をモラッタ。
　　　山田ガ田中ニ・カラ本をモラッタ。
　　　田中ガ山田ニ・カラ本をモラッタ。

　モラウ文の振る舞いは、ヤル・アゲル文の振る舞いと似ていますが、常に、貰い手であるガ格補語の指示対象からの描写です。モラウ文も発話当事者の視点ハイアラキーに照らして正誤が決定されます。モラウ文は、話し手(〈私〉)や話し手の身内（妹）、すなわち〈私〉のウチを与え手（モノの出所）にすることができません。

　モノの授受動詞をまとめると表3のようになります。話し手自身(〈私〉)がモノの受け渡しに関わる場合、必要がない限り、「わたし」は言語化されません。

　ここからは、煩雑さを避けるために、「〈私〉あるいは〈私〉のウチ」を〈私〉

表3　モノの授受動詞と〈私〉が依拠するところ

動詞	〈私〉の依拠するところ	ウチ・ソトの基本
与える動詞	与え手〈私〉 ガ　受け手に　モノを　ヤル／アゲル	〈私〉のウチ→モノ→ソト
	与え手ガ　受け手〈私〉 ニ　モノを　クレル	ソト→モノ→〈私〉のウチ
受け取る動詞	受け手〈私〉 ガ　与え手ニ・カラ　モラウ	〈私〉のウチ←モノ←ソト

で表します。〈私〉が依拠するところは、アゲル文は与え手、モラウ文は受け手で、両者の関係は、能動文（影響の与え手中心の描き方）と直接受け身文（影響の受け手中心の描き方）の関係に似ています。(6) が示すように、アゲルに直接受け身文がないこともこの理由によります。ちなみに、(6a) *のついた文は間接受け身文としての解釈は可能です。

(6) a. 田中が山田に本をアゲタ。
　　　⇒ *山田が田中に本をアゲラレタ。
　　b. 山田が田中に本をモラッタ。

　一方、クレル文の特殊性は、能動文のガ格補語が与え手でありながら、〈私〉が依拠するところがモラウ文と同様に受け手側であるという点です。この節の冒頭に紹介したような初級の日本語学習者の誤用は、授受動詞文の能動文としての構造とクレル文の話し手〈私〉が依拠するところとのずれが原因です。ちなみに、授受動詞のアゲルとクレルの使い分けと移動動詞のイクとクルとの類似も指摘されています（近藤・姫野 2012: 53–56）。6.4 のヴォイスの使い分けの節で取り上げます。

　授受動詞が表すのは、単なるモノの受け渡しではなく、(7) が示すように、受け手にとって好感の持てるもの、ありがたいもの、あるいは、(7c) の「メール」のように、少なくとも受け取った人にとってマイナスであることが示唆されないものに限ります。ありがたくないモノの場合は、クレルではなく「寄こす・送ってくる」を、またモラウではなく「受け取る」などを使います。

(7) a. 友だちが〈私〉に誕生日カードをクレタ。
　　b. 大学が〈私〉に奨学金をクレタ。
　　c. ?*犯人が〈私〉に脅迫状をクレタ。⇒ 寄こした / 送って来た。
　　c. 〈私〉が友だちからメールをモラッタ。
　　d. 〈私〉が会社から採用内定通知をモラッタ。
　　e. ?*〈私〉が会社から不採用通知をモラッタ。⇒ 受け取った。

この受け渡しの対象であるモノへの意味的な制約と言える恩恵性は、次節の補助動詞としての授受動詞の受け渡しの対象としての恩恵という概念に継承されます。

6.3　統語的ヴォイスとしての授受動詞：恩恵の授受

　動詞のテ形に授受動詞がついた形式のシテヤル・アゲル、シテクレル、シテモラウについて考えます。本動詞としての授受動詞の基本的な特徴が補助動詞としての授受動詞の振る舞いにも確認できます。シテクレルは受け取り手の〈私〉が中心となる描写です。

(8) 　a.　シテヤル／アゲル：
　　　　わたし／わたしの妹ガ田中に本を貸してヤッタ／アゲタ。
　　　　*田中ガわたし／わたしの妹に本を貸してヤッタ／アゲタ。
　　　　田中ガ山田に本を貸してヤッタ／アゲタ。
　　　　山田ガ田中に本を貸してヤッタ／アゲタ。
　　b.　シテクレル：
　　　　*わたし／わたしの妹が田中ニ本を貸してクレタ。
　　　　田中ガわたし／わたしの妹ニ本を貸してクレタ。
　　　　??田中ガ山田ニ本を貸してクレタ。
　　　　??山田ガ田中ニ本を貸してクレタ。
　　c.　シテモラウ
　　　　わたし／わたしの妹ガ田中ニ・カラ本を貸してモラッタ。
　　　　*田中ガわたし／わたしの妹ニ・カラ本を貸してモラッタ。
　　　　山田ガ田中ニ・カラ本を貸してモラッタ。
　　　　田中ガ山田ニ・カラ本を貸してモラッタ。

　本動詞としての授受動詞と補助動詞としての授受動詞の基本的な違いは、本動詞と違って、授受の対象がモノではなく、「必要な本を貸すこと」など、受け手にとって好意的な行為、ありがたい行為です。本書では、補助動詞としての授受動詞の受け渡しで与え手と受け取り手のあいだを移動する対象を恩恵的な行為とします。

　しかし、補助動詞としての授受動詞には、本動詞にない特徴があります。まず、シテヤル・アゲルは、第三者同士の行為の授受を描写する場合は問題ありませんが、特に、話し手自身が行為者で、受け手が聞き手の場合は、話し手が自身の聞き手に対する行為を好ましい、ありがたいと考えていることの言語化になります。聞き手が話し手の行為の受け手である場合、(9a)のような申し出にテアゲル・サシアゲルを使うと恩恵の押しつけ・押し売りのように聞こえる可能性があります。これは、待遇表現上の問題で、与える動詞の補助動詞とし

ての使用は、一見丁寧に感じても、実際は受け手を低く見ている印象を与えるからです。日本語では、一般的に、誰かの行為が聞き手にとって恩恵かどうかに関わる判断の言語化は避ける傾向にあります。(9b) が好まれます。

(9) a. その荷物、持ってあげましょうか／持ってさしあげましょうか。
    b. その荷物、持ちましょうか／お持ちしましょうか。

シテモラウには、恩恵の授受の基本に沿って、2通りの解釈が可能です。1つ目は、誰かの行為から恩恵を受けたことを表す基本的な解釈で、予め依頼した行為の実行に対する感謝を表すという解釈です。(10a) はこの解釈に当たります。2つ目の解釈は、使役に類似した解釈で、シテモラウがサセルの意味で使われる場合です。(10b, c) がその例です。また、(10d) のような使役とテモラウの組み合わせは、6.4 で触れます。

(10) a. 指導教員に推薦状を書いテモライマシタ。
     b. 今日は私が掃除するけど、次回は君にシテモラウヨ。
     c. 彼の遅刻で会議が始められなかったから、みんなの前で釈明シテモラッタ。
     d. すみませんが、お先に失礼サセテモライマス。

シテクレルには、移動の方向を変える機能があります。先の (8) の例で考えましょう。
(8a) のように、話し手が恩恵を与え手である場合、かつ、特に恩恵的であることを言語化する必要がなければ、スル動詞の「貸す」を使います。しかし、(8´b〜d) のように、話し手が受け手であれば、スル動詞の「貸す」「買う」「作る」は使えず、シテクレルの使用は義務的です。

(8´) a. わたしが　田中に　本を貸した。
     b. 田中が　わたしに　本を　＊貸した／貸しテクレタ。
     c. 父が　わたしに　PC を　＊買った／買ッテクレタ。
     d. 友だちが　わたしに　サンドイッチを　＊作った／作ッテクレタ。

シテクレルは行為の恩恵性を表すだけでなく、「貸す」「買う」「作る」などの他動詞が表す行為の方向を受け手としての話し手〈私〉に向ける機能がありま

す。対象が向かう先が話し手〈私〉である場合、シテクレルの使用は義務的です。シテクレルがあれば、「わたしに」を言語化する必要はありません。

　ただし、他動詞が表す行為が恩恵的であるとは限りません。その場合は、皮肉を意図しない限り、シテクレルではなく、シテクルを使って、話し手〈私〉に向けられた行為であることを表示します。この場合も、誰に向けられた行為かを明示する必要がない限り、「わたしに」は言語化しません。

(11)　a.　誰かが　わたしニ　いたずら電話を　*かけた／かけテキタ。
　　　b.　犯人が　わたしニ　脅迫状を　*送った／送ってテキタ。
　　　c.　会社が　わたしニ　不採用を　*連絡した／連絡しテキタ。

　シテクレルは、受け取り手に向けた誰かの意志的な行為を表すだけではありません。話し手〈私〉自身が関わらない何らかの事態があって、それを話し手が自身にとって好ましい、ありがたいなどと好意的に捉えたことを表す機能、すなわち主観的把握を表すことがあります。(12a〜f) は、いずれも本来〈私〉が関わらない事態があって、それを〈私〉が好意的に捉えたことを表しています。(16g) のように、話し手が実現を望む未確認の事態を表すこともあります。

(12)　a　水不足が心配だったけど、やっと雨が降ってテクレタ。←雨が降った。
　　　b.　夜遅くなって心細かったが、お巡りさんが巡回していテクレテ、ホッとした。←交番に巡査がいた。
　　　c.　あ、ちょうどいいところに来テクレタ。手伝って。←誰かが来た。
　　　d.　子どもが好き嫌いなく食べテクレルので、助かる。←子どもが何でも食べる。
　　　e.　今年も見事な桜が咲いテクレタ。←桜が咲いた。
　　　f.　病気だった友だちが元気になってテクレテ、よかった。←友だちの病気が快復した。
　　　g.　(救急病院への途中で) どうぞ専門の救急医がいテクレますように。

　何らかの事態の外にその事態をありがたい、好ましいと判断する話し手〈私〉がいるという構図は、間接受け身の話し手〈私〉と話し手が影響を被ったと解釈する事態の関係に似ています。(13)に間接受け身の構図を再掲します。主観的把握を表すシテクレルは (14) のような構図になります。

(13) 図2 （5.2.2 節（31）の図の再掲）
　　間接受け身： 第三者（〈私〉）←影響← 出来事

(14)　図3 主観的把握を表すシテクレル
　　シテクレル： (〈私〉)←恩恵← 出来事

　3種類の授受動詞の中で、本動詞としても補助動詞としても、クレルは有標です。
　また、(12)のシテクレルは話し手の主観的把握ですから、本来(13)の間接受け身を使うべき状況で意図的に(14)のシテクレルを使うと、(15ab)のように皮肉の表現として機能します。

(15)　a.　あいつ、困ったことをシテクレタ。←あいつに困ったことをサレタ。
　　　b.　しなくてもいいことをシテクレテ、大いに迷惑だ。←しなくてもいいことをサレタ。

　本節では待遇表現上の観点を排除して論じてきましたが、クレル・シテクレルに対応する敬語表現のクダサル・シテクダサルは、基本的に話し手が敬意を表す人物との恩恵の授受を表すにとどまり、(12)の例のような客観的な状況を、話し手が自身に引きつけて好ましいものと捉える(14)の主観的把握の言語化の機能はありません。日本語母語の話し手の主観的把握を表すシテクレルの理解は、日本語学習上のハードルとなっています。

6.4. ヴォイスの使い分け：有対自他動詞文、受け身文、使役文、授受動詞文

　第5章で、有対自他動詞の違い、直接受け身と間接受け身の違い、使役と他動詞の違い、そして授受動詞間の違いについて考え、何度か、話し手が置かれた状態によって、同じ事態が好ましくも、否定的にも捉えられることを観察しました。
　本章の最後に、ヴォイスの諸形式がそれぞれどのように使い分けられるかを考えます。

[1] 非対格自動詞文と受け身文
　(16a)は非対格自動詞文、いわゆる有対自動詞文で、(16b)は、(16a)に対

応する他動詞文、そして、(16c) は「持ち主の受け身」文です。

(16) a. あ、皿が割れた / PC が壊れた。
　　　b. 誰かが皿を割った / PC を壊した。
　　　c. 皿を割られた / PC を壊された。

　非対格自動詞文の (16a) は、発話のイマ・ココで、話し手〈私〉の〈見え〉の主観的把握の描写で、必ずしも聞き手を必要とせず、内言でも使われます。(16b) の他動詞文は、不明ながら、事態を生じさせた動作主の存在を前景化して、その責任を含意しています。一方、(16c) の「持ち主の受け身」文は、その事態から影響を被った〈私〉の主観的把握で、被害者としての感情を言語化しています。(16b) と (16c) のどちらを選択するかは、話し手次第です。

[2] 間接受け身文とテクレル文
　自分が関与しない出来事について、それを自分自身の身に引き寄せて、ありがたいと思ったり、困った、迷惑だと思うときがあります。日本語母語話者に引けをとらない超級の日本語学習者でも、(17)～(19) のような、主観的把握を表す間接受け身文とシテクレル文の使い分けは難しいようです。

(17) a. 水不足で困っていたけど、ようやく雨が降ってくれた。
　　　b. 朝から降っていなかったのに、家を出た途端、雨に降られた。
(18) a. 道路で遊んでいたうちの子を通りすがりの人が注意してくれた。
　　　b. 道路で遊んでいたうちの子を通りすがりの人に注意された。
(19) a. 昨日、暇で退屈していたとき、友だちが遊びに来てくれた。
　　　b. 昨日、宿題で必死だったとき、友だちに遊びに来られた。

　同じ事態でも、話し手が置かれた状況で、その事態を好意的に捉えられたらテクレル文を、被害者意識で捉えたら、間接受け身を使います。

[3] 間接受け身と使役文
　有情物主語の非意志的な自動詞の使役文は間接受け身文と近似することがあります。(20) は、いずれも、話し手はその事態に意図的かつ直接的な関与はありません。

(20)
　a.　事態：事故で親友が死んだ。
　　　　　　事故で親友に死なれた。／事故で親友を死なせた。
　b.　事態：子どもがけがをした。
　　　　　　子どもにけがをされた。／子どもにけがをさせた。
　c.　事態：電車の中で子どもが泣いた。
　　　　　　子どもに泣かれた。／子どもを泣かせた。
　d.　事態：大きな声で話して、周りの人が驚いた。
　　　　　　まわりの人に驚かれた。／周りの人を驚かせた。

　ある事態に対して、加害者的に捉えると使役文に、被害者的に捉えると間接受け身文になります。使役文からは、自分自身が起こしたことでないにもかかわらず、それを阻止できなかったというある種の自己責任の表明が伝わります。間接受け身文からは、ひたすら被害者としての心境が伝わります。どちらを選択するかは、話し手の表現意図次第です。

[4] 動詞の使役形のモラウ文：サセテモラウ

　先に、テモラウ文が恩恵の受け取りではなく、働きかけを表すことで、使役文に近似する例を見ました（cf. 6.3 (10)。(10d) ＝動詞の使役形の授受動詞文）。(21) に例を挙げます。

(21)　a.　姉が車を使わせてくれました。
　　　b.　姉に車を使ワセテモライマシタ。
　　　c.　親がコンサートに行かせてくれました。
　　　d.　親にコンサートに行カセテモライマシタ。
　　　e.　すみませんが、お先に失礼サセテモライマス。（6.3 (10d) 再掲）
　　　f.　（学会発表で）発表を始めサセテイタダキマス。
　　　g.　（上司に）すみませんが、明日、休マセテイタダキマス。

　(21a〜d) は、使役と補助動詞としての授受動詞の組み合わせで、使役の「許可」の恩恵を受けたことを授受動詞が表す分析が可能です。しかし、(21e〜g) は、聞き手の「許可」を先取りして、あたかも「許可」を恩恵として捉えることを宣言する文です。聞き手との関係を含む発話のイマ・ココの状況によっては、失礼な印象を与えかねず、待遇上の問題を生じさせる可能性があります。

使用には待遇的な配慮が求められます。なお、サセテクレルとサセテモラウについては、高見・久野（2014）に機能文法の枠組みでの興味深い分析があります。関心のある方は参照してください。

[5]「してくれませんか」と「してもらえませんか」
　人に何かを依頼するとき、次のような表現の選択肢があります。

(22)　a.　手伝ってください。
　　　b.　手伝ってくれますか。
　　　c.　手伝ってくれませんか。
　　　d.　手伝ってもらえますか。
　　　e.　手伝ってもらえませんか。

　(22a)はシテクダサイの形式ですが、(22b～e)は、終助詞「か」を伴ってはいても、質問ではなく、聞き手への依頼という働きかけを表します。一見、補助動詞としての授受動詞を使っていますから、聞き手から何らかの恩恵をもらえるかどうかを問うているような形をとりながら、実は、聞き手への依頼あるいは指示を表す使い方です。近藤・姫野（2012）で、姫野は(22)のような授受動詞を補助動詞とする疑問文の持つ発話の効力を論じています。話し手が聞き手に行為をさせようとして行う発話行為を「行為指示型発話行為」として、「依頼、薦め、指示、命令」を、行為を実行するかどうかの決定権を持つものと、その行為から恩恵を受けるもの、受益者が誰であるかによって、表4のように分類します。
　依頼は話し手が受益者となるような行為を聞き手に求めるものですが、行為の実行の決定権は聞き手にあります。※注17
　(22b)の「シテクレマスカ」と(22d)の「シテモラエマスカ」を比べてみましょう。(22b)は、シテクレルで、話し手は聞き手から行為の恩恵を受けることを依頼しています。聞き手の決定権は尊重されていると言えます。一方、

表4　行為指示型発話行為の分類 cf. 近藤・姫野（2012: 185）

	話し手受益	聞き手受益
聞き手決定権	依頼	勧め
話し手決定権	指示・命令	

(22d) は、シテモラウの可能形であるシテモラエルを疑問の形にしたもので、シテモラウが持つ使役の意味機能が本質的に保持されており、話し手にとって受益となる行為を聞き手にサセル能力が話し手にあるかどうかを問うていることになります。シテクレルとシテモラウを使った依頼表現で、一見どちらも丁寧な依頼のように思えますが、(22d) はシテモラウの働きかけ、すなわち使役性が投射されていることから、聞き手の決定権を尊重する度合いが、(22b) のシテクレルより低いと考えることができます。

聞き手は、シテクレマスカに対しては、自分の意志決定を表明するので、断る権利が保証されていますが、シテモラエマスカに対しては、相手の能力の有無を答えることになり、「いいえ」とは言いにくい、働きかけが含意され、依頼といってもやや指示に近い意味合いで解釈される可能性があります。

[6] アゲル文の過剰汎化、あるいは誤用？

無情物に対して恩恵を与えるという意味で、近年よく耳にする表現があります。(23) がその例で、何かの手順を説明するときに使われます。

(23) a. (料理番組で) みじん切りの玉ねぎは飴色になるまで弱火でゆっくり炒めてあげます。それから、卵をゆっくり割り入れてあげます。……
b. (化粧品の宣伝で) まず、当社のメーク落としで、メークをしっかり落としてあげてください。洗顔を済ませたら、当社のクリームをお顔全体にうすく伸ばしてあげてください。

このシテアゲルの使い方は、本来の使い方から逸脱したものですが、スルを使うより、話し手の聞き手に対する丁寧さ、あるいはやさしさが伝わるということで、使用が広がっているようです。(23b) のような表現は、顔にやさしく接することを通して、その持ち主へのやさしさを伝える、いわば、再帰用法的な使い方と言えそうです。今後の分析が待たれますが、現在のところ、日本語学習者に質問されて母語話者が説明に戸惑う使い方です。

第5章と第6章のヴォイスで、日本語母語の話し手が出来事を主観的に捉えて表現する傾向があることを、「スル・ナル」、非対格自動詞と対応する他動詞文、間接受け身文、また、ウチとソトの概念が関わる授受動詞文で見てきました。次章も、この把握傾向が観察される言語現象を取り上げます。

第7章　文のしくみ3
テンスとアスペクト

　第3章で、日本語の文を構成する必須要素としての述語を押さえました。本章では、日本語のコトを表す文のしくみに関わる文法範疇のうち、時に関わるテンスと動きの側面に関わるアスペクトを扱います。

7.1　コトの時間：テンス (Tense)
　時に関する文法範疇には、コトの発生した、あるいは存在した時間と発話時の関係を表すテンス（時制）と、コトが何かの動きや変化を表す場合、その動きや変化がどのように捉えられるか、動きや変化の直前の状態か、進行中の状態か、完了した状態かなどを表すアスペクト（相）があります。基本的に、述語のテンスはル形（非過去）とタ形（過去）の対立として現れます。アスペクトは動詞述語にのみ関わる概念で、さまざまな形式で表示されますが、基本は、ル形（非完了）とテイル形（進行中）の対立です。本節と次節で、コトに関わる時の文法範疇を扱います。

7.1.1　状態述語のル形とタ形
　テンス（時制）は、発話の時点（発話時）を基準にして、コトを時間軸に位置づける文法範疇です。時制の解釈は、述語によって異なります。(1)のように、状態述語の形容詞述語と名詞述語の場合は、ル形は発話時現在の状態を、タ形は発話以前の過去の時点での状態を表します。

(1)　a.　いい天気だ。/ いい天気だった。
　　　b.　天気がいい。/ 天気がよかった。
　　　c.　静かだ。/ 静かだった。

　同様に、(2a, b) の状態動詞の「ある・いる」のル形は、発話時現在の存在の状態を表し、タ形は発話時以前のある時点での存在の状態を表します。ただし、

(2c) の出来事が起こる（出来する）という意味の「ある」は状態動詞ではなく、発話時現在の状態を表しません。

(2) a. 庭に木がある。/ 庭に木があった。
　　 b. 店に客がいる。/ 店に客がいた。
　　 c. 小学校で運動会がある。/ 小学校で運動会があった。

　友だちが手にとったお菓子を勧める場合に、「そのクッキー、おいしいよ」または「そのクッキー、おいしかったよ」と言うことがあります。「おいしいよ」の形容詞のル形は現在の状態を表し、話し手がそのクッキーがおいしいということを発話現在で真であると信じていることが伝わります。一方、「おいしかったよ」のタ形からは、まず、話し手がそのクッキーをすでに食べたことが伝わります。加えて、そのおいしさは、発話時点より前に話し手がそれを食べた時点（過去のある時点）の状態だったと主張しますが、おいしさが発話時点でも真かどうかは不問です。このように、静的述語のタ形は、過去のある時点での状態を表すに過ぎません。発話時以前の時点で、何かが静的述語の意味する性質を有すると話し手が判断したということで、個人的な見解であることが伝わります。

7.1.2　動きや変化を表す動詞のル形

　動きや変化を表す動詞の場合、ル形は、(3) のように現在を表す「今」と共起しても、現在は表さず、基本的に近接する未来（i.e. これから）を表します。

(3)　今、行く / 食べる / 出かける / 勉強する。

　ル形が現在の状態を表すこともあります。(4) がその例ですが、この文の「話す」は、子どもが発話できる状態になっているという意味で、話すという動きや活動を表すのではありません。「話せます」とほぼ同義と解釈できます。

(4)　うちの孫はもう片言を話します。

　感情・感覚形容詞に近い意味を持つ動詞、たとえば「痛む」「吐き気がする」「めまいがする」などや、何かの移動を話し手の〈見え〉として言語化する場合は、発話現在の解釈になります。

(5) a. 吐き気がする。/ めまいがする。/ ドキドキする。
　　b. （話し手の目に映る光景）あ、祭りの神輿が通る！ 山車も行く。

　動詞のル形が典型的な時の概念を表さない場合もあります。(6a, b)のように人々の一般的な習慣や季節の変化などを表す場合はテンスの意味はなく、超時的に解釈されます。「通常」「たいてい」「時々」「もう」「まだ」などの発話時点と乖離した時を表す副詞的な表現と共起するのが普通です。また、(6c, d)のように、何かの使用説明書や料理手順などに現れる動詞のル形は、テンスの意味を持たず、超時的に解釈されます。

(6) a. 日本では、通常主食にコメを食べる。/ この小学校では毎日授業前に朝礼をする。
　　b. このあたりでは、春に桜が咲く。/ 冬は、雪が降る。
　　c. PCの電源を入れます。ログイン画面でログイン名とパスワードを入力します。初期画面が出たら、画面上のアイコンをクリックします。……
　　d. ①卵を割って、だしと塩、好みで砂糖を加え、よく混ぜる。②卵焼き用フライパンを加熱して、薄く油をひき、①を流しいれる。……

　以上のような場合を除いて、動きや変化を表す動詞のル形は、基本的に(7a)のように未来を表します。また、(7b)のように、発話現在で今まさに起ころうとしている変化を捉えた〈見え〉、発話現在に近接する未来を表すこともあります。

(7) a. 今、勉強する。/ 学校に行く。/ 昼ご飯を食べる。
　　b. あ、崖が崩れる！ / あ、荷物が落ちる！ / あ、こぼれる！

7.1.3　動きや変化を表す動詞のタ形

　一方、動きや変化を表す動詞のタ形は、(8a, b)のように発話現在以前の時点での出来事を表したり、(8c)のように発話時に近接した過去すなわち直前の出来事を表したりします。

(8) a. 昨日、友だちが遊びに来た。
　　b. 週末、ディズニーランドで遊んだ。

c. あ、網棚の荷物が落ちた！

このほかに、タ形の使い方としては、(9) のようなものがあります。(9a, b) は「発見のタ」、(9c) は、「想起のタ」と呼ばれることがあります。

(9) a. （バスを待っていて）あ、バスが来た！
b. （眼鏡を探していて）あ、あった！
c. （相手の名前を思い出して）あ、たしか田中さんでしたね。
d. どいた！ どいた！／買った！ 買った！

(9a) は、発話時より前にバスが来たという意味ではなく、話し手の〈見え〉にバスを認めた瞬間であることを表します。(9b) は、探しているあいだずっとそこに存在していたことに気づいたという意味です。(9c) も同様で、以前に聞いた相手の名前は記憶の中に存在していて、それに気づいたことを表します。このように、タ形は、出来事の時間を表すのが中心的な機能ですが、話し手の気づきや認識など話し手に認知的な変化が起こったということを表す場合があります。ただし、(9d) はテンスや話し手の認知変化と関係なく、「どけ、どけ」「買え、買え」という話し手による命令を意味する使い方で、いわば仮定法的 (subjunctive) な特殊な用法です。

述語のル形とタ形をテンスの対立をまとめると (10) のようになります。

(10) 述語のテンスの対立：

7.1.4 語りに現れるル形とタ形

小説などの情景描写や語りでは、(11) のように、ル形とタ形が混在するということがよく指摘されます。

(11) …太郎の家に行ってみた。人の気配はない。玄関ドアは閉まっていたが、鍵はかかっていない。思い切って中に入った。家はシーンと静まり返っている。部屋に上がってみた。テーブルの上に太郎の携帯電話と財布がある。しかし、太郎の姿はない。……

日本語の語り手（話し手）の語りの視座は一定ではないと言われます。日本語の語り手には、登場人物に自らを重ねて、語りの場をイマ・ココとしてそこに身を置き、そこからの〈見え〉をル形で語り、次の瞬間、語りの場の外に身を移して、外部から観察者として登場人物の出来事を語る、といったことが可能です。(11)のような語りに現れるル形は主観的把握の語り、タ形は客観的把握の語りの表れと考えることもできます。ル形によって、読み手を語りのイマ・ココに導き、そこにある事態を語り手・登場人物と共に経験させたり、また、タ形で出来事の外から冷静に出来事を眺める視座を与えたりなど、ルとタの混在あるいは交替は、ダイナミックな読みを可能にしていると言えそうです。

7.1.5　相対テンス：トキとマエとアトを手掛かりに

以上は、主節の述語に現れるル形とタ形に関する解説でしたが、従属節に現れるル形とタ形には単純な時制の解釈が難しいものがあります。特に、時に関する表現が関わる従属節の場合は、そこに現れるル形とタ形は発話現在に依拠したテンスでは解釈できず、従属節と主節が表す2つの出来事の時間的前後関係から相対的に解釈されます。従属節の詳細は、第12章「複文のしくみ」で考察します。

(12)はトキ節の例です。ガイドブックを買った場所、電話する場所はどこでしょうか。

(12)　a.　中国に出張するとき、ガイドブックを買った。
　　　b.　中国に出張したとき、ガイドブックを買った。
　　　c.　そちらに行くとき、電話します。
　　　d.　そちらに行ったとき、電話します。

(12a)では、中国に行く前で、中国以外のどこかです。(12b)では、中国の解釈になります。この解釈は、トキ節の事態の時間と主節の「買った」が表す事態の時点の関係によって決まります。(12a)の「出張する」は主節の「買った」時点から見て未来のこと、また、(12b)の「出張した」は主節の「買った」時点から見て過去のことになります。同様に、(12c)は聞き手の場所（そちら）に到着する以前のどこか、(12d)は到着したあとになります。従属節が関わると、発話現在ではなく、主節の出来事の時点が時間軸上の基準点になります。

トキで導かれる従属節の出来事の時間的な解釈は、解釈の起点を発話時点から主節の出来事の時点に拡張することで解決できます。しかし、時に関する従

属節の中には、主節のテンスと関係なく、使われるテンス形式が決まっているものがあります。マエ節とアト節がその例です。

(13) a. 昨日、友だちと出かける / *出かけたマエに、勉強した。
b. 昨日、*勉強する / 勉強したアトで、友だちと出かけた。
c. 明日も、*勉強する / 勉強したアトで、友だちに会う。
d. 明日も、友だちに会う / *会ったマエに、勉強する。

(13)から分かることは、マエとアトが導く従属節のテンス形式は、主節のテンスに関わらないということです。(13a, d)のマエ節のル形が表す出来事は、主節の出来事の時点、それぞれ「勉強した」時点と「勉強する」時点では未実現です。また、(13b, c)のアト節のタ形が表す出来事は、主節の出来事の時点、それぞれ「出かけた」時点と「会う」時点ではすでに完了しています。このように、従属節のテンスと主節のテンスの解釈が発話時点と関係なく、相対的に決定されるル形・タ形の用法を、相対テンスと呼ぶことがあります。相対テンスに関しては、未実現、完了といったアスペクト的な解釈が必要で、ル形とタ形が単純に時間的な前後関係を表出しているのではないことが分かります。

7.2 コトの諸相: アスペクト (aspect, 相)

アスペクトというのは、動的述語の動きや変化など、ある現象がどのような局面の対立から捉えられるかを示す動詞の文法範疇です。7.1 のテンスと第 9 章、第 10 章で述べるモダリティ (modality) と共に、述語の文法範疇の TAM と呼ばれます。アスペクトには構文レベルのいわゆる文法的なアスペクトと語彙レベルの語彙的アスペクトがあります。

7.2.1 基本的なアスペクト対立: 動きと状態

動詞が表すアスペクトの基本は、動きと状態です。述語を動態述語と静態述語に分ける基本的な概念対立です。形容詞述語や名詞述語、また存在や能力を表す状態動詞には、動きや変化の意味が内在しません。(14a) が示すように、動きや変化の動詞のル形が発話時から見た未来しか表さないということは、それらの動詞が表す動きや変化が発話現在という瞬間に捉えられないことを表します。しかし、動きや変化の動詞でも、(14b) のようにテイルの形にすると、発話現在の瞬間に捉えることが可能になります。

(14) a. これから資料を読む / 論文を書く / 雨が降る。
    b. 今、資料を読んでいる / 論文を書いている / 雨が降っている。

テイルはこれらの動詞が表す動きや変化を〈状態〉にする働きがあります。しかし、テイルが作り出す状態がどのような性質のものかは、動詞が表す動きや変化の性質によって異なります。

(15) a. 今、太郎は本を読んでいる。/ 今、勉強をしている。/ 今、音楽を聴いている。
    b. 太郎は2度その本を読んでいる。/ 毎日勉強している。/ 何度もその曲を聞いている。
    c. 窓が開いている。/ 電気がついている。/ 鍵がかかっている。

(15a)は太郎が今まさに動詞が表す動作の最中であること、動作が進行中であることを表します。(15b)は、(15a)と同じ動詞を使っていますが、「2度」「毎日」「何度も」などの副詞と共起して、現在の進行中の動作は表していません。また、(15c)も窓の開閉の途中であるとか、電気が点灯しつつある状態とか、鍵がかかりつつある状態を表しません。ル形に対するテイル形の基本は〈動き・変化〉を〈状態＝〈−動き・変化〉〉に変換することであると仮定して、次節以降で、このアスペクト対立とその表れとしての〈状態〉の側面を考察します。

7.2.2 スルとシテイルとシタ：動きの開始前・動きの最中・動きの終了後

何らかの出来事の動きは、動きの始まり、動きの途中、動きの終わりなど、動きの諸側面から捉えることができるタイプの動詞があります。

(16) a. 新聞を読む。→新聞を読んでいる。→新聞を読んだ。
    b. 昼ご飯を食べる。→昼ご飯を食べている。→昼ご飯を食べた。

(16a, b)のような動詞はル形で動きの開始直前を、テイル形で動きの最中を、タ形で動きの完了を表します。テイル形は、発話現在で、「読む」「食べる」という動きが継続していること、存在することを表します。ちなみに状態動詞の「いる」「ある」を「*いている」「*あっている」にすることができないのは、動詞自身が〈状態〉だからです。

テイル形が表す〈状態〉の意味解釈は、動詞によって異なります。まず(17)のような動きを表す動詞の場合は、進行中の動作を表します。これらの動詞に共通するのは、動きが時間的な幅を含意していることです。「5時間読んだ・食べた・走った・書いた」のようにタ形を使って、ある時間その動作が続いたことを表せるような動詞です。金田一の分類の「継続動詞」に当たります。

(17) a. 父が新聞を読んでいる。
 b. 息子が昼ご飯を食べている。
 c. 子どもが走っている。
 d. 兄が日記を書いている。

一方、一定の時間続けることができない動きや変化を表す動詞、たとえば「立つ/座る」「電気がつく/消える」「ドアが開く/閉まる」は「*5時間立った/座った」「*5時間電気がついた/消えた」「*5時間ドアが開いた/閉まった」と言うことができません。これらの動詞のテイル形は、(18)のように、その動きや変化が起こったあとの状態が続いていることを表します。

(18) a. あ！ 子どもが立った。今、子どもは立っている。
 b. あ！ 子どもが座った。今、子どもは座っている。
 c. あ！ 電気がついた。今、電気はついている。
 d. あ！ ドアが閉まった。今、ドアは閉まっている。

(18c, d)の「つく」「閉まる」や(19)の「壊れる」「割れる」「落ちる」などの非対格自動詞は、テイル形で「変化の結果の状態」を表します。

(19) a. あ、おもちゃが壊れた。 おもちゃが壊れている。
 b. あ、窓ガラスが割れた。窓ガラスが割れている。
 c. あ、もみじの葉が落ちた。もみじの葉が落ちている。

同じように基本的に瞬間的な動きや変化を表す非対格自動詞に「増える/減る」「上がる/下がる」「伸びる/縮む」「(雪が)積もる」などがあります。これらの動詞は、(20a, b)のようにシテイルで変化の結果の状態を表しますが、「段々」「少しずつ」「次第に」などの暫時的な変化を表す副詞的表現を伴うと、(20c, d)のように、状態の変化が進行していることを表すことができます。

(20) a.　体重が1kg増えた。1kg増えている。（変化の結果の状態）
　　 b.　熱が3度下がった。熱が3度下がっている。（変化の結果の状態）
　　 c.　台風で川の水が少しずつ増えている。（進行中の状態変化）
　　 d.　薬が効いて、熱が段々に下がっている。（進行中の状態変化）

　(19)と(20)の非対格自動詞の違いは、前者が「*半分壊れた」「*ちょっと割れた」「*少し落ちた」などと言えないことです。特別な文脈がない限り、「壊れる」「割れる」「落ちる」などは、その動詞の動きや変化が対象の全体に及ぶような、影響が「ゼロか1」となるような動詞です。一方、「増える/減る」「下がる/上がる」などは、動詞の表す動きや変化が対象に及ぼす影響が「ゼロか1」である必要はありません。
　また、移動動詞のテイル形は移動動作の進行中を表しません。移動動詞は、時間の幅を含意せず、「*3時間行った；*3時間来た」などは言えません。

(21) a.　今、太郎は学校に行っている。＝今、太郎は学校にいる。
　　 b.　今、次郎は会社に来ている。＝今、次郎は会社にいる。
　　 c.　今、田中はうちに帰っている。＝今、田中はうちにいる。
　　 d.　今、山田は部屋に戻っている。＝今、山田は部屋にいる。

　これらの動詞のテイル形は、移動の対象がそれぞれの動詞が要求する「場所」に到達して、発話時にそこに存在していることを表します。
　動詞の表す動きや変化が時間的な幅を含意するかどうかで、「進行中の動き」を表す動詞と「変化の結果の状態」を表す動詞に分けられます。また、後者の動詞でも、変化を漸次的に捉えることが可能な動詞は、適当な副詞的表現を伴って「進行中の動き」を表すことが可能です。
　最後に、金田一（1950）の第4種の動詞「そびえる」「似る」「優れる」「富む」などは、動きや変化を表すのではなく、人やモノの属性を表す動詞です。常にシテイル形で、主体がある属性を備えていることを表します。

(22) a.　目の前に山がそびえている。
　　 b.　この科目では女子が優れている。
　　 c.　彼が父親に似ている。

　動詞を、テイルがつくかどうか、ついた場合にどのような意味になるかでま

とめると (23) のようになります。テンスのルとタは述語一般について出来事の時間を表しますが、アスペクト形式は動詞のみにつく文法要素です。

(23)　動詞のアスペクトの対立：
　　　　├─状態動詞（テイルがつかない）(i.e. アスペクトの対立がない)
　　　　└─動態動詞（テイルがつく）─┐
　　　　　　　　　　　　　　├─時間の幅を含意する動詞＝進行中の動きの側面
　　　　　　　　　　　　　　└─時間の幅を含意しない動詞＝変化の結果の残存

7.2.3　現在の状態を表さないテイル形：

　テイルが状態を表さない場合があります。まず、「毎朝」「毎日」などの副詞的表現と共起して、テイル形で繰り返し行われる習慣的な活動を表します。

(24)　a.　田中は健康のために毎朝ジョギングをしている。（習慣）
　　　b.　毎日、山田は出勤前に新聞を読んでいる。（習慣）

　また、頻度を表す副詞的表現と共起して、個人の経験や経歴を表すこともあります。

(25)　a.　彼は3回中国に出張している。（経験・経歴）
　　　b.　太郎はその本を3度読んでいる。（経験・経歴）

　(24)(25) は、発話現在の状態ではありませんが、定期的に繰り返される動作、複数回繰り返される活動などを発話時ではなく超時的に見ると、断続的に継続する一連の出来事と捉えられ、ある種の状態と見ることが可能です。
　さらに、歴史の記述などで、過去の出来事をテイル形で記す場合があります。

(26)　a.　1964年に東京でオリンピックが開催された / されている。
　　　b.　2009年にバラック・オバマ氏がアメリカ大統領に就任した / している。
　　　c.　（業務日誌を見ながら）その日は、彼は京都に出張した / している。

　(26a, b) は歴史上の出来事で、(26c) は個人の履歴ですから、いずれも過去の出来事ですが、タ形もテイル形も可能です。テイル形の使用は、単にその出

来事の出来を記述するだけでなく、歴史や個人の経歴を、過去のある時点から現在につながる出来事の連続体と捉え、過去の出来事の結果や効果が現在も残っていることを表すと解釈できます。ル形、テイル形、タ形についてのより詳細な記述分析は高橋ほか（2005）、日本語記述文法研究会編（2007）を参照してください。

7.2.4 シテイルとシテアルとシテオク：行為の結果状態の表し方

　日本語には、シテイルのほかにも、シテアル、シテオク、シテシマウなど、動きや変化を表す動詞のテ形に補助的な動詞をつけて、動きや変化の諸側面を表す形式があります。※注18

　ここでは、シテイルと、「いる」と同様に存在の場所を表すニ格補語をとる「ある」、また、動作主体が最終的にある場所に対象が存在するように働きかける他動詞の「置く」を補助動詞として使ったアスペクト形式のシテアルとシテオクを取り上げ、この3つの形式を使って動きや変化の結果の状態がどのように捉えられて、描き分けられるか考えます。

(27)　a.　イル・アル：〈存在主体ガ　場所ニ〉
　　　b.　オク　　　：〈動作主体ガ　対象ヲ　場所ニ〉

　シテイルについては前節のとおりです。ここでシテアルを整理します。(27a)に示したように、「ある」は状態動詞ですが、基本的に、動きや変化を表す他動詞について、(28)のようにその動詞がとる対象をガ格補語、あるいはヲ格補語にして動きや変化の結果状態が存在することを表します。

(28)　a.　講演会場の電気が / をつけてある。
　　　b.　講演会場に椅子が / を並べてある。
　　　c.　講演会場の空調が / をつけてある。
　　　d.　講演後の昼食が / を頼んである。
　　　e.　受付の名簿に参加予定者の名前が / を書いてある。
　　　f.　参加予定者の名札が / を作ってある。

　テアル文の分析と対象の格表示についての分析も数多くあり、〜ガテアル文と〜ヲテアル文の分析としていろいろな先行研究があります（高橋ほか 2005、日本語文法研究会編 2007, 2009a、髙見・久野 2014）。

まず基本的にシテアルについては、何らかの目的のために何かの動作をし、その結果、ある状態が残っていること、つまり動きの結果の残存を表すというのが基本的な理解です。それがどのような状態であるかは、高橋ほか（2005: 98–99）は、①目に見えるような形での状態（例　壁に額がかけてある）、②放任の状態（例　その仕事は彼に任せてある）、③準備のできた状態（例　持っていってある / 用意してある）に分類していますが、ガ格とヲ格の違いには触れていません。日本語文法研究会編（2009a: 122–126）は「意志動詞によって表される目的を持った動作の結果、対象がどのような状態になっているかを表す」ことを基本とし、〜ガテアルは結果の残存を表す場合（29a）、〜ヲテアルは何らかの効力が残存していることを表す場合（29b）として区別しています。

(29)　a.　りんごが2つに切ってある。/ 皿がきれいに洗ってある。
　　　b.　乗り物酔いの薬を飲んである。/ 電話番号を知らせてある。

また、上のような分析とは別に、生成文法の枠組み（Miyagawa 1989）や語彙概念構造の分析（影山 1996）でテアルが共起する動詞について対象物の状態変化や位置変化を意図的に起こすことが可能な他動詞とのみ共起できるといった指摘もなされています。近年では、高見・久野（2014: 1–34）が、伝統的な分析やMiyagawa、影山などの分析を踏まえ、また、「もう十分遊んであるから、これからは勉強しよう / 夕べよく寝てあるから、今夜は徹夜しても大丈夫だ」などの自動詞のシテアル文の適格性も含めて、機能文法の枠組みで、〜ガシテアル文と〜ヲシテアル文の説得力ある分析を展開しています。

本書は以上の研究を参考にしつつ、シテアル文について以下にまとめます。(28) に例をあげましたが、先行研究も指摘するように、シテアル文は、対象をガ格で表示することもヲ格で表示することも可能です。しかし、(30) のようにガ格表示がしにくい例もあります。

(30)　a.　講演会の式次第*が / をよく読んであるので、心配いりません。
　　　b.　講演会後の懇親会で話すこと?が / を考えてあります。
　　　c.　懇親会用のスピーチ*が / を暗記してあります。
　　　d.　花粉症ですが、今日は薬*が / を飲んであるので、大丈夫です、

(28) と (30) から、〜ガシテアルと〜ヲシテアルは、どちらも他動詞が表す対象への働きかけが完了した結果の状態を述べているという点では違いません

が、適切性の度合いに差がある場合があります。ガ格のシアル文は、対象がどのような状態であるのか、すなわち他動詞の働きかけの結果、対象そのものがどのような状態で存在しているかに注目した捉え方だと言えそうです。その意味では、シテイルを使った「窓が開いている」に近似しています。

　一方、ヲ格のシテアル文は、「動作主が対象を他動詞」という他動詞文の動作主の働きかけの意図とその動き全体に注目して結果を捉えていると考えます。たとえば、(28e, f)のように、「書く」「作る」などはその働きかけの結果生じるものを対象にとる動詞（作成動詞）で、結果が産物として存在する結果が認められやすく、対象に注目することが可能で、ガ格表示が自然に聞こえます。

　しかし、(30a〜d)のように、「式次第を読む」「話すことを考える」「スピーチを暗記する」「薬を飲む」などは、それらの他動詞の行為の結果、つまり、式次第の内容の記憶、話の大筋の記憶、スピーチの内容の記憶、飲んだ薬の効力が残存するという意味になりますが、働きかけの結果生じるものとして認知することが難しく、行為の対象をとりたてて、その存在を確認するガ格表示のシテアル文が使いにくくなると考えます。これは、先行研究の「効力の残存」に近い解釈です。

　テアルは自動詞にもつき、たとえば(31a, b, c)が可能です。いずれも、何らかの行為の効果が継続していることを表します。(31a)は十分な睡眠から得たエネルギー、(31b)はある行為の繰り返しを通して得た情報、(31c)は練習に裏付けられた実力や精神力などが持続していると考えられます。

(31)　a.　今日は十分寝てあるから、仕事中に眠くならないだろう。
　　　b.　この道は何回も歩いてあるから、途中の様子はよく分かっている。
　　　c.　毎日20キロは走ってあるから、明日の駅伝は大丈夫だ。

　次に、シテイルとシテアルの意味が近くなる場合を考えます。この違いは、形式的に対をなす他動詞と非対格自動詞の「開く、開ける」「つく、つける」「かかる、かける」などが関わる場合に顕著です。3.4.4節で論じたように、いわゆる有対自他動詞は同じ出来事を描写しながらも、自動詞は何がどうなったかに注目し、他動詞は誰が何をしたかに注目する動詞です。シテイルとシテアルの解釈が近似する例を見ると、シテイルは対象にガ格しかとりませんが、シテアルはガ格もヲ格もとりえます。

(32)　a.　視聴覚室の窓が開いている。

b. 視聴覚室の窓が / を開けてある。
(33) a. モニターがついている。
　　　b. モニターが / をつけてある。
(34) a. 操作デスクの鍵がかかっている。
　　　b. 操作デスクの鍵が / をかけてある。
(35) a. プロジェクター上の画面が消えている。
　　　b. プロジェクター上の画面が / を消してある。

　（32）〜（35）のaは自動詞テイル文、bは他動詞テアル文です。どちらも、何らかの動きや働きかけが完了した結果の状態が残っていることを表します。違いは何でしょうか。自動詞テイル文は、ガ格補語が変化の結果どうなっているかに注目した捉え方で、他動詞テアル文は、動作主が何かの意図を持って対象に働きかけた結果がどうであるかに注目した捉え方と言えるでしょう。自動詞テイル文は、事態の客観的な状態描写だと言えますが、他動詞テアル文は、何かのために意図的にある行為を行った動作主の存在と働きかけの意図が含意されます。
　この違いが顕著な例として（36）を見てください。長らく不在にしていた人が帰宅時の自宅の状態を報告するような場面です。

(36) 出かける前に施錠を確認したのですが、昨夜帰宅したら、玄関ドアが開いていて、電電気がついていました。また、部屋の様子も変わっていて、窓が開いていました。

　（36）にはすべて自動詞テイル文が使われています。この場面で、（36′）のように他動詞のシテアル文にしてみると、不自然さが際立ちます。観察した状態を客観的にありのままに描写する場合には、動作主の意図や目的を含意する他動詞テアル文は適しません。

(36′) #出かける前に施錠を確認したのですが、昨夜帰宅したら、玄関ドアが開けてあって、電気がつけてありました。また、部屋の様子も変えてあって、窓が開けてありました。

　（36′）に # を付したのは、文脈をはずすと非文ではないからです。たとえば、姉の帰宅前に家族が部屋の準備をしていたことが分かったら、（36′）の「玄関

「ドア」以降の発話は自然に聞こえると思います。つまり、他動詞テアル文は、誰かが意図的にそのような状態を作り出したという意味を含意します。この意図性は他動詞に由来するものです。
　そうすると、動作主の目的と意図が明らかな場合には、他動詞テアル文のほうが自動詞テイル文より自然になるはずです。たとえば、(37)は旅館の部屋係が客を部屋に案内するような場面です。他動詞テイル文を使った(37´)と比べてください。

(37)　お部屋の窓は開けてありますが、風が強すぎましたら、お閉めください。それから、空調は消してありますが、お好みに調整なさってください。
(37´)　???お部屋の窓は開いていますが、風が強すぎましたら、お閉めください。それから、空調は消えていますが、お好みに調整なさってください。

　このように、他動詞テイルと他動詞テアルの使い分けには、話し手がイマ・ココの事態をどのように捉えるかによって選択されます。観察した状態の客観的な描写には他動詞テイル文が好まれ、働きかけの主体の存在や意図が話し手の〈見え〉にある場合は、他動詞テアル文が好まれます。
　以上、他動詞テアルに動作主の目的や意図が含意されていることを見ました。次は、同様に動作主の意図が含意されているとされるシテオクを考えます。シテオクの機能は基本的に2つ認められています。(38a, b)のように、意図的な動きを表す動詞について、動作主体が動詞が表す行為の結果の状態をある期間持続することを表す用法と、(38c, d)のように、動作主が何らかの目的をもって、あるいは何らかの事態に備えて予めある行動をすることを表す用法です。

(38)　a.　買ってきた食材は夕食まで／しばらく冷蔵庫に入れておいた。
　　　b.　換気のために、しばらく窓とドアを開けておいた。
　　　c.　授業前に教科書を読んでおいた。
　　　d.　地震に備えて水と食料を買っておこう。

　前者の用法では、(38a)のように、結果状態を持続させる時間を明示する「～まで」「～のあいだ」「しばらく」「3時間ほど」などの表現と共に、また、(38b, d)のように、ある状態を維持する必要性や理由や目的を明示する「換気のために」などの表現と共に用いられます。また、後者の用法では、(38c, d)のように、「授業の前に」「～に備えて」「予め」「事前に」「雨が降らないうちに」など

の未来時を表す副詞的表現と共起することで、その動作が動作時から見て未来の事態のための行為であることが明示されることが多いです。シテオクは基本的に意志的な動きを表す動詞につきますが、ごく限られた使い方として、「相手がまだ子どもだったから、わざと負けておいた」のように使われるという指摘もあります（高橋ほか 2005: 105）。

最後に、シテイル、シテアル、シテオクがどのように使い分けられるかを見ます。

(39)　A：飲み物はもう買った？
　　　B：①買ってあるよ。冷蔵庫に②入れておいたから、もう③冷えているよ。

(39) の B は、①のシテアルで自身の意図的な働きかけの結果が目に見える形で残存しているということを表し、②のシテオクで購入時点よりあとに何らかの目的に合致した状態を意図的に作りその状態を維持していることを表し、③のシテイルで対象の現在の状態を客観的に表現しています。

7.2.5　シテシマウとシタトコロダとシタバカリダ：動きの終結の表し方

動きや活動の完結あるいは終結を表す形式であるシテシマウ、シタトコロダ、シタバカリダの異同を考えます。(40) がその例です

(40)　a.　新聞を読んでしまった。
　　　b.　新聞を読んだところだ。
　　　c.　新聞を読んだばかりだ。

(40a, b, c) はいずれも「新聞を読む」という行為が終結したことを表していますが、意味解釈に違いがあります。異同を考える前に、それぞれの形式をまとめます。

シテシマウは、シテイル、シテアルと同様に、動きや変化の動詞の語幹に「かたづける」という意味のシマウがついたものです。シテシマウは、話しことばではしばしばシチャウの形で用いられます。

(41)　読む＋しまう→読んでしまう（読んじゃう）
　　　書く＋しまう→書いてしまう（書いちゃう）

シテシマウの基本的な意味は、動きや変化が完結・完了したことを表すことです。(40a)は、新聞を読むという行為が完了した時点での発話です。ただ、単に動きの完結・完了を表すのならタ形を使った「新聞を読んだ」で十分なはずです。シテシマウには、シタでは表せない意味があることが分かります。その意味の手がかりとして、(42)を見ましょう。

(42) a. やっと書き終えた論文のファイルを、うっかり削除してしまった。
　　 b. インフルエンザの流行で、小学校が休校になってしまった。
　　 c. 一生懸命暗記したけど、試験が終わったら、すっかり忘れてしまった。
　　 d. 図書館でつい居眠りをしてしまった。

(42a〜d)のテシマウ文は、話し手自身がコントロールできないような予期せぬ事態が生じたことに対する話し手の後悔や残念な気持ちを表しているという解釈が一般的です。シテシマウは話し手が出来事の完了に何らかの評価、(42)の場合はマイナスの評価を加えていると考えられます。

この解釈の傾向は、特に無意志動詞と共に使われるときに顕著に現れます。(43)は話し手の内言です。内言ではシチャウのほうが使われやすいようです。

(43) (遠足の朝)
　a. あ、寝坊しちゃった！
　b. 目覚まし時計をかけ忘れちゃった！
　c. あ、時計を落としちゃった！
　d. あ、時計が壊れちゃった！

一方で、単純にマイナスの評価だという解釈ができない場合があります。

(44) a. 夏休みの宿題を全部しちゃった！
　　 b. １週間で論文を書きあげちゃった！
　　 c. ちょっと休憩と思ってテレビを見たら、面白くて、つい最後まで見ちゃった。
　　 d. あ、誰もいなくなっちゃった。
　　 e. あ、知らないうちに暗くなっちゃった。

(44a, b) の「宿題を全部終える」「論文を完成する」というある種の課題を意識的になしとげたことに対する認識、また、(44c) の「テレビを最後まで見る」のように自分自身の無意識な行動への気づき、また、(44d, e) の「周りの人が去る」「日が暮れる」のように自身をとりまく状況の変化に無意識だったことへの気づきなどは、話し手にとってのイマ・ココの〈見え〉の表出と考えてよいでしょう。気づきの対象となる事態は、話し手にとって好ましい事態である場合も、好ましくない事態である場合もあります。ある事態の出来への話し手の気づき・認知が、シテシマウが話し手のプラスあるいはマイナスの評価を付加すると解釈されるのでしょう。通常、話し手はこれらの変化が漸次的に進行していることに気づいていないので、それを表す「つい」「うっかり」「知らないうちに」などと共に使われることが多いようです。

　シテシマウは、基本的に、ある事態の実現や課題の完結を表す用法と、ある事態の実現や発生が話し手の期待に反していることを表す用法があるとされます。一見、相反するように思われますが、シテシマウの基本は何らかの動きの終結や変化の完結そしてその結果生じる事態の出来の〈見え〉を言語化することですから、話し手がどのような時にどのような事態の終結や出来にスポットライトを当てるかによって、事態の好ましさの度合いが変わると考えられます。(40a) の「読んでしまった」は、文脈なしでは単に新聞を読むという行為が完了したということを表しますが、新聞を読むことが何らかの課題となるような文脈があれば、課題の解決の解釈になります。また、読まない方がよいような記事が書いてあったとしたら、読まなければよかったというような後悔の解釈も可能です。典型的な完了の解釈以外は文脈に依存すると考えてよいでしょう。

　次は、シタトコロダをまとめましょう。まず、トコロダという表現について考えます。まずトコロは場所を表す名詞の「所・処」を語源とする形式名詞で、それにコピュラのダがついた文末形式です。トコロダは (45) のように動詞の辞書形、テイル形、タ形について使われ、それぞれ、動詞が表す動きや変化の開始直前、継続中、終了直後を表します。

(45) 　a.　今、新聞を読むところだ。
　　　b.　今、新聞を読んでいるところだ。
　　　c.　今、新聞を読んだところだ。　cf. 新聞を読んでしまった。

　トコロダのトコロは、物理的場所（所、処）という元の意味から拡張して、動きの断面、局面の意味を有する形式名詞です。一連の動きや変化を複数の断面

の連続体として捉えるとき、その1つ1つの断面をトコロと考えて、動きの局面を断片として捉えたものです。トコロが捉える動きの局面は、ちょうどDVDの一時停止画面の画像のように切り取られた一場面と考えてください。ある動きや変化がまさに始まろうとしている場面を切り取るとスルトコロダに、動きや変化の途中の一場面を切り取るとシテイルトコロダに、そして、動きや変化が終了した場面を切り取るとシタトコロダになります。トコロダで切り取られた場面あるいは静止画像は、それが一部と考えられる何らかの動きの連続体を前提とし、その場面の前後の場面の存在が暗示されます。シタトコロダがシテシマウと重なるのは、(45c)のような、動き終わりの断面を切り取った場合です。

「新聞を読んでしまった」の解釈の可能性は先に述べたとおりですが、「新聞を読んだトコロダ」は動作主体が新聞を読むという一連の動きの終わり、すなわち、その動きが完了した瞬間の場面を表します。仮に、シテシマウが話し手のなにがしかの評価と共に動きの完結を点的に表す形式だとすると、シタトコロダはより映像的な3次元的な場面の切り取り方だと言えるでしょう。

最後に、(40c)のシタバカリダを考えてみましょう。まず、バカリダの「ばかり」は、動詞の「計る」の連用形「計り」から転成した名詞に基づく副助詞(i.e. とりたて助詞)のバカリに判定詞のダがついた文末形式です。バカリには、(46a, b)のように数量表現についておおよその分量や大体の時間などをとりたてる機能と、(46c, d)のように名詞や動詞のテ形などについてある事態に焦点を当てて、とりたてる機能があります。

(46) a. 昨日の講演会には、大学生も <u>100名ばかり</u> 参加した。
　　 b. 開店準中です。あと <u>10分ばかり</u> お待ちください。
　　 c. 若い人は電車でも通りでも <u>スマホばかり</u> 見ている。
　　 d. あの人は <u>寝てばかり</u> いる。
　　 e. 新聞は、<u>届いたばかりだ</u>。

(46e)のシタバカリダの解釈がシタトコロダの解釈に近づくと言われます。バカリには、上述のように、ある事態の程度や量を限定する(i.e. とりたてる)機能があります。そこから、「それ以上にならない/それに過ぎない」とか「ただそれだけだ/ほかに何もない」といった、少ない、足りないという、いわばマイナスの評価を表す意味が生じます。そして、動詞のタ形につくバカリダは、動詞が表す何らかの動きや変化が完了したことをとりたてるのですが、その事

態の完了時から言語化する時までの時間経過が限定的で、短い・足りないなどという、話し手の捉え方（評価）を含意します。

では、シテシマウ、シタトコロダ、シタバカリダを比べてみましょう。

(47) A : あ、もう来ていたんですね。
　　　B1: #今来てしまいました。/ 今来たところです。/ 今来たばかりです。
　　　B2: #さっき来てしまいました。/ ??さっき来たところです。/ さっき来たばかりです。

　シテシマウはこの文脈では使えませんが、シタトコロダとシタバカリダは対照を見せます。シタトコロダは動きの連続体を前提として、その動きが完了したまさにその場面を切り取った表現です。一方、シタバカリダは出来事の完了から発話時（言語化の時）までの時間経過がそれほど長くない、短いという話し手の時間経過の捉え方を表します。時間副詞の「今」と「さっき」がこの2つの形式の違いを明らかにしています。「今」が動きの完了時点を明示する(47B1)では、2つの表現の違いが見えにくくなりますが、時間副詞の「さっき」を伴う(47B2)では、動きの完了時の静止画像に焦点を当てるシタトコロダの適切性は低く、完了時から発話時までの時間経過が短いという話し手の捉え方を表すシタバカリダは適切です。

　同じようなことは次の場面でも言えます。(48)は、待ち合わせをしている友人同士の会話です。

(48) （携帯電話で）
　　　A : もしもし、今どこ？
　　　B1: ごめん。バスに乗ったところ。あと15分くらいで着く。
　　　B2: ごめん。??バスに乗ったばかり。あと15分くらいで着く。

　(48)のAの応答として(48B1)のシタトコロダは適切です。それは、Bは「電車に乗った」トコロ（場面）にいますが、トコロダが前提とする動きの連続体の次の場面、つまり待ち合わせ場所への移動場面への移行をAに暗示するからです。それに対して、(48B2)のシタバカリダは、電車に乗ってから発話時まで時間があまり経過していないという話し手の事態の捉え方は表しますが、待ち合わせ場所への移行が暗示されないため、Aへの返答としては適切性を欠きます。この文脈で、シタバカリダは、「乗ってからまだあまり時間がたってい

ないんだから…」というような言い訳に聞こえる可能性もあります。(49) と (50) の対照も同様のものです。違いを考えてください。

(49) 　A：もしもし、今何してる？
　　　　B：仕事が終わったところ。何か用？

(50) 　A：もしもし、今何してる？
　　　　B：仕事が終わったばかり。
　　　　A：あ、じゃ、あとでかけなおすね。

　ただし、シタバカリダで表す経過時間の短さの捉え方は話し手の主観的なものですから、実際にはかなり長い時間でも話し手の捉え方次第で使えるようです。

(51) 　先週・先月、出張から戻ったばかり / ?ところです。
(52) 　息子は、昨年、就職したばかりで / ??ところで、まだまだ未熟です。

　(51) の「一週間前、一か月前」の出来事も、(52) の「一年前」の出来事も、話し手が発話時までの経過時間を短いと捉えたら、シタバカリダを使うことが可能です。シタバカリダは、シテシマッタ、シタトコロダでは表せない、時間経過に関する話し手の主観的な捉え方が反映している形式だと言うことができます。

7.2.6　語彙的アスペクト形式：シカケル・シハジメル・シダス・シツヅケル・シツヅク・シオワル

　7.2.2 から 7.2.5 で、テ形を使った構文的なアスペクトを解説しました。最後に、語彙的なアスペクト形式の例として、複合動詞のシカケル、シハジメル、シダス、シツヅケル、シオワルをまとめます。

　(53) のように、動きや変化を表す動詞の語幹に「かける」「出す」「始める」「続ける（続く）」「終わる（終える）」などの動きの時間的局面を意味する動詞をつけて、動詞語幹が表す動きや変化の意味に動きの局面の意味を付加する語彙的なアスペクト形式があります。

(53) 　a.　書く＋カケル→書きかける

b. 走る＋ダス／ハジメル→走り出す／走り始める
   c. 食べる＋ツヅケル→食べ続ける；降り＋ツヅク→降り続く
   d. 読む＋オワル／オエル→読み終わる／読み終える

　シカケルは、(53 a)のように変化や動きが開始する直前の状態を表し、開始の状態に移行する直前の段階を表します。通常は、その次の段階に移行しなかったことを含意します。また、(54 c)のように「しかけの＋名詞」の形で、名詞が表すモノの変化がその初期段階でとどまっている段階にあることを表します。ただし、(54 a)の「死ぬ」や「転ぶ」などの変化動詞の場合は、「死にそうになった」「転びそうになった」という意味で、変化が完了したわけではありません。
　一方、(54b)の「書く」は時間の経過を含意する動詞ですから、「手紙」は書き終わっていない状態、つまり、(54c)の「書きかけの手紙」です。

(54)　a. 事故で死にかけた。／駅の階段で転びかけた。
　　　b. 手紙を書きかけて、やめた。
　　　c. 書きかけの手紙・読みかけの本・食べかけのりんご

　シダスとシハジメルは、どちらも動きや変化が開始する時点での状態を表します。

(55)　a. 子どもが泣き出した／泣き始めた。
　　　b. 雨が降り出した／降り始めた。
　　　c. 高速道路が混み出した／混み始めた。

　シハジメルとシダスの違いは、話し手の事態把握の違いであろうと考えます。変化や動きが予め想定されているような場合、たとえば、天気予報で午後から雨が降るだろうと聞いていた場合、あるいは前日の天候の変化を述べる場合は「降り始めた」が客観的で適当に思えますが、天候の変化を予想もしていなかった時に急に空模様があやしくなって、…というような場合、つまりイマ・ココの話し手の〈見え〉に予期しない変化が起きたということを表現するには「降り出した」が適しています。この違いは、子どもの成長過程の報告として「もう歩き始めました」のほうが「#もう歩き出しました」より適切であることにも反映しています。

シツヅケルは、時間の幅が含意される動きや変化の動詞について、その状態が開始して継続していることを表します。(56 a, b) のように、当該の継続事態の時間的幅を表す副詞的表現と共起することが多いです。

(56) a. 日暮まで歩き続けた。/ 朝が来るまで話し続けた。
　　 b. 食べ放題で2時間食べ続けた。

自然現象などを表す自動詞の場合は、シツヅケルではなくシツヅクが使われます。

(57) a. 梅雨で1週間雨が降り続いた / *降り続けた。
　　 b. 川の氾濫を知らせる警報が鳴り続いた / *鳴り続けた。

シオワルは (58 a, b) のように、時間の幅を持つ動きを表す動詞について、その動きの終結段階を表します。意図的に活動の完了・完成を強調したい場合は、(58c) のようにシオエルを使うこともあります。

(58) a. 部屋の掃除をし終わった。/ 晩ご版飯を食べ終わった。/ 今朝の新聞を読み終わった。
　　 b. *6時に起き終わった。/ *雨に気づき終わった。
　　 c. やっと論文を書き終えた。/ どうにか英語の本を読み終えた。

このほかにも、「人口が減りつつある」のシツツアル、「シロアリが家を食べつくした」などのシツクス、「持っていたお金を使い切った」のシキルなど、語彙的アスペクトを表す複合動詞は多数あります。詳しくは、日本語記述文法研究会 (2007) なども参照してください。

第8章　文のしくみ4
変化と移動

　日本語のいわゆる変化表現の原点は動詞のナルです。ここでは、まず、動詞ナルを伴う基本的な変化表現を2つ扱います。ナルは〈変化主体ガ　変化の結果の状態ニ〉をとる動詞です。第一は変化結果に形容詞述語と名詞述語、否定形の述語をとる形式、第二は変化結果に動詞述語をとる形式です。また、移動動詞のイクとクルも変化表現に関わります。移動動詞と変化動詞の近似については第3章の3.4.5節で言及したとおりです。ここで扱う3形式が表すいずれの変化にも、事態把握の原点としての話し手〈私〉の〈見え〉が関わります。変化も移動も、話し手中心のコトを表します。

8.1　ナルとスルを伴う変化表現1：〜クナル（スル）と〜ニナル（スル）

　動詞のナルが表す事態は、ある対象（変化する主体）が時間の軸上を初期状態と異なる状態に非物理的に移動することです。この「移動」は物理的な時間経過を伴います。ある対象が変化するというのは初期状態から目標となる状態への時間的な位置変化（移動）と考えられます。目標となる状態を述語タイプで分けて考えましょう。

　名詞述語が表す状態と形容詞述語が表す状態を目標となる状態とする場合の表現は、名詞ニナルと形容詞の連用形（−ク）ナル、また述語の否定形の連用形（−ナク）ナルです。いずれも状態述語です。ここでは、(1) のような変化表現を考えます。変化対象はガ格補語で、目標となる状態が肯定的な内容の場合は、(1a〜c)、否定的な内容の場合は (1d〜g) です。

(1)　a.　友だちガ医者ニナッタ。（名詞＋に）
　　　b.　子どもガ丈夫ニナッタ。（ナ形容詞＋に）
　　　c.　最近物価ガ高クナッタ。（イ形容詞のク形）
　　　d.　勤務先ガ東京じゃ（では）ナクナッタ。（名詞述語の否定のク形）
　　　e.　友だちガ暇じゃナクナッタ。（ナ形容詞の否定のク形）

f．薬を飲んだら頭ガ痛くナクナッタ。（イ形容詞の否定のク形）
　　　g．子どもガ外で遊ばナクナッタ。（動詞の否定のク形）

　このようなナルを伴う変化表現は、誰かの人為的な働きかけや意図の有無は問わず、到達した目標状態（結果）に焦点を当てた捉え方で、話し手の〈見え〉に新しい状態が出現した・出来したということを表します。変化前の状態には関心はなく、〈見え〉に出来した状態に焦点があります。初期状態は表現から解釈可能ですが、話し手の表現意図は、文字どおりナルが指標する状況変化の気づきの言語化です。
　「名詞＋に」「ナ形容詞＋に」「イ形容詞のク形」にナルがついた（1a）〜（1c）は、それぞれ「友だち」、「子ども」、「物価」が、何らかの初期状態から、「友だちが医者だ」「子どもが丈夫だ」「物価が高い」状態へと時間を経て移動した（変化した）ことを表します。（1d）〜（1g）も、それぞれある初期状態から「勤務先が東京ではない」「友だちが暇ではない」「頭が痛くない」「子どもが外で遊ばない」状態への移動（変化）を表します。
　一方、ナルの代わりにスルを使うと、状態の変化（移動）への働きかけの意味、つまり、人為的に変化を生じさせるという意味になります。働きかけられる対象はヲ格になります。

（2）　a．子どもヲ医者ニシタ。
　　　b．客が来るので、部屋ヲきれいニシタ。
　　　c．窓を開けて、部屋ヲ涼しクシタ。
　　　d．痩せたくて、主食ヲ米じゃナクシタ。
　　　e．目立ちたくないので、服装ヲ派手じゃナクシタ。
　　　f．街灯を増やして、夜道ヲ暗くナクシタ。

　基本的には、ナルを使ってある事態の出来を表現するか、スルを使って個体中心の働きかけを表現するか、どちらの事態の捉え方をするかによって、話し手が使い分けます。
　しかし、（1g）の「子どもが外で遊ばなくなった」に対応するスルの表現の類（3a）は非文になります。しかし、（3b）のように「遊ばない」「乗らない」を可能形の「遊べない」「乗れない」にすると、適切になります。

（3）　a．＊子どもヲ外で遊ばナクシタ。／＊子どもヲ自転車に乗らナクシタ。

b.　子どもヲ・ガ外で遊べナクシタ。／子どもヲ・ガ自転車に乗れナクシタ。

　(3b) の場合も「子ども」がヲ格表示の場合は、働きかけは直接「子ども」に及ぶ力であるという解釈となり、ガ格の場合は、誰かが働きかけて、子どもが外で遊べない環境を作り出した・生じさせたと解釈されます。スルの意図的な働きかけの対象は「子ども」ではなく、「子ども外で遊ばない」「子どもが自転車に乗れない」状態を意図的に作り出すという働きかけです。このクナル・スルによる変化の表現の限界は、「子どもが外で遊ばない／???遊べないようになった」「子どもが自転車に乗らない／乗れないようにした」など、次節の変化表現〜ヨウニナル・スルが表す変化につながります。

8.2　ナルとスルを伴う変化表現 2: 〜ヨウニナル（スル）

　〜ヨウニナル・スルもナルとスルを使った変化（移動）の表現です。ヨウは、動詞のル形とナイ形について、その動詞が表す状態（事態）を表します。まず、スルヨウニナルを考えます。

(4)　a.　弟が鉄棒で逆上がりができるヨウニナッタ。
　　b.　妹が 25 メートル泳げるヨウニナッタ。
　　c.　子どもが補助輪なしで自転車に乗れるヨウニナッタ。
　　d.　大勢観光客が来るヨウニナッタ。
　　e.　父が健康のために毎日散歩するヨウニナッタ。

　これらは、いずれも発話時以前に存在しなかったある状態が発話時には存在するということを表します。いわば、ゼロからプラスへの状態変化を表します。
　一方、発話時より以前に存在していた何らかの状態が発話時には存在しないという状態変化、つまりマイナスへの変化を表現するには前節の〜ナクナルに加えてシナイヨウニナルが可能です。比べてみましょう。

(5)　a.　若い時は何でもなかったけど、この頃は、怖くて高速道路は運転できナクナッタ／??運転できないヨウニナッタ。
　　b.　以前はコーヒーを何杯飲んでも大丈夫だったけど、最近は、よく寝られナクナッタ／??寝られないヨウニナッタ。
　　c.　この寮では、午後 11 時以降外出できナクナッタ／?外出できないヨ

　　　　　　ウニナッタ。
　　　d. 崖崩れで、この道路は、車が通れナクナッタ／??通れないヨウニナッタ。

　まず、(5a, b)のような、個人の内面の状態変化の場合は、〜ナクナルに比べて〜ナイヨウニナルは容認度が下がります。また、(5 c, d)のような、公共の規則や制度の変化の場合には、〜ナイヨウニナルの容認度はやや上がります。いずれの場合も〜ナクナルは問題ありません。ただし、(5c, d)も、変化の原因が明示されると容認度が上がります。

(5´) c. この寮では、午後11時に中から施錠して、外出できないヨウニナッタ。
　　　d. ?通行止めで、車が通れないヨウニナッタ。

　次は、誰かが意図的に働きかけてある状態を引き起こすことを表す〜ヨウニスルの例を見てください。

(6) a. この教室は、本校の学生なら誰でも使えるヨウニシタ。
　　b. 立て看板を出して、講演会場がすぐ分かるヨウニシタ。
　　c. ブラインドを閉めて、中が見えナイヨウニシタ。
　　d. この遊具は、100 kgの人が乗っても壊れないヨウニシマシタ。
　　e. 栄養のバランスのよい食事をとるヨウニシマショウ。
　　f. 私は毎日規則正しい生活をするヨウニシテイマス。

　(6a〜d)は、誰かが働きかけて、結果的にスルヨウ・シナイヨウが表す状態「誰でも使える状態」「会場がすぐ分かる状態」「中が見えない状態」「100 kgの人が乗っても壊れない状態」を生じさせた、作り出したことを表します。また、(6e)は意図的に「栄養のバランスのよい食事をとる」状態を実現することを聞き手に提案し、(6f)は、「毎日規則正しい生活をする」状態の実現に向けた個人の意図的な習慣的な行為を表します。いずれもスルによる働きかけと意図性の表れです。
　ここで、マイナスへの状態変化を表すナイヨウニスルと〜ナクスルを比べましょう。

(7) a. ブラインドを閉めて、中ヲ見エナクシタ。
　　b. ブラインドを閉めて、〈中ガ見えない〉ヨウニシタ。（＝6c）

　この2つの違いは、微妙ではありますが、(7a)は「ブラインドを閉める」ことで「中」を見えない状態に変えたという、いわば働きかけとその結果の関係があります。一方、(7b)は、「中が見えない」状態を生じさせることを目的として「ブラインドを閉める」という行為を行ったという、いわば働きかけとその目的の関係です。このことは、(8b)を(8a)のように言い換えることが可能なことからも分かります。ちなみに、〜ナクスルは非文になります。

(8) a. 外から見えないヨウニブラインドを閉めた。
　　b. ＊外から見えナクブラインドを閉めた。

　〜ヨウニは、それが表す状態の実現が何らかの行為の目的や目標であると解釈できることから、目的節と呼ばれることがあります。(9)のように、いろいろな主節と共起します。

(9) a. みんな聞こえるヨウニ、はっきり話してください。
　　b. 聞いたことを忘れないヨウニ、すぐメモをしましょう。
　　c. 海外旅行に行けるヨウニ、アルバイト代をためています。

　また、ヨウニは、同じく目的を表すとするタメニと比較されます。

(10) a. 海外旅行に行けるヨウニ、バイト代をためています。
　　 b. 海外旅行に行くタメニ、バイト代をためています。

　変化表現のヨウニナルに関連して、ヨウニスルを取り上げましたが、ヨウニスルは、同じく変化の結果状態をヨウによって表してはいても、ヨウニが導く状態をスルという行為が導く最終的な結果、あるいはその行為の目的と解釈しても大きな問題は生じません。ヨウニナルは変化の表現ですが、ヨウニスルは、変化表現というより、何らかの結果が生じることを目標とする動作主体の意図的働きかけを表す形式と考える方が適当だと思われます。ヨウニは、第10章で再度取り上げます。

8.3 移動動詞を伴う変化表現： シテイクとシテクル

　移動動詞の「行く」と「来る」を使って状態変化を表すシテイクとシテクルを考えます。第3章の3.4.5節で 移動動詞と変化動詞とを扱いました。移動動詞の「行く」と「来る」は、基本的に話し手から見た方向性を含意した動きを表します。「行く」は話し手から遠ざかる移動を、「来る」は話し手のところに向かうあるいは近づく移動を表します。また、「行く」と「来る」は、話し手を事態の把握の原点とする主観的把握の指標です。ここでは、この2つの動詞を補助動詞とするシテイクとシテクルについて考えます。この表現についても、先行研究は多数あります（高橋ほか2005、日本語文法記述研究会2007、近藤・姫野2012ほか）。本章では、それらを踏まえて、日本語母語話者の主観的把握の傾向に関連させて論じたいと思います。

　シテイクとシテクルには、大きく2つの用法があります。1つは「行く」と「来る」の移動が含意する方向性を保持する用法、すなわち物理的な移動の方向を表す用法です。もう1つは、物理的な空間的移動を時間軸上の移動に拡張した状態変化を表す用法です。

　物理的な移動の方向を示す用法から考えましょう。まず、本動詞としての意味用法、方向性が基本的に維持されている使われ方があります。(11a)のような対象の移動の様態を表すものと(11b)のような物理的な移動を表すものです。

(11)　a.　学校に歩いテイッタ。/ 自転車に乗ってテキタ。
　　　b.　コンビニで弁当を買っテイク。/ 郵便局で速達を出しテキタ。

　まず、(11a)の対象の移動の様態を表す用法から始めます。(12)も(11a)と同様の例です。

(12)　a.　銀行にお金を持っテイッタ。/（ここに）お金を持っテキタ。
　　　b.　動物園に子どもを連れテイッタ。/ 娘が（ここに）孫を連れテキタ。

　これらは、それぞれ「行く」「来る」という移動がどのような様態を伴って実現するかを表すとされます。「歩いて」「持って」「連れて」はそれぞれ「行った」「来た」の表す移動がどのような様態を呈しているかを示します。このような例は、次のように、「行く」「来る」を本動詞として使う文にしても、意味はあまり変わりません。これらは、対象（移動主体）の移動の様態を表すものです。

(13) a. 歩いて学校へ行った。／自転車に乗ってここに来た。
　　 b. お金を持って銀行に行った。／お金を持ってここに来た。
　　 c. 子どもを連れて動物園に行った。／娘が孫を連れてここに来た。※注19

　次に（11b）のような動きの連続を表す用法を考えます。（14）は（13b）と同様の例です。

(14) a. 入院している友だちの見舞いに花を買っテイッタ。
　　 b. 図書館で本を借りテイキマシタ。
　　 c. 銀座で歌舞伎を観テキタ。
　　 d. ちょっと食事をしテキマス／財布を取ッテキマス。

　これらのシテイク・シテクル文は、話し手自身の物理的な移動、特に、話し手が、それぞれ「花を買う」「図書館で本を借りる」「食事をする」「仕事をする」という活動をしたあとで移動することを表します。（14a, b）は当該の活動のあとで話し手から遠のく方向への移動を、（14c, d）は当該の活動のあとで話し手が発話のイマ・ココに向かう移動を表します。また、（14d）は、発話時点にいる話し手が当該の活動をするためにどこかに移動し（i.e. イク）、そのあとに発話のイマ・ココに戻る（i.e. クル）移動を表します。「どこかへ行って食事をしてきます」「どこかへ行って財布をとってきます」と言えなくはありませんが、テクルが「どこかへ行って」という前半の移動を含意するので、その必要はありません。このように、テクルは話し手〈私〉のイマ・ココへの〈見え〉で話し手に近づく動きを含意します。
　次に、（15 a, b, c）を耳にして、一番危険な感じがするのはどれでしょうか。

(15) ライトを消した怪しい車が a. 近づいた／b. 近づいテキタ／c. 近づいテイッタ。

　（15a）は、「誰に？・どこに？」の情報が必要です。同様に、（15c）も、車が徐々に動いて距離を縮めているのは分かりますが、やはり「誰に？・どこに？」の情報が必要です。一方、（15b）からは、怪しい車が話し手に向かって移動していることが分かり、話し手（主人公？）の危険を感じることができます。第三者の行動が話し手に向かう場合に、テクルが、聞き手の理解に把握の原点としての〈私〉を機能させます。

(16) a. ???不審な車が私に近づいた。
　　 b. 不審な車が友だちに近づいた。
　　 c. 不審な車が近づいテキタ。
　　 d. 不審な車が妹に/*見知らぬ人に近づいテキタ。

　(16a)は、(16b)と同様の描写で、客観的把握であり、特に理由がない限り、日本語母語話者にはなじみません。一方、(16c)はテクルを使うことによって、不審者の目標が話し手〈私〉のウチであることが分かります。不審者が話し手のイマ・ココの〈見え〉で自身にとの距離を縮める動き、近づく動きを表します。(16d)は、不審者の移動の目標が〈私〉と話し手が捉えれば可能です。この違いが「妹」と「見知らぬ人」の適切性の違いとなって現れます。

　次は、テクルの特徴的な用法です。テクルは、話し手〈私〉がイマ・ココの〈見え〉で、対象が自身との距離を縮めている、近づいていると捉えたことを表す標識です。

　さらに、日本語学習者の誤用から見えてくる用法があります。(16)の「近づく」のようにそれ自身が方向性を持った移動を表す動詞にテクルをつけて〈私〉に向かう動きであることを示す用法は、日本語学習者にとって、理解しにくく、また習得しにくいものです。英語などの言語を母語にする日本語学習者が産出する日本語には、(17)のような誤用が見られます。(17)は、英語にすると、問題がありません。

(17) a. ??友だちが私に手紙を書きました。
　　　　cf. A friend of mine wrote me a letter.
　　 b. ??友だちが私に誕生日カードを送りました。
　　　　cf. A friend of mine sent me a birthday card.
　　 c. ??友だちが私に電話をかけました。
　　　　cf. A friend of mine telephoned me.

　「手紙を書く」「カードを送る」「電話をかける」はいずれも〈動作主ガ　移動対象ヲ　到達点（相手）ニ〉をとる動詞です。テクルは、これらの動詞が表す動きを、話し手の〈見え〉において〈私〉に向かう動きに変換します。日本語母語話者にとっては、これらの動詞が基本的に意味する行為の方向性は行為者から遠ざかる動き、いわば遠心的な動きです。(17a, b)は、それぞれ「手紙が友だちから遠ざかる」「誕生日カードが友だちから遠ざかる」方向の移動です。(17c)

も「電話網を通して、音波が友だちから遠ざかる」ことを意味します。しかし、それらの移動の到達点が〈私〉であるため、方向性に矛盾が生じます。これを解消するのがテクルで、(18)のように、行為者から遠ざかる移動の方向を話し手〈私〉に向けた動き、私を中心とした求心的な動きに転換します。

(18) a. 友だちが手紙を書いテキマシタ。
　　 b. 友だちが誕生日カードを送ってキマシタ。
　　 c. 友だちが電話をかけテキマシタ。

このほかにも、「聞く」「言う」「連絡する」など、多くの動詞が表す行為には行為者から遠ざかる遠心的な方向性が含意されます。話し手（〈私〉）が受け手である次のような例も、テクルを使うことで不自然さが解消されます。

(19) a. ??見知らぬ人が私に話しかけました。
　　　　→見知らぬ人が話しかけテキマシタ。
　　 b. ??外国人が私に道を聞きました。
　　　　→外国人が道を聞いテキマシタ。
　　 c. ??友人が私に出かけようと言いました。
　　　　→友人が出かけようと言っテキマシタ。

話し手自身が参加しない事態では、同じ動詞でも、話し手が行為者と自身の心理的距離と行為の受け手（到達点）と自身の心理的距離の捉え方によって、テクルが使われます。

(20) a. 山本さんが佐藤さんに手紙を書いた。
　　 b. 山田さんが妹に手紙を書いテキタ。
　　 c. 山田さんが加藤さんに話しかけた。
　　 d. 山田さんが姉に話しかけテキタ。

話し手が特に行為者とも受け手とも心理的に近いと感じない、あるいはそれを表明する必要がないと考えた場合には、客観的に事態を捉えて(20a, c)のように動詞のみの使用で構いません。一方、行為者より行為の受け手のほうが話し手にとって心理的に近いと捉えた場合、(20b, d)のようにその人物を〈見え〉の中で自身に近く位置づけて、テクルを使うのが普通です。(20b, d)のような

表現は、話し手が〈私〉の〈見え〉を言語化することになります。(20a, c) の場合、(20a) の代わりに「山本さんが佐藤さんに手紙を書いてきた」、また (20d) の代わりに「山田さんが加藤さんに話しかけてきた」と言った瞬間に話し手の〈見え〉を表出することになり、行為者、受け手、そして話し手自身〈私〉の関係を考慮する必要があります。

　次は、テイク・テクルの2つ目の機能、状態変化（時間軸上での移動）を考えましょう。この用法には、第一の物理的移動の拡張と言える用法があります。(21) がその例で、「聞こえる」「見える」などの知覚を表す動詞の場合です。いずれもテイクは使えません。

(21)　a.　遠くから子どもの声が聞こえた／聞こえテキタ／*聞こえテイッタ。
　　　b.　新幹線の窓から富士山が見えた／富士山が見えテキタ／*富士山が見えテイッタ。

　(21) の「聞こえた」「見えた」は、知覚器官に刺激を捉えた瞬間の描写です。一方、テクルを使った「聞こえてきた」「見えてきた」はテクルが何らかの移動が関わることを示唆します。(21a) は、子どもが話し手〈私〉に近づいている可能性のほかに、話し手〈私〉自身が移動している解釈ができます。また、(21b) では、富士山は不動ですから、移動しているのは話し手〈私〉自身のはずです。話し手〈私〉が新幹線の移動につれて富士山が見える位置に移動したということです。このように、日本語母語話者は、自身が移動しているにもかかわらず、子どもの声や富士山の姿が徐々に大きくなる〈見え〉をテクルで表現します。「わたしに」を言う必要はありません。

　このように、話し手のイマ・ココの状況の変化の把握には話し手の視座が関与します。日本語母語の話し手は、事態の中に身を置いて、そこからの〈見え〉を言語化する傾向があります。実際は、話し手自身が移動している場合でも、まるで自分自身は一点にとどまり、対象が自分に向かって移動しているように描写するわけです。

　また、日本語母語の話し手は、自らの状況の変化に気づいたとき、その状態を自身の〈見え〉として物理的にも時間軸上にも自分に近づく動きとして捉える傾向があります。この場合もテクルで言語化しますが、テイクは使いません。

(22)　a.　あ、雪が降ってテキタ／*降ってテイッタ。
　　　b.　頭が痛くなってテキタ／*痛くなってテイッタ。

c. 考えていたら、だんだん分からなくなっテキタ／*分からなくなっテイッタ。
　　d. この本を読んだら、少しずつ分かっテキタ／*分かっテイッタ。

　(21)と(22)のテイクとテクルの振る舞いの違いは、2つの動詞が含意する方向性を動詞の意味との相互作用による場合が多いようです。テイクの使用で特徴的なのは、テイクが含意する話し手から遠ざかる、遠のく方向性が動詞に内在する方向性と合致する場合です。たとえば、一般に、「死ぬ」「去る」は消滅です。そこから、「長いあいだの戦争で、多くの人が死んでいった・この世を去っていった／*死んできた・*去ってきた」というような使い方は可能です。

　以上のような話し手個人に関わる時間軸上の変化を拡張すると、時間とともに進行する、より大きな変化を表現することが可能になります。これが2つ目の状態変化を表す用法です。たとえば、「増える」「減る」「上がる」「下がる」「落ちる」などの主体の変化を表す動詞や「増やす」「減らす」「上げる」「下げる」などの対象を変化させる動詞が使われ、「だんだん」「徐々に」「次第に」などの漸次的変化を表す副詞とも共起します。

(23)　a. 海外留学を希望する学生が減っテキタ／減っテイッタ。
　　b. 富士山に登る外国人観光客が増えテキタ／増えテイッタ。
　　c. 小学生の基礎体力が落ちテキタ／落ちテイッタ。
　　d. 学力をつけようと、先生は宿題を増やしテキタ／増やしテイッタ。

　(23a〜d)では、テイクもテクルもどちらも使えます。しかし、どちらを使うかは、文脈と話し手の把握の仕方によって決まります。(23b)に話し手が事態を捉える基準になる表現を加えてみます。

(24)　a. 富士山に登る外国人観光客が増えテキタ／増えテイッタ。（＝23b)
　　b. ここ数年、富士山を訪れる外国人観光客が増えテキタ／*増えテイッタ。
　　c. 夏の初めから秋の終わりにかけて、富士山を訪れる外国人観光客が増えテキタ。
　　d. 夏の初めから秋の終わりにかけて、富士山を訪れる外国人観光客が増えテイッタ。

(24b) は、話し手は数年前からイマ・ココまでの変化を、イマ・ココで近づく方向で捉えていますからテクルしか使えません。一方、(24c) と (24d) どちらも富士山の観光客数の推移の表を観ながら発話していると考えられます。(24c) は、推移表の秋の終わりに視点を据えて、自身に近づく変化として捉え、それをテクルで表します。一方、(24d) は、推移表の夏の初めに視点を置いて、そこからの〈見え〉として遠ざかる変化と捉え、それをテイクで表します。(25) は同じような時間軸上の変化の例です。

(25) a. 最近、歩きスマホの事故が増えてテキタ。
　　 b. 為替レートの変動で、円が高くなッテイッタが、ある事件を機に、円安へと転じた。
　　 c. 経済の低迷で、失業者が増えてテキテイル。今後も、ますます増えテイク。
　　 d. 試験のために一生懸命勉強シテキタ。試験が終わっても、勉強は続けテイクつもりだ。

　以上のように、ある期間、継続した変化を、その期間のどこに視点を置いて捉えるかによって、テイクとテクルが使い分けられます。(25) の例では、どこに視点が置かれ、どのような〈見え〉を形成しているか確認してください。

第 9 章　文のしくみ 5
主題化と焦点化

　ここまでは、文レベルの日本語の基本的なしくみとそれに関わるいくつかのキー概念を述べました。本章では、文の要素をとりたてる機能を担う「とりたて助詞」を考察します。とりたて助詞は、後続文の解釈に関わったり、言語化されていない意味を含意したりしますので、ある意味で、文を超えたより大きな単位である談話で機能する助詞と考えてもよいかもしれません。談話については、第 13 章で考察しますが、暫定的に次のように定義して、ここでの考察を進めます。

(1)　談話とは（暫定）
　　　文よりも大きい言語単位で、意味的なまとまりをもった複数の文の連なり

　談話と文脈に関わる操作として、複数の文の連なりに関与する主題化と焦点化を取り上げます。どちらも会話のイマ・ココに何かをとりたてる操作です。第 2 章の品詞分類で触れましたが、何かをとりたてることを専らの職能とするとりたて助詞が本章の中心です。第 8 章までの議論では、ハを含めて、とりたて助詞は可能な限り用いませんでした。その理由は、とりたて助詞の理解には、文を超える視野が必要となるからです。
　第 1 章で、類型論から日本語を概観し、日本語は基本的に、主語・述語型より主題・解説型の言語の傾向が強いことを述べました。とりたてられたモノとそれに続く叙述の関係の基本は、主題と解説の関係です。主題のとりたて方の典型は、助詞ハの振る舞いに見ることができます。また、文脈の何かを際立たせること、つまり何かに焦点を当てること（焦点化）によって、それに関連した他の何かについて含意するというとりたて方もあります。その典型は、「日本語だけ話せます」のような文のとりたて助詞ダケの振る舞いです。それは、たとえば、この発話を聞くと、同時に「日本語以外の言語は話せない」という言外

の意味が伝わることです。

　日本語教育の観点からも、ハやダケの扱いは配慮が必要です。日本語学習者にとって、初級の文レベルの規則を学習する段階では、文脈の言語化に必要な日本語の多くが未習であるため、格助詞ととりたて助詞の違いを理解し、使い分けることは難しく、日本語学習者が日本語の難しさの筆頭に挙げるのがハとガの使い分けです。この段階では、ハもガもいわゆる主語を表す助詞、ダケもシカ〜ナイも限定を表す助詞という、不十分な理解に留まってしまうことが多いのが現実です。

　本章では、談話の複数の文の連なりを司る基本として、ハを典型とする主題化とダケを典型とする焦点化を取り上げます。なお、イントネーションやアクセントなどの音声による焦点化は取り上げません。

9.1　主題化1：ハとガの機能

　日本語学習者が戸惑い、母語話者が説明に苦労する助詞ハとガの例文を (2) にあげます。(2a, b) のような文ではハとガの機能の違いは分かりにくく、また、(2c) のような文では、1つの文にハとガの2つの主語があるように見えます。

(2)　a.　昨日、太郎ガ遊びに来た。
　　　b.　昨日、次郎ハ欠席だった。
　　　c.　三郎ハ性格ガいい。

　(2a) の「太郎」はガで「来た人」を、(2b) の「次郎」はハで「欠席だった人」をそれぞれ指しています。(2c) は「二重主語文」とか「総主語・小主語文」などと呼ばれ、「性格」は形容詞述語「いい」の主語で、「三郎」は「性格がいい」という属性を持つものとして、全体の主語のように解釈されます。

　しかし、ガも常に主語を指し示すわけではなく、主語以外を指すハもあるということは、(3a, b) のような文から分かります。(3a) は将棋の能力を有する「太郎」は主語と解釈でき、ハで示されていますが、ガがついた「将棋」は太郎の能力が発揮される対象であって、主語ではありません。また、(3b) のハが後接している「昼ごはん」は「食べる」という行為の向かう対象であり、他動詞文の目的語であって、主語ではありません。

(3)　a.　太郎ハ将棋ガできる。

b. 今日は寝坊して朝食ヲ食べなかった。昼ごはんハ絶対食べるぞ。

　第2章の品詞の議論で、本書は、ガを格助詞、ハをとりたて助詞としました。ハとガの違いに関する論点は大きく3つあります。第一は、ハとガの意味解釈の上での違い、第二は、ハとガがそれぞれ述語と結びつく統語上の力の範囲の違い、そして第三は、情報構造の観点から見たハとガの違いです。
　第一の違いについては、久野 (1973) を参考にします。久野は (4) のような文について、ハとガの文中での意味に関わる機能を分析します。

(4)　a.　昨日、雨ガ降った。
　　　b.　昨日、雨ハ降った。
　　　c.　空ガ青い。
　　　d.　空ハ青い。

　(4a) は、ガ格補語とその変化を表す述語からなりますが、ガ格と述語の2つの部分に分析することなく、「雨ガ降った」こと全体を叙述しています。(4c) は、たとえば、話し手が発話のイマ・ココで空を見上げて、〈見え〉をそのまま描写するときの表現で、特段、他の事態との比較は含意されません。久野 (1973) はこのようなガの機能を「中立叙述」とします。
　これに対して、(4b) は、雨は降ったけれど、たとえば、風は吹かなかったとか、大雨ではなかったなど、他の事態との対比的な意味を伴います。また、(4d) からは、空の色と何か他のものの色を比べているような意味合いが生じます。久野 (1973) はこのようなハの機能を「対比」とします。(5) は、複文ですが、ハの対比の意味合いが明かです。(5a) は会議の出欠に関して田中と山田を対比させています。

(5)　a.　田中ハ会議に出席したけど、山田ハ出席しなかった。
　　　b.　うちの子は、肉料理ハ好きですが、野菜ハあまり食べたがりません。

　一方、(5a, b) を直前の文脈として、それらに続く (6a, b) のやりとりを見てください。

(6)　a.　A：会議は誰ガ欠席だった？
　　　　　B：山田ガ /＊ハ欠席だった。

b.　A：お子さんは何ガ嫌いですか。
　　　　B：野菜ガ／*ハ嫌いです。

(6a) の B の X ガは、「山田が欠席したモノのすべてだ」、(6b) の B の X ガも、「野菜が子どもが嫌いなモノのすべてだ」というような解釈になります。久野 (1973) はこのようなガの振る舞いをもとに、X ガには「該当するすべてモノ」という「総記 (exhaustive listing)」の機能があるとします。以上のハとガの違いを (7) にまとめて示します

(7)　ハとガの機能（久野 1973 に基づく）
　　ハ：主題化の機能と対比の機能を持つ。
　　ガ：中立叙述の機能と総記の機能を持つ。また、話し手の感情感覚が向かう先、あるいは能力が発揮される先を示す機能を持つ。

　第 2 章で、とりたて助詞は、何かに焦点を当てることで言外の意味を含意する機能を持つと述べました。ハを含む文が含意する言外の意味を考えます。

(8)　a.　太郎ハ昨日学校に行かなかった。
　　b.　太郎ハ昨日学校に行かなかったけど、次郎ハ行った。三郎ハ、どうだっただろう。

　(8a) のハは「太郎については；少なくとも太郎は」と解釈され、太郎に焦点を当てつつも、太郎以外の存在については否定も肯定もしません。話し手は X ハを用いることで「今から、（ほかはともかく／少なくとも）X の話をします」という導入をすることになります。(8b) のハも同様に解釈できます。並列節の前半は太郎について、後半は次郎、次の文は三郎についての話で、結果として、太郎と次郎と三郎が対比されます。
　また、ハとガを使い分けると、(9a) のように、大きく集合の総称をハで示し、そのメンバーを主語としてガで示すことが可能です。また、(9b, c) のように、全体をハで示して、部分をガで示すことも可能で、「ハ－ガ構文」と呼ばれます。

(9)　a.　国連加盟国ハ、途上国ガ温暖化の議論に積極的だ。
　　b.　この地域ハ一年中気候ガ温暖だ。

c.　象ハ鼻ガ長い。

　第二の違いについては、(10)を見てください。(10a)と(10b)では、「薬を買いに行った人」が誰であるかに違いがあります。

(10)　a.　妹ハ風邪をひいたので、薬を買いに行った。
　　　b.　妹ガ風邪をひいたので、薬を買いに行った。

　(10a)で薬を買いに行ったのは妹自身ですが、(10b)では、妹以外の人、たいていは言語化されていない話し手〈私〉と解釈されます。(10a)には述語が2つあります。「風邪をひいた」と「買いに行った」ですが、「風邪を引いた」は第2章で述べたように節の終わりを示します。(10a)の助詞ハから、「妹」がノデ節の「風邪をひいた者」であり、かつ主節の「薬を買いに行った者」であることが分かります。すなわちハの力は、途中の節、いわゆる従属節を超えて、主節の最後の述語まで及びます。(10b)の助詞ガからは「妹」がノデ節の「風邪をひいた者」であることは分かります。しかし、「妹」は主節の「薬を買いに行った者」ではありません。ガのスコープは従属節の中にとどまり、主節の述語には及びません。ここから、ガはすぐ近くにある述語と結びついて直近のコトの成立に関わるが、ハの力は節の境界を超え、文全体に及ぶということが言えます。
　ハとガのスコープを(11)に示します。

(11)　ハとガの統語上のスコープ
　　　「Xガ」は直近の動詞と一緒にコト（節あるいは文）を成立させる。
　　　「Xハ」は節を超えて、文末まで力を及ぼす。

　第三の点の例は情報構造の観点から、情報の新旧の議論です。(12)を見てください。

(12)　a.　公園に幼稚園児ガいた。子どもたちハみんな元気に遊んでいた。
　　　b.　公園で幼稚園児ガいた。そこに、幼稚園の先生ガやってきた。

　(12a)は第1文で、「幼稚園児」をガで導入し、第2文で、第1文で登場した幼稚園児についてさらに言及するのですが、第2文のハで、「子どもたち」が

文脈上古い情報「旧情報」であることをマークし、読み手の理解を第1文の「幼稚園児」につなぎます。もちろん、第2文で、第1文の「幼稚園児」を繰り返して「幼稚園児」あるいは「その幼稚園児」ということも可能ですが、第2文の「子どもたち」と第1文の「幼稚園児」が同じ対象を指示していることは、2文のつながりから自然に分かります。このようなことを照応と言います。第13章で詳述します。一方、(12b)は、第1文は(12a)と同じですが、続く第2文には、「幼稚園の先生」が登場します。文脈上新しい情報であることがガによって示されます。すなわち、Xガは文脈に新しく導入された情報（新情報）を表し、Xハは文脈にすでに導入済みの情報（旧情報）を表します。このことは(13)のような昔話の冒頭部分のハとガの振る舞いの説明を可能にすることも知られています。

(13) 昔話「もも太郎」の冒頭部分
むかしむかしあるところに、おじいさんとおばあさん (a) いました。ある日、おじいさん (b) 山へ柴刈に、おばあさん (c) 川へ洗濯に行きました。すると、川上からおおきな桃 (d) どんぶらこどんぶらこと流れてきました。おばあさん (e) その桃を拾って持って帰りました。

日本語母語の話し手また超級の日本語学習者なら、上の概説をもとに、(13)の答えはそれぞれ、(a ガ) (b ハ) (c ハ) (d ガ) (e ハ) であり、かつその理由も理解できると思います。「おじいさん」も「おばあさん」もそれぞれの文のガ格補語ですが、情報の新旧が使い分けを決定します。

Xハは主題を表しますが、その主題について複数の解説が連なる場合、特に必要がない限り、再度言及されません。

(14) 昨日、太郎ハ大学に行った。午前の授業を終えてから、午後アルバイトに行った。

(14)は、2つの文からなり、2つ目の文は複文です。ガ格主語は3つありえます。冒頭の「太郎ハ」が第一のガ格補語の指示対象を主題にとりたてます。2つ目の文は「太郎が午前中の授業を終えた」と「太郎が午後アルバイトに行った」からなる複文です。複文の従属節のカラ節および主節のガ格補語は冒頭の文のガ格補語と同一指示であり、「太郎ハ」を再度言及する必要はありません。(14)は(14´)のように理解できます。「ϕi」のφは音形を持たない主題、いわ

ばゼロの主題を示し、その指示対象が冒頭のXハのそれと同じであることをインデックスiで示してあります。

(14′) 昨日、太郎ハi学校に行った。φi 午前の授業を終えてから、φi 午後アルバイトに行った。

　これは、一般的に主題「太郎ハ」の省略とされ、省略されたガ格補語は第1文の主題から復元することができるとされます。ある要素（この場合は音声化されない要素）が、文脈内のほかの要素と同一指示の関係にある、つまり照応関係にあります。第4章で、コトの描写の原点としての〈私〉を論じた際に、特に必要がない限り「わたしハ」が言語化されないと述べました。(14) が話し手自身の行動の言語化である場合は、話し手の〈見え〉にない〈私〉は言語化されませんが、言語化されない〈私〉と第2文の主題が照応関係にあるということになります。以上を (15) にまとめます。

(15)　ハとガの違い：統語構造と焦点化と情報の新旧から
　　　Xガ：感情感覚や能力などを表す述語の場合を除いて、主語−述語構造の主語であり、談話文脈上の新情報であることを示す。Xガを含む文全体が新情報である場合は「中立叙述」の解釈に、Xのみが新情報である場合は「総記」の解釈となる。
　　　Xハ：主題−解説構造の主題であること、また談話文脈上の旧情報であることを示す。Xハは文脈により、対比された主題と解釈される場合がある。

　ハが主題−解説構造の主題をマークし、その文に対比の意味をもたらすことがあること、また情報構造の上でハがついた語句が文脈上古い情報を表すことなどが、本書がハをとりたて助詞であると考える根拠です。
　Xハが談話構造上の主題であることを映し出す例に「うなぎ文」があります。(16) がその例です。「ぼくはうなぎだ」の意味を考えてください。

(16)　（ファミリーレストランで）
　　A：何にしようか？
　　B：わたしはステーキにする。
　　A：じゃあ、ぼくハうなぎだ。

(16) の B を受けて、A が「ぼくは注文をうなぎにする」と言っていると分かります。しかし、学芸会で配役を決める場面での「わたしは乙姫さま」「じゃあ、ぼくは浦島太郎だ」「わたしはカメだ」「じゃあ、ぼくはうなぎだ」なども考えられます。「うなぎ文」の解釈は、文脈に依存します。同じような例に (17) の、いわゆる「こんにゃく文」があります。

(17) （ダイエットの話で）
　　A：やせたいからダイエットしてるんだけど、おなかがすいて…。
　　B：だったら、蒟蒻ハ太らないよ。

言うまでもなく、「蒟蒻がそれ自体太らない」のではなく、「蒟蒻を食べた人が太らない」という意味です。めがねを買いにきた客に、新しい眼鏡を薦めて、「この眼鏡は疲れません」という店員のことばも同様です。主題としての X ハの解釈は、統語構造より、談話の文脈に依存することが分かります。ウナギ文もコンニャク文も、X ハが主題 – 解説の主題であることの表れです。

9.2　主題化 2：無助詞の機能

　主題を示す形式は、前節で扱った X ハが典型ですが、日本語にはそのほかにも主題を表す形式があります。X ハ以外で (18) の下線に入る表現を考えてください。

(18)　子どもたち_____公園にいたよ。

「ったら」「なら」「だったら」などの条件形の表現がすぐに思い浮かびますが、もう 1 つ、音声化されない主題表示◇があるようです。

(18′)　子どもたち [ったら・なら・だったら・◇] 公園にいたよ。

この音声化されない◇について、ハかガが省略したと考える可能性がありますが、話しことばには、次のようにハもガも現れることがない発話があります。

(19)　a.　これつまらないものですが…。
　　　b.　そのコートお似合いですね。
　　　c.　そちらに田中さんいますか。

このような例は、ハかガが省略したと考えにくく、実質的な音形はなくてもそこに何らかの主題を表す表現があると考えるほうがよさそうです。本書は、実質的な音形は伴わないものの、主題の機能を表す表現があるという立場をとり、それ（(18´) の◇）をØで表します。ハかガの省略であるとしたら、それらを復元させることができるはずです。

(20) a. これØ／ハ／ガつまらないものですが…。
　　 b. そのコートØ／ハ／ガお似合いですね。
　　 c. そちらに田中さんØ／ハ／ガいますか。

　(19a〜c) が、(20a〜c) に当たるとすると、Xハからは、「これ」「そのコート」「田中さん」をとりたてて、何か・誰かと対比しているという解釈が生まれます。また、Xガにすると、他の選択肢を不問にして「これ」「そのコート」「田中さん」に「総記」の解釈が生まれます。いずれも (19a〜c) と同値ではありません。一方、Øは、ハやガのような意味合いを生じさせません。
　(20) のØがハやガの省略ではないことを確認しましたが、日本語に省略がないかというと、そうではありません。くだけた会話では、(21) のような発話を耳にすることがありますが、(21a〜d) は、Øと格助詞とを比較しても、(20) のような解釈上の違いを感じません。

(21) a. ちょっと、それ見せて／それヲ見せて。
　　 b. 一緒に学校行かない／学校ヘ・ニ行かない？
　　 c. テレビ見ていて／テレビヲ見ていて、いつのまにか寝ちゃった。
　　 d. 明日、うち来る？／うちに来る？

　このような場合は、格助詞の省略とみなします。助詞の省略は、近しい間柄のくだけた話しことばに現れ、通常、書きことばや正式な挨拶などでは、当該の格助詞は省略されません。※注20
　以下で、ハでもガでも置き換えることのできない主題を表すØを、助詞の省略ではなく、実質的な音声を伴わない独立した機能を持つとりたて助詞とし、無助詞と呼んで、その機能を考えます。
　無助詞を認める研究は少なくありません。たとえば、日本語記述文法研究会編（2009b）は、助詞の基本機能を主として3つの観点から分析しています。まず、①使われる文体が主にくだけた話しことばや親しい人同士の会話であるこ

と、また、②無助詞による主題となるのが一人称・二人称のガ格名詞句であること、かつ、③話の場に存在するものであるが、聞き手の意識にないものであり、ハが持つ対比的なニュアンスを出さずに主題を提示したい場合であることです。(22)の例を引いて、論じています。

(22)　a.　あ、燕ガ飛んでる。
　　　b.　あ、この時計∅／*ガ止まってる。
　　　c.　私ハ来月日本へ帰りますが、妻ハこちらに残ります。
　　　d.　私∅来月日本へ帰ります。
　　　e.　今日、セールスの電話ガかかってきたよ。
　　　f.　(妻から来客があると知らされていた夫が帰宅した妻に)お帰り。お客さん∅／?ガ来てるよ。

　まず、(22a)は、話し手が知覚した内容をそのまま述べる文は主題を持たないため事態の中の主語はガで示されますが、(22b)のように主語がコソアドのコ系やソ系の指示語を伴うと、ガが使いにくく、無助詞が使われます。また、(22c)のような対比の意味を表す必要がある場合は、ハが使われます。そして、(22e)と(22f)については、聞き手に指示対象が分からないと話し手が考えるモノは主題として提示できず、(22e)のように無題文になります (i.e. ガ格になる) が、聞き手が知っているものでも、会話の場で、聞き手の意識のうちにないモノを提示するのには(22f)のように無助詞が用いられることがあると分析しています。
　以下、この指摘を参考にしつつ、本書の無助詞の分析を述べます。まず、①の文体の観点は本書も同様の立場です。ただ、初対面場面の自己紹介などでも、(23)のように言うことは可能です。

(23)　はじめてお目にかかります。(〈私〉)／わたくし∅／??*わたくしハ、田中と申します。

　(23)の場合、「見えない〈私〉」のほかに「わたくし∅」は自然ですが、「わたくしハ」は容認度が低くなります。②の人称の観点については、(20a〜c)と照らしても、必ずしも一人称・二人称のガ格名詞句（ガ格補語）であるとは限らないようです。③の聞き手の認知状態の観点については、(22a)が主題を持たないのは、発話全体が新情報なので、総記のガを用いる文脈であり、したがっ

て、ハは使えないと考えます。
　以下が、無助詞 Ø についての本書の考え方です。無助詞 Ø の解釈には、指示語の役割と聞き手の認知状態の要素が必要です。近藤・姫野（2012: 98–102）同様に、〈共同注意〉という概念を援用して分析します。第2章で簡単に触れましたが、〈共同注意〉とは、会話のイマ・ココでの、話し手と聞き手、そして、両者がともに見つめるモノの3者による三項関係で、おおよそ（24）のように考えられています。

(24) 　共同注意（joint attention）（本多 2005: 202）※注21
　a. 　太郎が注意を向けているもの X に、私も注意を向ける（視線追従（gaze following）など）。
　b. 　太郎の注意を、私が注意を向けているもの X に向けさせる。そのために、太郎の注意をまず私に向けさせる。
　c. 　私と太郎が同じもの X に注意を向けている。
　d. 　私と太郎が同じもの X に（ほぼ）同じ位置から注意を向けている＝〈見え〉の共有。
　e. 　私と太郎が、同じもの X に注意を向けながら、その X を巡って協調行動（joint engagement）をしている。

　本書は、〈共同注意〉を基本的に（24b）とし、「〈見え〉の共有」を（24d）、そして「〈共同注意〉態勢にある」ということを（24e）とします。
　言語発達の段階は、「指し言語」から「語り言語」へと進むと言われます。「指し言語」というのは、指さしのジェスチャーの言語化のようなもので、聞き手と共同注意の形成を必要とする場面で、何かを選択し、聞き手の注意をそれに向けさせる機能を持つ言語行動です。「語り言語」の段階になると、話し手は、共同注意が形成された聞き手に対して、共感をもとにした伝達行為を行います。無助詞を「指し言語」と考え、その機能を（25）のように定義してみます。

(25) 　無助詞の機能
　　　話し手が、聞き手と〈見え〉を共有していない X を取り上げ、X をイマ・ココに導入し、聞き手との〈共同注意〉を築き、X の〈見え〉の共有を実現すること。

　話し手は、会話のイマ・ココにあるモノやコトを X とし、時にソ系やコ系の

指示語を伴って聞き手の前に差し出し、聞き手の注意を X に向けさせ、その共有の〈見え〉を話題とすると考えます。

この解釈は、(20) や (22b, d, f) の場合、「それ」や「これ」などの指示語の指示対象はイマ・ココの要素でありながら、聞き手と〈見え〉を共有していないモノに聞き手の注意を向かわせると解釈できます。

(20a) のように、知人宅を訪ねて手土産を差し出す場合に Ø が用いられるのは、この場面では、ハの対比性もガの総記の解釈もそぐわないからです。(20a) の X は発話のイマ・ココに存在するモノではなく、発話のイマ・ココで話し手の〈見え〉に生じた変化そのものであり、発話全体をまるごと新情報として聞き手に提示し、共同注意を喚起する場合です。中立叙述のガ格がそのまま使われ、無助詞は使われません。

共同注意は発話のイマ・ココに物理的に存在するもののみを対象とするとは限りません。共同注意には被視覚的なもの、たとえば、話し手の記憶の中に存在する X、かつて聞き手と共有した X を発話のイマ・ココでの共通の〈見え〉として聞き手に想起させる機能もあります。(26) はその例です。

(26)　A：ねえ、あの本 Ø、読み終わった？
　　　 B：ええ？　ああ、あれね。まだ読んでない。もう少し待って。

記憶の中から、かつて聞き手と共有した X（ある本）を Ø で聞き手の前に差し出し、聞き手に X の想起を促し、再び共有の〈見え〉を実現する場合です。(26) のように、X の指示語はア系に限ります。仮に、聞き手が想起に失敗した場合も、ア系の指示語が使われます。ただし、述語はタ形になります。

(26´)　A：ねえ、あの本 Ø、読み終わった？
　　　　B：ええっと。あの本て、どの本だったっけ。

「だったっけ」という表現から、聞き手は、イマ・ココで再度活性化するべき〈見え〉が過去に話し手と共有したものであることを理解しつつも、自身の記憶の中にそれを検索できないことを表明しています。指示語の機能は、第 13 章で詳述します。

無助詞 Ø の 2 つ目の機能は、話し手と聞き手がすでに共有した〈見え〉をイマ・ココに再度活性化することによる共同想起です。その〈見え〉を介して過去のやりとり (i.e. 先行文脈) とイマ・ココがつながるため、先行文脈の言語化は

必要ありません。

　Xが会話のイマ・ココに物理的に存在する要素ではない場合も、それが話し手と聞き手に共有のものであれば、無助詞で再度言及することで、Xを記憶から呼び出し、話題として再活性化することが可能です。そのXの〈見え〉は、ハの対比性やガの総記性と無縁の、いわば「無標の話題」となります。

　以上から、無助詞 ∅ による主題化は、「話し手が談話のイマ・ココで何かを無標の話題として聞き手の前に指し出し、聞き手の共同注意や共同想起を喚起して共有の〈見え〉を形成することである」（近藤・姫野 2012: 101）と考えます。

9.3　焦点化1：添加型とりたて助詞－モ、サエ、マデを中心に

　本節と次節で、とりたて助詞の2つのタイプを取り上げます。主題化の節でも触れましたが、とりたてとはどのようなことかを再度考えます。

　とりたて助詞を、何らかの要素Xに焦点を当てることで、同時に文中にない他のモノについて何かを暗示する機能を持つ助詞とします。(27)の違いを考えてください。

(27)　（試験の合格発表を見て）
　a.　太郎ガ合格した。
　b.　太郎モ合格した。
　c.　太郎マデ合格した。
　d.　太郎サエ／スラ合格した。

(28)　（試験の合格発表を見て）
　a.　太郎ガ合格した。
　b.　太郎ダケ合格した。
　c.　太郎シカ合格しなかった。
　d.　?太郎バカリ合格した。

　(27a)は、合格したのが太郎であることを表します。(27b〜d)に共通するのは、太郎が合格したことに加えて、太郎以外の合格者がいたことが含意されることです。一方、(28a)は(27a)と同じですが、(28b〜d)に共通するのは、太郎を除くと合格者がいなかったという含意があることです。

　(27)に使われるとりたて助詞のモ、マデ、サエ・スラは、とりたてたX（=

太郎）以外の存在を含意します。それはちょうど、すでに試験の合格者の集合があって、その集合にX（＝太郎）を追加する・添加する形のとりたて方です。このようなとりたて方を添加型とりたてと呼びます。

一方、(28) に使われるとりたて助詞のダケ、シカ、バカリは、とりたてたX（＝太郎）以外の非存在を含意します。それはちょうど、試験の合格者の集合を見てみると、とりたてたX（＝太郎）をはずすと、合格者はいない、つまり、Xを除くとカラ集合になるというようなとりたて方です。このようなとりたて方を排他型と呼びます。※注22

どちらの取り上げ方も、Xに焦点を当てるという点で共通しており、この節の冒頭で述べたように、焦点化のとりたて助詞の機能に焦点化という用語を当てます。「焦点化」とそれを担うとりたて助詞を (29) のように定義します。

(29) 　焦点化：文中の何らかの要素Xに焦点を当てて際立たせることで、言語
　　　　　　　化されていないX以外の要素との関係づけをすること。
　　　焦点化のとりたて助詞：焦点化を専らの職能とするとりたて助詞

まず、(27b〜d) の例の添加型とりたて助詞のモ、サエ、マデを考察します。それぞれの添加型とりたて助詞について、Xに焦点を当てることでX以外のどのような要素と関係づけられるかを考えます。(30) を見てください。

(30) 　a. 　そのニュースは、小学校の子どもモ知っている。
　　　b. 　そのニュースは、小学校の子どもサエ知っている。
　　　c. 　そのニュースは、小学校の子どもマデ知っている。

(30a〜c) はいずれも、小学生の子どもをXとして、そのXに焦点を当ててとりたてることで、X（子ども）がメンバーとして加えられる、そのニュースを知っている人々の集合の存在が含意されます。しかし、(30a〜c) はニュアンスの違いが感じられます。その違いがもう少しよく分かるような例として (31) を見てください。

(31) 　a. 　太郎は、英語モ / ?サエ / マデ話せる。
　　　b. 　太郎は、アラビア語モ / サエ / マデ話せる。
　　　c. 　彼の英語力は、担任モ / ?サエ / マデ評価している。
　　　d. 　彼の英語力は、英語の母語話者モ / サエ / マデ評価している。

モトマデは (31a〜d) のいずれも自然で、とりたてたXとそれがメンバーとして添加される集合は、(31a, b) は太郎が話せる言語の集合であり、(31c, d) は「彼の英語力を評価している人」の集合である点で、違いはありません。ただ、マデには、モにない意味合いが付加されています。

(32) a. 子どもが来た。おかあさんモ来た。おとうさんモ来た。
　　　b. 子どもが来た。おかあさんモ来た。おとうさんモ来た。おじさんマデ来た。

　(32a) のモは単純にXを来た人々の集合に順次加えます。一方、(32b) のマデは、来た人々の集合に親族で比較的遠い叔父を加えることで、子どもの親から叔父までの全員が来たことを含意します。これは、格助詞のマデが「東京から京都まで」「1時から5時まで」というように、何かの終点を意味することから拡張したものと考えます。「おじさんまで来た」からは、来て当然の人を始め、あまり来ない可能性のあるおじさんを含む全員が来たということを含意します。
　一方、サエについては、(31b, d) は自然に聞こえますが、判断に揺れがある可能性があったとしても、(31a, c) は、(31b, d) に比べて適切性が低いようです。
　モとサエの違いは、モがXを集合に単純に加えるのに対して、サエはXが加えられるべき集合のメンバーのあいだにランク付けのようなものがあるということを含意します。そして、そのランク付けに対して、サエがとりたてたXは、ランクの両極端のどちらかです。(31b) は「日本人が話せる外国語の順位表」でアラビア語は話せる日本人が少ないほうの端、(31d) は「日本人の英語力を評価する人々のリスト」があって、英語の母語話者は英語力を判定する厳しさの点で一番厳しいほうの端であることが伝わります。
　このように、添加型とりたて助詞には、Xが単純に加えられる (i.e. Xと集合が単純な内包関係にある) 場合と、Xが加えられる集合内に、メンバー間のある種のランク付け、あるいは難易度のスケールが存在し、Xはそのスケールの上限か下限のいずれかに位置づけられて添加される場合があります。極端なメンバーの意味合いが生じます。モは前者の単純な内包関係の含意を、サエは後者のスケール含意を生じさせるとりたて助詞です。語用論では、このような含意をスカラー含意 (scalar implicature) と呼びます。英語では、even がスカラー含意を生じさせる添加型焦点化辞です。日本語では、サエのほかにスラがスカ

ラー含意を生じさせる添加型とりたて助詞です。

　サエはスケールの上限か下限にXを位置づけるのですが、上のような平叙文の場合は、文脈に照らしてどちらの端か解釈することになります。しかし、条件節内に現れると、特徴のある振る舞いを見せます。

(33) a. 入学試験の成績モ良ければ、入学できます。
　　　b. 入学試験の成績サエ良ければ、入学できます。

　(33a)は、入学するための条件の集合がすでにあって、それに成績が添加されることが入学の条件であるという意味になりますが、(33b)は、入学するためには、他の要素が良くても悪くても無関係で、入学試験の成績が良いことが唯一の条件（十分条件）となるという意味合いが生じます。スケールの逆転と言えるような解釈です。一方、デモは「AからXまですべて」を含意しますが、サエと違って、条件文で使われた場合、スケールの逆転に類する意味は生じません。

(33´) 入学試験の成績マデ良ければ、入学できます。

　(33´)は、入学時に、内申書、入学動機などに始まって、入学試験の成績まで、入学に必要な要素がすべてよいことが入学条件であることを意味します。
　Xがメンバーになる集合をPとして、モ、サエ、マデを(34)にまとめます。

(34)　添加型とりたて助詞：モ、サエ、マデ
　　　Xモ P：典型的な添加型とりたて助詞。Pを満たすモノの集合の存在を
　　　　　　含意し、その集合にXを添加する。
　　　Xサエ P：Pを満たすもモノの集合の存在と集合のメンバーのあいだに
　　　　　　スケールが存在することを含意（スカラー含意）し、そのス
　　　　　　ケール上のどちらかの端に極端なメンバーとしてXを添加す
　　　　　　る。条件節に現れると、スケールが反転して、Pを満たす十
　　　　　　分条件を表す。
　　　Xマデ P：Pを満たすモノの集合の存在とその集合のメンバーが連続体
　　　　　　をなすことを含意し、その連続体の限界点としてXを添加す
　　　　　　ることで、「連続体のメンバーのすべて」を含意する。

以上をもとに、次の括弧に入る表現をいろいろ考えてみてください。

(35) 太郎は、空腹だった。弁当を食べた。でも、まだ空腹で、
　a.（　　　　　　　　）モ食べた。
　b.（　　　　　　　　）サエ食べた。
　c.（　　　　　　　　）マデ食べた。

また、初級レベルの日本語学習者の産出するモに関わる日本語の不自然な点を分析してください。

(36)　a. 昨日は、勉強をしましたし、散歩モしました。??と、映画を見ました。
　　　b. ??日本人でも、漢字がよく読める人とよく読めない人モいます。
　　　c. ??この仕事は忙しくて、ゆっくりする時間モない。

以上、とりたてられるXが名詞句の場合で、モ、サエ、マデの基本的な添加型とりたて助詞としての機能の分析を試みました。しかし、(34)では説明できない使い方やXが名詞句ではない場合があります。例を見てください。

(37)　a.（宴会の幹事が）この会モそろそろお開きの時間となりました。
　　　b. 春モたけなわの今日この頃。みなさまいかがお過ごしでしょうか。
　　　c. あの子は教科書を読みモ／サエしない。
　　　d. そんなことマデする必要があるのでしょうか。
　　　e. 忙しくて、故郷に5年モ帰っていません。

(37a)と(37b)は「詠嘆のモ」と呼ばれる用法です。この場合の「Xモ」の「詠嘆」の効果は、話し手の心の中に存在するあるモノの集合からXをとりたててXを再認識するという手続きが生み出していると考えます。また(37c)は、Xが名詞句ではなく、動詞の語幹で、「動詞語幹＋モ／サエ＋する／しない」の形で使われる例です。(37d)は、指示語の「そんな」を使っていますが、マデが限界点を指すとして、何が起点かが明らかではありません。(37e)は数量を表す表現にモがついたもので、話し手がその量を話し手が多いと評価したことが伝わります。

添加型とりたて助詞についてはさまざまな分析がなされています。先行研究

に関心のある方は、巻末の参考文献をご覧ください。

9.4　焦点化2：排他型とりたて助詞 – ダケ、シカ、バカリを中心に

初級の日本語学習者に見られる発話に（38）のようなものがあります。

(38)　（学習者が日本語をほめられて）
　　　いえ、まだまだです。1年ダケ勉強しましたから。

(38) はダケのかわりにシカを使った「一年シカ勉強していませんから」であれば自然です。この節では、このような誤用の原因を含めて、(28) に例示した排他型とりたて助詞のダケ、シカ、バカリについて考えます。

(28)　（試験の合格発表を見て）（再掲）
　a.　太郎ガ合格した。
　b.　太郎ダケ合格した。
　c.　太郎シカ合格しなかった。
　d.　?太郎バカリ合格した。

(28b～d) はそれも (28a) と同じ主張としますが、どのとりたて助詞を使うかで、含意されることの内容が異なります。まず、ダケとシカの基本的な違いを考えます。

(39)　a.　懇親会で、ウーロン茶ダケ飲みました。
　　　b.　懇親会で、ウーロン茶シカ飲みませんでした。
　　　c.　今朝の授業には、留学生ダケ来ました。
　　　d.　今朝の授業には、留学生シカ来ませんでした。
　　　e.　昨日は、勉強ダケしました。
　　　f.　昨日は、勉強シカしませんでした。

(39) のダケとシカの違いは、論理的な意味ではなく、含意される意味にあります。まず、シカは常に否定と共起します。このような表現を否定極性表現（Negative Polarity Item (NPI)）と呼びます。日本語の否定極性表現には、「ちっとも」「すこしも」「1人も」「まったく」などがあります。「全然」は肯定でも使われるようです。前節同様に、焦点化される対象をXで、文が表すコトをP

で示し、XダケPとXシカPナイと表示します。

(39a, c, e)はXダケPの例で、それぞれ、懇親会で飲む可能性のある飲み物の集合で、飲んだものはみんなウーロン茶であること、授業に来る可能性のある者の集合で、来た者はみんな留学生であること、そして、昨日する可能性があったコトの集合で、したのは勉強であったことを含意します。ウーロン茶、留学生、勉強をXとして焦点化することで、X以外の可能性がないことを含意します。

一方、(39b, d, f)のXシカPナイは、どうでしょうか。それぞれ、懇親会で飲む可能性があるモノの集合からウーロン茶を除くと、カラの集合、つまり何もないこと、授業に来る可能性がある者の集合から留学生を除くと、カラの集合、つまり誰もいないこと、そして、昨日する可能性があったコトの集合から勉強を除くと、カラの集合、つまり何もないということが含意されます。この違いを近藤・姫野 (2012) の図を使って示します。

(40) a. Xダケ 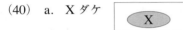 b. Xシカ〜ナイ

ダケは、(40)aのように Xにスポットライトを当てて、排他的に焦点化しているようなイメージですが、シカ〜ナイは(40b)のように、集合からXを排除した空の集合部分にスポットライトを当てるような違いです。ダケはとりたてるXを前景化すると言ってもよいかもしれません。それに対して、シカ〜ナイは、形式的にはXをとりたてているように見えて、実は、Xが排除されることで背景化し、その残りの集合、つまり空の集合部分にスポットライトを当てていると言えます。

空の集合部分が押し出されることで、事態に対する話し手の否定的な評価が含意されます。しかし、この否定的な含意は、シカ〜ナイの形式が持つ意味論レベルの含意ではなく、語用論的な含意です。冒頭の日本語学習者が学習歴の短さを言いたかったのですから、自分自身の学習歴に対する否定的な評価、あるいは控えめな評価を含意するには、1年ダケではなく、1年シカ〜ナイを使う必要があります。

次に、ダケとバカリを比べます。比較の対象として、同じ例を使います。

(41) a. 懇親会で、ウーロン茶ダケ飲みました。

b. 懇親会で、ウーロン茶バカリ飲みました。
　　c. 今朝の授業には、留学生ダケ来ました。
　　d. 今朝の授業には、留学生バカリ来ました。
　　e. 昨日は、勉強ダケしました。
　　f. 昨日は、勉強バカリしました。

　(41a, c, e) の何かの集合の中から特定のメンバーを排他的に限定するダケについては、上に述べたとおりですが、(41b, d, f) のバカリはどうでしょうか。(41b) は、懇親会で誰かが何を飲むかと見ると、見るたびにウーロン茶であること、(41d) は、今朝の授業で話し手が教室を見渡して数えてみると留学生が多かったこと、あるいは、授業に来た学生のリストに順々に見ると、ほとんど留学生の名前が目に入ること、(41f) は、昨日何をしたかを思い出してみると、そのたびに勉強をしている姿があること、といった解釈になります。ダケのように他者を強く排除する性質の含意ではなく、反対に、Xの複数性を強調するような含意です。したがって、ダケのような強い排他的な解釈も、シカ〜ナイのような話し手の事態に対する否定的な評価性もありません。バカリが含意することは、Xが繰り返し確認されること、つまり複数性です。
　ここまでのダケ、シカ〜ナイ、バカリを (42) にまとめます。

(42)　排他型とりたて助詞：ダケ、シカ〜ナイ、バカリ
　　　XダケP：典型的な排他型とりたて助詞。Xを除くと他にPを満たすモノ（の集合）が存在しないことを含意する。
　　　XシカPナイ：ある集合からXを排除するとカラの集合になり、モノの非存在を際立たせることで、語用論的に、話し手がその事態を否定的に捉えたこと、否定的な評価をしていることを含意する。
　　　XバカリP：焦点を当てたXの数や出来事（事態）の回数の多さ、すなわち複数性と、複数性による事態のXへの偏りを語用論的に含意する。

　(42) を使って、(43)(44) の適否を分析してみてください。

(43)　（船が転覆し、ようやく島に泳ぎ着いて助けを求めようとして）
　A：早く誰か助けが来ないかなあ。

B1：??? 今のところ、どこを向いても海ダケだ。
　　B2：今のところ、どこを向いても海バカリだ。

(44)　（三者面談で）
　　担任：お子さんはご自宅でどんな様子ですか。
　　親1：???暇さえあれば、ゲームダケしているので、困ります。
　　親2：暇さえあれば、ゲームバカリしているので、困ります。

　(43) も (44) もバカリの複数性が適切な解釈をもたらすことが分かります。また、バカリには、名詞句以外につくバカリもあります。(45) がその例ですが、これらも、バカリの複数性による解釈が可能です。

(45)　a. その子は何を聞かれても、泣くバカリだった。
　　　b. うちの子は、遊んでバカリいて、困ったものだ。
　　　c. 地球温暖化で、夏の気温は上がるバカリだ。

　以上、とりたてられるXが名詞句の場合で、ダケ、シカ〜ナイ、バカリの基本的な異同をまとめました。しかし、ここまでで扱った例と異なる (46) のような使い方があります。(46a, b) は久野 (1983) からの引用です。

(46)　a. その病気は、市販の薬ダケで治ります / ?市販の薬でダケ治ります。
　　　b. その病気は、?手術ダケで治ります / 手術でダケ治ります。
　　　　cf. 手術でシカ治りません。
　　　c. あの子はちょっと注意されたダケで泣き出した。
　　　d. できることはすべてした。あとは運を天に任せるダケだ / バカリだ / シカナイ。

　(46a, b) は道具を表す格助詞デとの共起の例ですが、病気の程度と必要な処置の程度の関係に語順が大きく関わります。(46c, d) は、Xが名詞句でも、動詞の語幹でも、テ形でもなく、節の述語にダケダ・バカリダ・シカナイが後接した使い方です。とりたてられるXがモノのレベルから事態 (コト) のレベルへと投射された使い方ですが、基本的に (42) の拡張で捉えることができると考えます。
　日本語のとりたて助詞は、本章で取り上げたもの以外に、「こそ」「でも」「く

らい」「なんか」「など」などもあります。詳細は、巻末の参考文献を参照してください。

第 10 章　モダリティ 1
話し手のコトの捉え方と心的態度

　第 9 章まで、コトを表す文の成り立ちに関わるテンス、アスペクト、ヴォイスなどの文法範疇を考察し、これらの文法範疇が、話し手〈私〉がある出来事や事態をどのように言語化して、話し手の指標になりうるかを論じました。本章と次章で、話し手がコトの内容を判断・評価するときの心的な態度と、コトの内容を聞き手に伝えるときの伝達態度を表す、文法範疇のモダリティを考察します。

10.1　モダリティとムード

　日本語学では、話し手によるコトの内容の判断・評価などの話し手の心的態度と伝達態度を表す文法範疇をモダリティと呼びます。モダリティに類似した用語のムード (Mood) は文法的な語レベルの概念で、述語の直説法 (indicative)、命令法 (imperative)、仮定法 (subjunctive) などはムードに当たります。それに対して、モダリティは、論理学の必要性の 4 つの論理的関係 (necessarily P, not necessarily P, possibly P, not possibly P) から派生した義務や許可などの意味的概念で、法助動詞や述語のムードを通して現れるものだと定義できます。

　日本語の場合、語のムードは述語の語形変化に適用できます。たとえば、述語のスル形「行く」が表すムードは、「太郎は毎日学校へ行く」のような叙述 (indicative mood)、「明日学校へ行く」のような話し手の意志 (volitive mood)、「遅れないように、早く学校へ行く！」のような聞き手に対する命令 (imperative mood) が考えられます。また、「学校に行けば勉強ができる」のバ形「行けば」は、仮定 (subjunctive mood) を表すムードだと言えます。

　言語学では、また、上記のように、論理学の必然性 (necessity) と可能性 (possibility) の 2 つの論理概念をモダリティの概念に組み入れて、必然性を表す言語表現と可能性を表す言語表現を、それぞれ義務や許可などのコトの成立に関わる義務的 (拘束的) モダリティ (deontic modality) と、話し手の認知が関わる認識的モダリティ (epistemic modality) とに区別します。

ムードやモダリティを日本語学でどのように扱うべきかについては、多くの先行研究で議論されてきました（寺村 1984、中右 1999、仁田 1989, 1991, 1999 など、益岡 1991 など）。

　そのうち、モダリティの研究史的な考察は、黒滝（2005）に見ることができます。黒滝（2005: 39–49）は、日本語学でのモダリティ研究の変遷を、山田（1936）、時枝（1950）、渡辺（1953）、芳賀（1954）、金田一（1958）、三上（1959）、寺村（1984 など）、Ueno（1971）、鈴木（1972）、奥田（1985）、中右（1979）、仁田（1991）、益岡（1991）をもとに論じ、先述の言語学の2つのモダリティ概念、義務的モダリティと認識的モダリティの概念が日本語学のモダリティ論に与えた影響を論じています。※注23

　英語の法助動詞（may, must, will など）は、現実の世界とそうあるべき世界を叙述する義務的モダリティ用法と話し手が思い描く世界を叙述する認識的モダリティ用法があります。

(1) a. You must observe laws.　法を順守しなければいけない。
　　　　（i.e. 法の順守は義務である）
　　b. He must be a genius.　彼は天才に違いない。
　　c. You may come in now.　入ってよい。
　　　　（i.e. 入ることが可能である）
　　d. It may rain tomorrow.　明日は雨が降るかもしれない。

　同じ法助動詞でも、(1a) と (1c) は現実のあるべき世界の断面として解釈されますが、(1b) と (1d) は話し手が思い描く主観的な世界です。前者は義務的モダリティとしての用法で、後者は認識的モダリティとしての用法です。これらの英語の法助動詞は、義務的モダリティ要素が認識的モダリティへと拡張していったと考えられています。英語の法助動詞は、同じ形式が義務的モダリティと認識的モダリティの2つの意味を持つという点で多義です。黒滝（2005: 43–44）は、日本語のモダリティの定義は、命題内容に対する話し手の心的態度という、英語の法助動詞の認識的用法を拡張したものであると指摘し、その上で認知言語学的なモダリティ論を展開しています。

　日本語では、語レベルのカテゴリーであるムードと文の意味的なカテゴリーであるモダリティを明確に区別することも、純粋に意味論的な意味と語用論的な意味とを言語形式で差別化することも困難です。その結果、構文レベルの意味的なカテゴリーをモダリティと称し、ムードをモダリティの具体的な意味の

実現を担う言語手段と位置づけるようになりました。
　モダリティとムード、義務的モダリティと認識的モダリティの識別については本書が対象としている範囲を超えるので、以後、ムードという用語は使いません。なお、モダリティという用語は、コト（叙述内容）や発話の場に対する話し手の心的態度を表す構文レベルの意味的な文法範疇として使用します。

10.2　文の構造：中核の情報（コト）と話し手の態度
　コトとモダリティの関係を考えるために、昨日目撃した情報 (2) を (3) のように伝えたとします。

(2)　昨日、太郎が図書館で勉強していた。
(3)　あのね / あのさ / ねえねえ【昨日、太郎が図書館で勉強していた】よ。

　(3) の【　】の内容は (2) と同じです。冒頭の「アノネ / アノサ / ネエネエ」などで聞き手の注意を自分に向けています。アノネの機能は、、聞き手の注意を話し手自身に向けて、話し手が考えていること、見ているものを聞き手とともに考えること、眺めること、共有することです。これは第 9 章で考察した〈共同注意〉に当たります。
　(3) の文末の助詞ヨがないと、不自然に聞こえます。

(3′)　??あのね / あのさ / ねえねえ【昨日、太郎が図書館で勉強していた / いました】。

　ここから、文末の終助詞ヨの必要性が分かります。ヨの機能は基本的に聞き手の知らない情報を提供することにあるでしょう。終助詞については第 11 章で詳述します。(2) を誰かに伝えるときには、冒頭に相手の注意を引く要素が、また文末にそれが聞き手に向けられていることを明示する要素が必要だということです。
　また、もし (2) が誰かから聞いた情報だったら、(4) のように話すでしょう。

(4)　【あのね / あのさ / ねえねえ【昨日、太郎が図書館で勉強していた】って聞いた / そうだ / らしい】よ。】

　情報 (3) の入手方法や話し手の持つ信念の強弱によって、(5) のように最後

の部分の形が変わります。

(5) 【あのね / あのさ / ねえねえ【昨日、太郎が図書館で勉強していた】ようだ / みたいだ】よ。】

　話し手は多様な文法のしくみを駆使して何らかの情報（コト）を言語化するのですが、コトに対する話し手の判断や、コトの情報源の確かさに対する判断などによって、コトと終助詞ヨのあいだにラシイ、ソウダ、ミタイダ、ヨウダ、またカモシレナイなどの表現を用います。
　本書では、これまで、情報の中核部分を、述語を中心とした意味の塊として「コト」と呼んできました。ここでは、日本語の文を「情報の中核（＝コト）」「話し手の伝え方」「発話態度」の3つの部分に分け、おおまかな構造は「情報の中核」が「話し手の伝え方」に包まれているという先行研究の考えを踏襲することにします。
　また、話し手の伝え方や伝える態度を表す部分は、10.1で考察したようにモダリティと呼びます。日本語の文の構造は、基本的に、文の中核の要素であるコトをさまざまなモダリティ要素が包み込んでいる (6) のような構造をしていると考えます。

(6) 日本語の文の構造
　　【共同注意の要素【中核の情報（コト）】捉え方の要素】伝え方の要素】聞き手に配慮する要素】

　「いい天気になりそうですね」では、「いい天気になる」がナル表現を使った話し手の主観的把握を表すコトです。コトの内容に対する話し手の心的態度は、天候の変化の予兆を捉えたことを表す認識的モダリティ要素のソウダに現れています。デスには発話時点で話し手が判断した聞き手との距離（＝丁寧さ）が、終助詞ネには話し手の聞き手への伝達態度が現れています。
　コトを包むモダリティ部分は、義務的モダリティから認識的モダリティ、そして発話レベルの伝達的な要素へと階層構造を成しているという考え方が一般的です（宮崎ほか2002、日本語記述文法研究会編2003など）。対照語学研究の1つとして、黒滝 (2005) があります。黒滝は日本語と英語を対照して、言語発達のデータを出発点に、英語のモダリティのプロトタイプは義務的モダリティであり、日本語のモダリティのプロトタイプは認識的モダリティであると論じ

ています。たしかに日本語のモダリティを表す言語形式のほとんどが、話し手個人の認知的なコトの判断・捉え方を示唆するものです。

10.3 モダリティと聞き手の存在：モノローグ的かダイアローグ的か

モダリティの統一的な分類はいまだにないようですが、宮崎ほか (2002) は、モダリティを (7) のように「基本叙法」の観点から「実行」「叙述」「疑問」に分け、それらを8タイプに下位分類し、モダリティ要素の階層性を捉えています。(7) の②の「叙述」が義務的モダリティと認識的モダリティに当たると考えます。また、③の「疑問」は聞き手の存在が前提となる伝達のモダリティ要素です。

(7) モダリティの分類（宮崎ほか 2002: 15）
　　①実行：意志、勧誘：シヨウ、シヨウカ、スル
　　　　　　命令・依頼：シロ、スル、シタ、コトダ、ノダ　テクレ
　　②叙述：評価：トイイ、バイイ、テモイイ、テハイケナイ、ベキダ
　　　　　　認識：ダロウ、カモシレナイ、ヨウ、ソウ、ラシイ
　　③疑問：質問・疑い：カ、ダロウ？
　　　　　　確認要求：ダロウ？、ノデハナイカ

　　説明：ノダ、ワケダ
　　終助詞：ネ、ヨ

一方、日本語文法研究会編 (2003) は、「文の伝達的な表し分け（表現類型）」、「事態に対する捉え方（評価と認識）」、「先行文脈との関連づけ（説明）」、「聞き手に対する伝え方（伝達）」の4つの観点から、(8) を提案しています。

(8) モダリティの分類（日本語文法研究会編 2003）
　　①表現類型のモダリティ：　叙述、疑問、意志、行為要求、感嘆
　　②評価のモダリティ：　　　必要、許可・許容、不必要、不許可・非許容
　　③認識のモダリティ：　　　断定と推量、蓋然性、証拠性、その他
　　④説明のモダリティ：　　　ノダ、ワケダ、モノダ・コトダ
　　⑤伝達のモダリティ：　　　寧さ、伝達態度

(8)①「表現類形」は宮崎ほか (2002) の「実行」のモダリティに当たります。(8)②「評価」は、義務的モダリティに重なる可能性があり、(8)③の「認識」は、認識的モダリティに重なるものでしょう。

先行研究 (7)(8) のモダリティ要素を検討してみると、話し手のコトに対す

る心的態度を表す義務的モダリティと認識的モダリティの位置づけは共通しています。また、(7)③「疑問」「確認要求」と「終助詞」、(8)⑤「伝達」は伝達場面での聞き手の存在を前提とするモダリティ表現です。それに対して、(7)①「実行」のモダリティと (8)①「表現類型」のモダリティ要素は、聞き手の存在を前提にしうると考えます。

そこで、基本的に話し手によるモノローグに現れるものと、聞き手を想定しうるダイアローグに現れるものの観点から、(7)(8)を(9)のように分けて考察します。

(9) 発話のタイプによる分類
①モノローグ的：評価と認識（cf. 義務的モダリティと認識的モダリティ）
②ダイアローグ的：表現類型（実行）、説明、伝達（疑問、終助詞）

本章では (9)①「評価」と「認識」を、次章では (9)②「表現類型」「説明」「伝達」を扱います。

10.4 評価のモダリティの位置

評価のモダリティについては、益岡 (2007) も「価値判断のモダリティ」という用語で分析しています。また、高梨 (2010) は、先行研究を踏まえた、「評価」のモダリティ形式の詳細な記述と分析です。個別の形式の具体的な記述と分析は、これらの先行研究を参照してください。先行研究で「評価」とされているものは次のような言語形式です。

(10) 日本語文法研究会編 (2003)
必要：トイイ、バイイ、タライイ；ホウガイイ；ベキダ；ナクテハイケナイ；モノダ、ノダ、コトダ；ザルヲエナイ、ナイワケニハイカナイ、シカナイ
許可・許容：テモイイ
不必要：ナクテモイイ、コトハナイ
不許可・非許容：テハイケナイ

(11) 益岡 (2007: 223)
A： 現実類
B： 理想類

B1　適当類: ベキダ、レバヨイ、ホウガイイ、ノダ、コトダ、モノダ
　　　B2　必要類: ナケレバイケナイ、ザルヲエナイ、シカナイ
　　　B3　容認・非容認類: テモヨイ、ナクテモヨイ、テハイケナイ

(12)　高梨 (2010)
　　　いい・いけない型複合形式: バイイ、トイイ、タライイ；ホウガイイ；
　　　　　　　　　　　　　　　　テモイイ；ナクテモイイ；テハイケナイ；
　　　　　　　　　　　　　　　　ナクテハイケナイ
　　　助動詞: ベキダ、ベキデハナイ
　　　その他の形式: モノダ、コトダ；必要ガアル・ナイ；ワケニハイカナイ

　日本語文法研究会編 (2003: 97) に、客観的必要性・許容性として、「評価のモダリティの形式のうち、「なくてはならない」「てもいい」「なくてもいい」「てはいけない」は、客観的必要性・許容性を表すことがある」とあり、「規則、法律、自然の法律など、客観世界の秩序やしくみのありかたとして、その事態が必要である、もしくは許容される、許容されないということが述べられて」いるとして、これらは「話し手の主観を表すというモダリティの典型的な性格から離れたものである」と結論づけています。また、益岡 (2007) は、事態の好ましさを表すベキダが、基本的に話し手の主観的判断を表すとしたうえで、「なければならない」などは、ベキダに近い使い方ができる一方で、「客観的規範を表す法規・規則において使用することもできる」(p. 216) として、同一の形式が異なるタイプのモダリティ要素として機能しうると指摘しています。高梨 (2010) も益岡と同様のスタンスを提示しています。たとえば、次のような表現が該当します。

(13)　a.　芝生に入ッテハイケナイ。(社会の原則・規則)
　　　b.　仕事が終わるまで帰ッテハイケナイ。
　　　c.　日本では車は道路の右側を通らなクテハイケナイ。(道路交通法)
　　　d.　明日は、早く起きなクテハイケナイ。
　　　e.　喫煙室ではタバコを吸ッテモイイ。(社会の原則・規則)
　　　f.　疲れたら、そこに座ッテモイイ。
　　　g.　日本では、高校に行かなクテモイイ。(義務教育の原則・規則)
　　　h.　明日は休みだから早く起きなクテモイイ。

(13a, c, e, g) は、義務的モダリティの解釈に当たります。(13a, e) が「可能性」、(13c, f) が「必要性」に関わります。一方、(13b, d, f, h) は、話し手の描く世界ですから、認識的モダリティの解釈になります。日本語の場合は「述語のテ形＋とりたて助詞＋いい／いけない」という複合的な構造を持つ形式で、英語の法助動詞のような一語ではありませんが、同一の形式が異なるモダリティ用法を持つという点で、日本語にも、英語の法助動詞同様に義務的モダリティと認識的モダリティの用法を兼ねた形式があると言えます。このほかに、必要ガアル／ナイも多義性を持つであろうと考えます。

同じ「評価」の言語形式でも、益岡が指摘するように、ベキダは、基本的に認識的モダリティ表現として機能します。また、形式名詞にコピュラがついたモノダなども (14a) のように義務的解釈も (10b) のように認識的解釈も可能です。

(14) a. 学生は勉強するモノダ。(i.e. シナクテハならない)
　　　b. 学生時代はよく勉強したモノダ。

また、条件形を伴ったバイイ、トイイ、タライイも条件設定自体が話し手の描く世界であれば、認識的に機能すると考えます。その一方で、形式名詞を伴ったホウガイイは、話し手が２つの候補の一方が優位であると判断したことを表す、認識的モダリティです。日本語の「評価」のモダリティに、同一の形式が義務的モダリティと認識的モダリティの両方の機能を有するという、モダリティの基本的な拡張の方向性が伺えます。

10.5　断定と推量、蓋然性、証拠性

認識的モダリティのうち、断定と推量、蓋然性、証拠性について考察します。これらの要素は多くの先行研究で検討されています。ここでも基本的な用法を概観します。考察の対象は、(15a〜j) のカタカナ表記の形式です。

(15) a. 午後は雨が降ル。
　　　b. この空模様だと午後は雨が降るダロウ。
　　　c. 午後は雨が降るトオモウ。
　　　d. 太郎は、パーティに出るって言ってたけど、来ないカモシレナイ。
　　　e. 太郎は、パーティに出るって言っていたから、来るハズダ。
　　　f. 太郎は、にぎやかなのが好きだから、パーティに来るニチガイナイ。

g. あの子は今にも泣きソウダ。
h. 太郎は忙しいヨウダ。
i. 先生の話によると、あの子はよく泣くラシイ／ソウダ。
j. あの子は感受性が強いラシイ／ヨウダ。

　(15a, b) のルとダロウは、それぞれ断定と推量を表します。それに (15c) のトオモウを加えて、それぞれの形式の用法の異同を考察します。また、(15d, e, f) のカモシレナイ、ハズダ、ニチガイナイは、話し手が何らかのコトの実現に関してどのくらいの確実さを持って判断するかという、話し手の信念の確実さの度合いである蓋然性を表す形式です。そして、(15g, h, i, j) の－ソウダ、ソウダ、ラシイ、ヨウダは、話し手の判断が依存する証拠のあり方に関連する証拠性を表す形式です。すべて、話し手が心に描く世界のありようで、認識的なモダリティ要素です。

10.5.1　断定と推量：ダとダロウとトオモウ
　コトの内容に対する話し手の心的態度の表現のうち、何らかの根拠をもとに推論した結果を表すものがあります。ダロウが典型例で、その分析は先行研究の多くに見ることができます。話し手の判断は、それが依拠する根拠や証拠の有無によって分類できます。話し手に100％の確証がある場合は、断定になり、述語の言い切りの形が使われます。この場合、断定の言語的な指標はゼロ形式（*Φ*）と言ってよいでしょう。前節の例を再掲します。

(15´) a. 午後は雨が降ル＋*Φ*。
　　　b. この空模様だと午後は雨が降るダロウ。
　　　c. 午後は雨が降るトオモウ。

　(15´a) の「今日は雨が降ル＋*Φ*」という話し手は、天候の変化に100％の責任を持つと表明したことと同じです。現実的には、100％言い当てることは不可能ですから、断定のもの言いには、聞き手の言うことに反論したい、反駁したいなど、断定的なもの言いが求められる文脈が必要です。何らかの根拠をもとに推論した結果をコトとして述べる場合には、(15´b) のダロウが使われます。また、コトを話し手が想定する内容として述べる (15´c) のトオモウも使われます。
　3者の後続文脈での却下可能性は、(16) のとおりで、断定のダは却下できま

せんが、ダロウはやや容認度が落ちても可能です。トオモウも却下可能です。

(16) a. *午後は雨が降ル＋Φ。でも、降らないかもしれない。
　　 b. ?この空模様だと午後は雨が降るダロウ。でも、降らないかもしれない。
　　 c. 午後は雨が降るトオモウ。でも、降らないかもしれない。

　後続文脈での却下が可能であることは、コトの内容が話し手の推量あるいは話し手が心に描くことに過ぎないことを表し、仮に推量の結果がはずれても、あるいは話し手が心に描くコトが実現しなくても、話し手が責任を問われる事態には発展しません。ここでは、一般的に話し手の判断の断定や推量を表すとされるダ、ダロウ、トオモウについて考えます。
　話し手自身に属する情報については、記憶喪失でないかぎり、ダロウとトオモウは使えません。話し手は自身に属する情報に100％の確信を持つ責任があります。

(17)　私の名前は近藤ダ＋Φ／*近藤ダロウ／*近藤だトオモウ。

　まず、ダロウについて考えます。ダロウは、コピュラのダの推量の形です。丁寧体のデショウはコピュラのデスの推量の形です。ダロウとデショウはどのような状況でも推量の結果を表すことができるかというと、根拠の言語化が必要です。

(18)　(初めて入ったレストランのメニューを見ながら)
　Ａ：この料理、からいかな？
　Ｂ：??からいダロウ。

　(18B)には、まだ食べたことがない料理の味の判定の根拠はなく、「からいダロウ」と言うことはできません。推量には根拠が必要で、(18B)が自然な発話になるには、(18´B)のような判断のもととなる根拠が必要です。ダロウは、100％の確信がなく、断定はできないものの、なにがしかの根拠に基づいた推論の結果であることを表します。もちろん、Bがからい料理に詳しく、その料理についての知識がある場合は別です。先述の(15b)も推量の根拠として「この空模様だと」という表現があります。

(18´) B: 刺激が強そうな色だから、からいダロウ。

　また、話し手が聞き手のほうが自身より情報を持っていると判断した場合に、上昇イントネーションのダロウ（↗）で、自分のコトの認識の確実性を聞き手に問うことができます。「確認要求」と呼ばれるダロウの使い方です。

(19)　A：君、明日も来るダロウ（↗）。
　　　B：うん。来る＋Φよ。

　次に、トオモウについて考えます。日本語ではトオモウが頻繁に使われます。日本語母語話者が使う英語にI thinkが頻出するという指摘がありますが、これは、日本語のトオモウが第二言語の英語習得に与える母語の転移です。
　トオモウが使えないのは、(20)のように、話し手個人の属性、専門分野や仕事内容など、話し手が100％確信がある、または100％知る立場にあるコトを述べる場合です。一般に、秘書という職種には、上司のスケジュールを100％管理することが求められます。

(20)　部長：今日の打ち合わせの場所はどこ？
　　　秘書：第一会議室デス＋Φ。／＊第一会議室だトオモイマス。

　トオモウには待遇的な側面もあります。話し手の判断や意見などを述べるとき、仮にコトの内容に100％の確信があっても、あえて断定的な表現を避け、あくまでも話し手個人の見解に過ぎないということを示します。

(21)　この会社の業績はあまりよくアリマセン＋Φ。／よくないトオモイマス。

　加えて、話し手自身が100％確信できる自分自身の感覚・感情や願望などを表明する場合にも、トオモウをつけることで、むき出しの内面であるコトを、あたかも100％の確信がないかのような間接的な表現に変えることができます。これも待遇的な配慮に由来する使い方です。

(22)　a. 頭が痛い！／??頭が痛いです＋Φ。／＊頭が痛いとオモイマス。
　　　b. うれしい！／うれしいです＋Φ。／うれしくオモイマス（＊うれしいとオモイマス）

c. 映画を見に行きたい！/ 映画を見に行きたいとオモウ。

話し手がコトの内容に対して 100％ の確信を持っていることを表すダに対して、仮に 100％ の確信があってもダロウとトオモウが使えるのは、3 者に次のような違いがあるからだと考えます。

(23) a. ダ：話し手がコトの内容を責任を持って 100％ 断定できることを示す。
b. ダロウ：コトの内容の背後に話し手が何かしらの根拠に基づいた推論の過程が存在することを示す。
c. トオモウ：コトの内容が、根拠の有無に関係なく、話し手の個人的な見解に過ぎないことを示す。

天気予報の解説者が、専門分野のコトの内容にトオモウが使いにくいのはこのためです。(24a) のダからは、専門家としての話し手の 100％ の確信は表示されるものの、根拠の有無が含意されないため、根拠のない勝手な断定である可能性も否定できません。一方、(24b) のダロウからは、コトの内容が専門家としての話し手の推論の結果であることが含意されます。

(24) a. ?明日は、台風の接近で、終日、雨風が強い 1 日にナリマス+Φ。
b. 明日は、台風の接近で、終日、雨風が強い 1 日になるデショウ。
c. ???明日は、台風の接近で、終日、雨風が強い 1 日になるトオモイマス。

10.5.2 蓋然性：カモシレナイとハズダとニチガイナイ

あるコトが実際に起こる確実性の度合いや話し手の判断などが当たる可能性を表す蓋然性 (probability) を表すモダリティ要素として、カモシレナイ、ハズダ、ニチガイナイを考察します。先述の例を再掲します。

(15) d. 太郎は、パーティに出るって言ってたけど、来ないカモシレナイ。
e. 太郎は、パーティに出るって言っていたから、来るハズダ。
f. 太郎は、にぎやかなのが好きだから、パーティに来るニチガイナイ。

(15d) のカモシレナイは、「疑問の終助詞カ + とりたて助詞モ + シレナイ」の複合的な構造ですが、分析せずひとまとまりで扱います。(15e) のハズダのハ

ズは、弓の両端を意味する名詞が語彙的な意味を失って形式化された形式名詞です。ハズダはハズにコピュラのダがついたモダリティ形式です。(15f) のニチガイナイも、複合的な構造で、「助詞ニ＋動詞「違う」の語幹＋否定のナイ」ですが、分析せずひとまとまりで扱います。

　カモシレナイは可能性を表すモダリティ形式です。話しことばでは、縮約形のカモが使われることがあります。カモシレナイにはとりたて助詞のモが入っています。モは、第9章で解説したように、他者の存在を含意します。第9章のモの解説を再掲します。

(25)　＝第9章 (34) 添加型とりたて助詞
　　　　X モ P: 典型的な添加型とりたて助詞。P を満たすモノの集合の存在を含意し、その集合に X を添加する。

したがって、カモシレナイは、(26a) のように複数のコトを並べることが可能です。(26b) のように、互いに矛盾するコトをつないでも、話し手に発言の責任が問われることはありません。

(26)　a.　雨が降るカモシレナイし、風が強くなるカモシレナイ。寒くなるカモシレナイ。
　　　b.　太郎は、パーティに来るカモシレナイし、来ないカモシレナイ。

　また、カモシレナイには、話し手の意見や見解を、断定を避けて、単に想定される可能性であるかのように述べるときにも使われます。とりたて助詞モがコトが表す見解以外の可能性を含意するからです。
　可能性ということで言うと、たとえ話し手自身の行動であっても、話し手に自覚がない、あるいは、記憶がない場合には、想定される可能性の1つとして (27) のようにカモシレナイを使うことができます。

(27)　A：鍵、かけて来た？
　　　B：かけたトオモウけど…。もしかしたら、かけなかったカモシレナイ。

　可能性を述べることを主たる機能とするカモシレナイには待遇上の機能もあります。
　話し手が聞き手の意見との対立を回避するためにカモシレナイを使うことが

できます。(28) は近藤・姫野 (2012: 151) の例です。

(28)　a.　(味見をしながら)「あ、私、これ、好きカモシレナイ」
　　　b.　A: 明日、映画見に行かない？　B: 明日は、駄目カモ。(cf. 行きたくない)

　また、慣用的に使われる言い回しとして「間違っているかもしれませんが」「ご迷惑をおかけするかもしれないのですが」などがあります。これらも、間違ったことを言う可能性、迷惑をかける可能性があることをあらかじめ述べて詫びておくことで、聞き手との対立を未然に回避するために使われると考えます。一方で、可能性を表すカモシレナイを多用すると、話し手の責任回避と解釈されることもあります。
　次に、ハズダを考えます。ハズダは基本的に論理的な推論の結果を表すとされます。前節でも述べたように、推論には根拠が必要です。ハズダも何らかの根拠に基づいて、そこから推論で導き出される帰結をコトの内容とします。何らかのコトの実現の蓋然性を表す形式として、ハズダ、ニチガイナイ、そして前節で扱ったダロウを比べてみます。

(29)　a.　太郎はアメリカ留学をしたから、英語がうまくなったハズダ。
　　　b.　太郎はアメリカ留学をしたから、英語がうまくなったニチガイナイ。
　　　c.　太郎はアメリカ留学をしたから、英語がうまくなったダロウ。

　(29a〜c) に共通するのは、推論の根拠「太郎がアメリカ留学をしたこと」です。いずれもそれを根拠に推論を通して得られた帰結である「英語がうまくなった」がコトの内容です。しかし、3 者の基本的な解釈は同じでも、ニュアンスに違いが感じられます。どのような違いか考えます。

(30)　a.　太郎は今年 6 歳だ。来年小学 1 年生になるハズダ / *ニチガイナイ / *ダロウ。
　　　b.　彼は病気らしいから、*明日の仕事は休むハズダ / 休むニチガイナイ / 休むダロウ。

　(30a) と (30b) では、根拠と帰結の関係が異なります。(30a) は、誰が計算しても同じ結果が出る、論理的な帰結です。ハズダは使えても、ニチガイナイ

とダロウは使えません。

　仮にハズダが表す推論が論理的なある種の計算を伴うような推論の帰結であるとすると、ニチガイナイとダロウの背後の推論は性質が異なることになります。一方、(30b) は、「病気であること」から論理的に「仕事を休むこと」が帰結するわけではないので、ハズダが使えません。一方、ニチガイナイとダロウは、話し手個人の非論理的な推論の結果を表すことができます。とりわけニチガイナイは、「ある想定をすることに間違いはない」という話し手の個人的な、あるいは直感的な判断結果を表します。ダロウは前節で見たように、「コトの内容の背後に話し手が何かしらの根拠に基づいた推論の過程が存在することを示す」のであって、その推論がハズダに近い論理的、計算的な推論であっても、またニチガイナイに近い、非論理的な判断であっても用いることができ、推論の質は問わないと言えます。ハズダの例をもう少し見てみましょう。

(31)　a.　太郎はいつもどおり 7 時に家を出た。もう会社に着いているハズダ。
　　　b.　今、午後 4 時半だ。急ごう、まだ郵便局は開いているハズダ。
　　　c.　太郎は、今日は残業だと言っていた。まだ会社にいるハズダ。
　　　d.　太郎は、今日は残業だと言っていた。まだ家に帰っていないハズダ。

　ハズダの根拠は (31a, b) のような数的に計算できるものから (31c) のようにある地域社会の一般常識に基づくもの、(31d) のように、話し手自身が見聞きして得た情報とその記憶など、多様です。
　ハズダの用法に、話し手がある事実が何らかの別の事実の根拠であると理解したことを表すものがあります。2 つの事態を根拠と帰結の関係で認識したことを表し、「どうりで」などの副詞と共起し、ワケダで言い換えることが可能です。ワケダは、第 11 章で考察します。

(32)　a.　あ、もう 12 時だ。どうりで眠いハズダ / ワケダ。
　　　b.　なんだか寒い。あ、窓が開いている。寒いハズダ / ワケダ。

　ハズダは、何らかの客観的な根拠に基づく論理的な推論であっても、(33a) の状態性の述語が表すコトには使えますが、(33b) のように話し手自身の意志的な行為が帰結となる場合は、使うことができません。

(33)　a.　(私は) 入社試験に受かれば、就職できるハズダ。

b. ＊(私は)入社試験に受かれば、就職するハズダ。

　ここで、ハズダの否定を考えます。日本語の初級レベルの学習者はハズダの否定にハズデハナイを使うことがあります。ハズダの否定には、通常、ナイハズダとハズガ／ハナイが使われます。一方、ハズデハナイは、夕形にしてハズデハナカッタの形で使われます。ここで、この3つの否定の意味について考えます。

(34)　a.　太郎は今日の授業に来ないハズダ。
　　　b.　太郎は今日の授業に来るハズガ／ハナイ。
　　　c.　＊太郎は今日の授業に来るハズデハナイ。
　　　d.　太郎は今日の授業に来るハズデハナカッタ。
　　　e.　太郎は今日の授業に来るハズハナカッタ。

　(34a)は、何らかの根拠に基づいて推論し「太郎が今日の授業に来ない」という帰結を得たことを示しますが、(34b)は、「太郎が今日の授業に来る」という事態が起こりえないという意味になり、可能性の否定になります。
　(34c)は非文です。ハズデハナイはハズデハナカッタという形式で、ハズが表すこと、すなわち、「太郎が授業に来る」コトが話し手が何らかの根拠をもとに推論した帰結と異なっていたと認識した、つまり、話し手が想定していたことと異なる事態が出来したという、話し手の認知状況の変化を表します。(34d)と(35a)のように使われます。(34e)と(35b)のハズハナカッタと比べてください。

(34)　d.　太郎は今日の授業に来るハズデハナカッタ。
　　　e.　太郎は今日の授業に来るハズハナカッタ。
(35)　a.　こんなハズデハナカッタ。(i.e.推定した結果と異なる事態が生じた。)
　　　b.　こんなハズハナカッタ。(i.e.ある事態が出来する可能性はなかった。)

　(34d)と(35a)は、話し手はP→Qという想定をしていたが、Qではない(i.e.~Q)事態が生じたこと、つまり予想に反する事態を認識したことを表します。それに対して、(34e)と(35b)は、そもそもP→Qという推論そのものが存在しなかったことを表します。
　また、ハズダはあくまでも話し手自身の推論に関わる形式であって、聞き手

の推論を問うことはできません。

(36) a. ○○さん、明日の授業に*来るハズデスカ / 来ますか。
b. 質問したら*教えてくれるハズデスカ / 教えてくれますか。
c. 今年の冬は*暖冬になるハズデスカ / 暖冬になりますか。

本節の最後は、ニチガイナイです。先述のとおり、根拠に基づく論理的な推論ではなく、話し手の強い思い込みを表します。

(15) f. 太郎は、にぎやかなのが好きだから、パーティに来るニチガイナイ。

話し手には、太郎がにぎやかなのが好きだと判断するなにがしかの根拠はあるものの、その性質がパーティ参加に帰結するという判断に間違いがないという話し手の確信を表し、論理的推論ではありません。「～ニキマッテイル」で言い換えられます。

(37) a. あ、この本、太郎が探していた本ニチガイナイ / ニキマッテイル。
b. こんなことをするなんて。きっとあいつの仕業ニチガイナイ / ニキマッテイル。

(37a, b) の背後にある推論は、話し手の独断であって、一般化できる論理的推論の帰結ではありません。

10.5.3　証拠性1：シソウダとヨウダ

認識的モダリティのうち、証拠性 (evidentiality) に関わる形式であるシソウダとヨウダを扱います。先述の例を再掲します。

(15) g. あの子は今にも泣きソウダ。
h. 太郎は忙しいヨウダ。

まず、(15g) の「泣きそうだ」の−ソウダは、「寒い」などのイ形容詞の語幹「寒」、「元気だ」などのナ形容詞の語幹「元気」、「泣く」などの動詞の語幹「泣き」につく接辞の−ソウにコピュラのダがついた形式で、ナ形容詞になります。「泣クソウダ」などの伝聞を表すソウダと区別して、−ソウダと表記し、接辞で

あることを示します。-ソウダが名詞修飾として使われる場合は、-ソウナN（「おいしそうなケーキ」）となり、動詞を修飾する場合には、-ソウニV（例「おいしそうに食べる」）となります。(15h) の「忙しいヨウダ」のヨウダは、述語の普通体の形につきますが、「子どもだ」は「子どものヨウダ」に、「元気だ」は「元気なヨウダ」となります。ヨウダが名詞を修飾する場合は、~ヨウナN（例　子どものヨウナ声、泣いているヨウナ声など）、述語を修飾する場合には、~ヨウニV（例「子どものヨウニ泣く」）となります。

　ヨウダに似ているものに話しことばに頻出するミタイダがあります。ヨウダとミタイダの違いは、一般的に文体の差で、書きことばや改まった話しことばではヨウダが、くだけた話しことばではミタイダが使われます。ここでは、ヨウダでこの2つを代表して考察します。適宜、ヨウダをミタイダに置き換えて確認してください。

　ヨウダは様態を表す形式、シソウダは兆候を表す形式という基本的な性格づけがされています。ここでは、それらの用法がどのように類似しているか、各形式の証拠性の証拠とはどのようなものかを考察します。まず、-ソウダを考えます。次の例を見てください。

(38)　a.　（ケーキ屋のショウケースを見て）
　　　　　どれもおいしソウダ / *おいしいヨウダ / *おいしいラシイ / *おいしいソウダ。
　　　b.　（ケーキ屋で大勢の客が同じケーキを買っていくのを見て）
　　　　　あれが*おいしソウダ / おいしいヨウダ / おいしいラシイ / *おいしいソウダ。
　　　c.　（窓から外の様子を見て）
　　　　　寒ソウダ / 風が強ソウダ / 雨が降りソウダ / 傘を持って行ったほうがよさソウダ。

　(38a) の話し手が「おいしソウダ」と判断するには根拠となる証拠が必要です。その場合の証拠は、ある対象の外観から受ける印象や五感に訴える感覚であって、(38b) のような状況証拠ではありません。話し手は実際にその対象の属性を経験したわけではないので、その判断が正しいかどうかは未定です。(38c) の話し手はまだ実際に外の状況を体験しておらず、あくまで、視覚に訴える刺激を証拠として判断しています。実際に体験して、印象と違っていたら、「おいしソウダと思ったけど、食べてみたらおいしくなかった」、「寒ソウニ見え

たけど、あんまり寒くない」と言えることになります。
　(39a) のように、ある対象の外見を根拠に内面を判断することはできても、(39b) のようにある属性が外見から疑いの余地なくはっきりと分かる場合は、－ソウダは使えません。

(39)　a.　太郎は、頭がよさソウダ / 具合が悪ソウダ。
　　　b.　太郎は、*目が大きソウダ / *髪が長ソウダ。

　また、－ソウダが動詞につく場合は、変化や動きを予兆する何らかの兆候を証拠に変化や動きがありうることを予測したこと、つまり変化の予兆を表します。その場合は、(40a～d) のようなナル動詞、また (40e) の動詞の可能形などの状態動詞は使えますが、(40f) のような話し手の意志でコントロールできる意志動詞は使えません。

(40)　a.　(空模様を見て) 雨が降って来ソウダ。/ 雨がやみソウダ。
　　　b.　(山積みの本を見て) 落ちソウダ。/ 崩れソウダ。
　　　c.　(おもちゃのねじが緩んでいるのに気づいて) とれソウダ。/ はずれソウダ。
　　　d.　(子どもを見て) 今にも泣きだしソウダ。/ もうすぐ寝てしまいソウダ。
　　　e.　(手帳を見て) 来週は少し休めソウダ / ゆっくりできソウダ。
　　　f.　(手帳を見て) *来週はすこし休みソウダ。

　－ソウダの証拠となる予兆や兆候がないこと、つまり－ソウダの否定には、形容詞の場合は、－ソウデハナイと－ナサソウダが可能です。

(41)　a.　このケーキはおいしソウデハナイ。
　　　b.　このケーキはおいしくナサソウダ。

　2つの否定の違いは、(41a) が「おいしソウダ」という判断の根拠となる感覚的な証拠がないことを表すのに対し、(41b) は、「おいしくない」と判断するに足りる色や匂いなどの感覚的な証拠が存在することを表す点です。
　動詞の否定の場合は、－ソウジャナイではなく、－ソウニナイ、－ソウ(ニ)モナイとなり、いずれも動詞が意味する変化や動きの予兆が存在しないことを

表現します。

次に、ヨウダとミタイダを代表してヨウダを考えます。次の例では、ヨウダは使えても、－ソウダが使えないのは、話し手が目にした情報が何らかの動きや変化の予兆する兆候ではないからです。

(42) a. (傘をさそうとする人を見て)
　　　　＊雨が降り出しソウダ。／雨が降り出したヨウダ。
　　 b. (ラーメン店の店先の行列を見て)
　　　　＊人気がありソウダ。／人気があるヨウダ。

ヨウダは、(　　)が示す情報を根拠に推論した結果を表す形式で、次の例も同様です。

(43) a. (窓を開けたら、庭が濡れているのに気づいて)夜中に雨が降ったヨウダ。
　　 b. (仕事中にあくびばかりしている同僚に気づいて)だいぶ疲れているヨウダ。
　　 c. (弟の部屋の明かりに気づいて)まだ起きているヨウダ。

ヨウダは、何らかの状況を証拠に推論した結果を表すので、「どうやら」「どうも」などの副詞と共起します。

(44) あ、財布がない。どうやら／どうも、どこかで落としたヨウダ。

ヨウダの否定は、ヨウデハナイになりますが、そもそもヨウダが何らかの根拠に基づく話し手の推論の結果を表す表現ですから、何らかの証拠Pから想定していた状況Qが実現しなかったという場合に、〜P＋ヨウダは言えても、Pヨウデハナイは言えません。

(45) a. ???(降るだろうと思っていたが、)雨が降ったヨウデハナイ。
　　 b. (降るだろうと思っていたが、)雨が降らなかったヨウダ。

ヨウダには、以上のような証拠に基づく判断の用法のほかに、何かをほかのものにたとえる、比況の用法があります。この2つをまったく別の用法と捉え

る考え方もありますが、三宅（2006）は、認知言語学のスキーマとして「類似性の表示」を仮定すると、「実証的判断」と「比況」に共通した何らかの「類似性」を認める可能性を論じています。この2つが接近する例があります。

(46)　a.　あの人は、まるで日本人のヨウダ。⇒ 比況：あの人は日本人ではない。
　　　b.　あの人は、どうやら日本人のヨウダ。⇒ 証拠性判断：あの人は日本人の可能性がある。

　第8章8.2節でヨウニスルを論じました。本節の最後に、証拠性モダリティのヨウダの連用形として、再びヨウニを考察します。(47)の例は、近藤・姫野（2012: 172）の一部抜粋です。

(47)　a.　太郎は疲れているヨウニ見える。
　　　b.　あの人は子どものヨウニはしゃいでいる。
　　　c.　この本は子どもには難しすぎるヨウニ思う。
　　　d.　太郎に部屋の掃除をするヨウニ言った。
　　　e.　本年もよい1年となりますヨウニお祈り申し上げます。
　　　f.　うちの子はやっと歩けるヨウニなりました。
　　　g.　風が入るヨウニ窓を開けた。

　これらのヨウニは認識的モダリティのヨウダの連用形だと考えます。まず、(47a, b)は(48a, b)に関連しています。(48a)は証拠性の判断のヨウダで、(48b)は比況のヨウダです。

(48)　a.　太郎は疲れているヨウダ。（証拠性の判断）
　　　b.　あの人の行動は子どものヨウダ。（比況）

　(47c)と(47d)のヨウニは、それぞれ思考内容と指示の内容を表します。また、(47e)のヨウニは変化の結果を、(47f)のヨウニは話し手の祈願の内容を表します。
　ヨウダとヨウニについて、別の角度から考えます。ヨウに「様」という漢字を当てることがありますが、「様」は何かの状態や様子を表す形式名詞です。近藤・姫野（2012）をもとに、ヨウを話し手の心の中に浮かんだ何らかの〈見え〉

と考えて、(47) の例を再解釈してみます。(49) に、近藤・姫野のヨウの定義を引用します。

(49)　「よう」は、前接する「〜」が表す何らかの事態が話者の心内に形成された〈見え〉であることを表す形式である。(近藤・姫野 2012: 173)

　ヨウダは話し手の〈見え〉にコピュラのダがついた形、そしてヨウニはその連用形です。
　まず、ヨウダの典型的な用法である (47a, b) は、話し手が 2 つの事態のあいだに類似を認めるもので、話し手の事態把握であると考えます。(47a) は、太郎の疲れた様子を〈見え〉として表出し、(47b) はある人物の子どもに類似した態度を〈見え〉として表出してます。これらは〈見え〉であって、現実の事態ではありませんから、真理値を持ちません。(47a, b) に共通する"類似性"は話し手の〈見え〉であると考えます。
　次に、(47c) の「思う」の思考内容も〈見え〉の拡張と考え、同様に、(47d) の指示も〈見え〉の実現を太郎に指示すると解釈できます。また、(47e) は、「祈る」「願う」「祈願する」などの動詞の対象が〈見え〉の実現にあると解釈できます。また、(47c) が「この本は子どもには難しすぎるトオモウ」と比べて間接的な印象を与えるのは、「ヨウニ思う」の思考内容がコトではなく、話し手の〈見え〉であるからだと考えます。
　最後に、(47f) と (47g) のヨウニは第 8 章の 8.2 節で考察しましたが、これも〈見え〉の概念で再解釈が可能であると考えます。(47f) は、「子どもが歩ける」という〈見え〉が発話時に成立したことを表し、また、(47g) も「窓を開けると風が入る」という条件文を前提にした〈見え〉が関わると考えられます。ヨウダのヨウを、話し手の発話のイマ・ココでの心内の〈見え〉と仮定すると、ヨウダとヨウニの用法に統一的な解釈が可能になります。詳細は、近藤・姫野 (2012) を参照してください。
　ヨウダと－ソウダを (50) のようにまとめます。

(50)　　－ソウダとヨウダ:
　　　　－ソウダ: 形容詞や動詞、名詞述語の語幹につく接辞－ソウにコピュラのダがついたもの。コトに形容詞をとって、ある対象の外観の何らかの兆候をもとにその対象の属性を判断したことを表し、動きや変化を表すコトをとって、その動きや変化の予兆

が存在することを表す。

ヨウダ： 普通体の述語について、コトが何らかの証拠から推論して得られた〈見え〉であることを表し、2つのもののあいだに類似性が存在することを表す。

10.5.4　証拠性2：ラシイとスルソウダとヨウダ

　証拠性のモダリティ形式の最後に、ラシイとスルソウダ、そしてヨウダを扱います。一般的に、スルソウダは伝聞を表す形式、ラシイは様態と伝聞の両方に関わると考えられています。先述の例を再掲します。(15i)のラシイの解釈は、伝聞を表すソウダに近く、(15j)のラシイの解釈は、ヨウダに近づきます。

(15)　i.　先生の話によると、あの子はよく泣くラシイ / ソウダ。
　　　j.　あの子は感受性が強いラシイ / ヨウダ。

　伝聞を表すソウダは伝聞の内容を表すコトに後接します。伝聞のソウダは、誰かから聞いて、あるいは何かで読んだりして外部から入試した情報を客観的に伝える表現です。したがって、話し手の個人的な見解ではなく客観的な情報であることを表します。(15i)の「先生の話によると」などで情報源を明かにすることができます。話し手の主観的な判断は入り込む余地はありません。(15i)は(51)とほぼ同義です。(15i)のラシイもコトに続いて、伝聞と解釈することができます。

(51)　先生が「あの子はよく泣く」と言った。/ 先生から「あの子はよく泣く」と聞いた。

　(15j)のラシイはソウダとヨウダのちょうど真ん中あたりという印象があります。(50)を参考にして考察します。(52)のラシイは、伝聞を表す「太郎は来年卒業するソウダ」とも、何らかの証拠をもとにした判断を表す「太郎は来年卒業するヨウダ」とも解釈でき、曖昧です。伝聞のソウダに近ければ、客観的な情報となり、ヨウダに近ければ、話し手の主観的な判断になります。

(52)　太郎は来年卒業するラシイ。

　話し手にとって客観的か主観的かについて、コトの内容と話し手の心理的距

離を考えてみましょう。伝聞のソウダは話し手からの心理的距離が遠く、ヨウダは話し手からの心理的距離が近いと言えます。このソウダとヨウダの違いは、コトの内容が話し手自身に関わる場合に顕著に現れます。

(53) なんだか頭が痛い。風邪をひいたヨウダ / ?ひいたラシイ / *ひいたソウダ。

　(53) の「頭が痛い」は話し手の感覚なので、感覚を根拠に判断するヨウダは適切です。それに対して、伝聞のソウダは非文です。ラシイはちょうどその中間で、読み手によって適切性判断に揺れがあります。ラシイは、ソウダほどでなくても、話し手がコトの内容に心理的距離があることを表し、場合によっては無責任な発言になります。

(54) a. （デパートで）
　　　　客：どれがいいかしら。
　　　　店員：こちらがよろしいヨウデス / *よろしいラシイです。
　　　b. （病院で）
　　　　患者：先生、いかがでしょうか。
　　　　医師：風邪のヨウデスね。/ *風邪ラシイですね。

　(54a) の店員も (54b) の医師も、専門家の立場からコトが自身に近いことを示す必要があるので、ヨウダが適切です。ラシイは無責任に聞こえます。
　伝聞のソウダとラシイの違いは、伝聞ソウダは情報源が明らかで客観的な情報で、ラシイは情報源が不明瞭な情報で使われます。

(55) a. 太郎本人の話では、来年卒業するソウダ / *卒業するラシイ。
　　　b. 誰の話だったか、太郎は来年??卒業するソウダ / 卒業するラシイ。

　「若者ラシイ言動」「子どもラシイ遊び」のように、ラシイにはその属性が典型的であることを表す用法があります。「若者ラシサ」「子どもラシサ」のように名詞化できます。何らかの証拠に基づく判断を表すラシイと、ふさわしさを表すラシイのあいだで曖昧な場合が生じます。(56) がその例です。

(56) あの人は日本人ラシイ。

話し手が何らかの証拠から判断したという解釈と、話し手が当該の人物の言動が日本人の典型的な属性であると断定したという解釈があります。前者は先に考察したラシイの解釈ですが、後者のラシイは名詞について複合的な形容詞を作る接辞の－ラシイです。N－ラシイは「いかにも、たしかに」などの副詞と共起して、ある対象の本質を言い当てる場合に使われます。

(57) a. 太郎はいかにも子どもラシイ。
　　　b. 太郎はやんちゃな子どもラシイ。
　　　c. 太郎はまるで子どものヨウダ。

(57a) は、太郎の言動が子どもに典型的な要素だと表しており、太郎は子どもです。(57b) は、伝聞に解釈するのが適当です。(57c) は、比喩のヨウダで、太郎は子どもではありません。話し手の心理的距離を含めて、伝聞のソウダ、ラシイ、ヨウダを (58) のようにまとめます。

(58) 伝聞ソウダとヨウダとラシイ
　　　伝聞ソウダ：コトが客観的に得られた情報であることを聞き手に伝える。情報源の表現を伴うことが多い。コトの内容と話し手の心理的距離は遠い。
　　　ヨウダ：コトが何らかの証拠から推論して得られた〈見え〉であることを表す。コトの内容と話し手の心理的距離は近い。
　　　ラシイ：伝聞と証拠性判断の両方に解釈されうる。コトの内容と話し手の心理的距離は伝聞ソウダとヨウダの中間で、解釈の決定は文脈に依存する。

以上、本章では、モダリティ要素のうち、話し手のコトに対する捉え方を表す形式を考察しました。

第 11 章　モダリティ 2
聞き手の存在を前提とする話し手の態度

　第 10 章で、話し手がコトをどう捉え、どう認識するかを表すモダリティの諸形式を、基本的に聞き手の存在を前提としないモノローグ的要素として考察しました。本章では、聞き手の存在を前提とする発話と伝達という、ダイアローグ的なモダリティの諸形式を取り上げます。

　聞き手の存在が関わりうるモダリティ要素としては、日本語文法研究会編 (2003) の「表現類型」、宮崎ほか (2002) の「実行」とする意志や勧誘のモダリティ（スル、シヨウ、シヨウカなど）や行為要求の命令や依頼のモダリティ（シロ、シナイカ、シテクダサイなど）などがあります。本章では、このうち話し手の意志を表すモダリティ形式を取り上げます。また、説明のモダリティとされるノダとワケダについては、聞き手との〈共同注意〉との関連で考察し、最後に、典型的な伝達のモダリティ要素である終助詞を考察します。なお、伝達のモダリティ要素である丁寧さについては、第 14 章の待遇表現で取り上げます。

11.1　話し手と聞き手の協働:〈共同注意〉と「協調の原理」

　具体的な考察に入るために、ダイアローグを念頭に置いたモダリティ要素の分析に関わる基本的な概念を整理しておきます。

　まず、語用論の側面からは、次の条件を前提とします。会話参加者に求められるのは、話し手と聞き手がコミュニケーションの意義と目的を共有し、双方向で円滑な意思の疎通を志向することです。その実現のための基本的な概念は、Grice (1967, 1975) が提唱する「協調の原理（原則）(Principle of Cooperation)」と「4 つの会話の公理（あるいは行動指針 (Maxim)）」です。それぞれ (1) と (2) にまとめます。

(1)　Grice の「協調の原理（原則）(Principle of Cooperation)」
　　　Make your contribution such as required, at the state at which it occurs, by

the accepted purpose or direction of the talk exchange in which you are engaged.（あなたが参加している会話で、その場にいる誰もがこの会話では当然のこととして認めている方向や目的にそむかないよう、場面場面で協力せよ）（Thomas 1995 / 浅羽監 1998: 67–68）

(2) Grice の4つの公理（Maxim）：
　　量（Quantity）：（やりとりのその局面での目的に照らして）必要とされている情報をすべて与えよ。必要以上の情報は与えるな。
　　質（Quality）：真実ではないと思っていることは言うな。十分な証拠がないことは言うな。
　　関係（Relation）：的外れなことは言うな。
　　様態（Manner）：不明確な表現は避けよ。あいまいな言い方は避けよ。簡潔に言え（冗長になるな）。よく整理した話し方をせよ。
　　（Thomas 1995 / 浅羽監 1998: 70）

　イマ・ココの会話参加者は、(1) の協調の原理に則り、(2) の4つ公理を順守しつつ、円滑な情報のやりとりを志向すると考えます。
　また、事態把握の側面からは、話し手と聞き手のことばを介したインタラクションを考える上で、第4章で解説した〈見え〉に加えて、第9章で解説した〈共同注意〉の概念が不可欠です。認知心理学の概念である〈共同注意〉を〈見え〉の共有とする解釈を解説しました。基本的に、共同注意とは、話し手と聞き手が〈見え〉を共有すること、同じものに目を向けることと考えます。

(3) （＝第9章 (24d) 再掲）
　　私と太郎がおなじものXに（ほぼ）同じ位置から注意を向けている＝〈見え〉の共有。（本多 2005: 202, (282d)）

11.2　話し手の意志の表出と意志の表明

　モダリティ要素をコトの捉え方関連と発話・伝達関連に分ける場合、後者の条件は、聞き手の存在が前提となることです。発話や伝達のモダリティは話し手が捉えたコトをどのように発話し、どのように聞き手に伝えるかを表します。会話のイマ・ココで聞き手の存在を意識したコミュニケーション上の話し手の心の持ちようを表すと考えます。
　第10章で、表現類型のモダリティ要素をダイアローグ的観点から聞き手に

対する働きかけとみなせると述べました。これらは、一義的には話し手の意志・願望と話し手の内面の表出のモダリティ要素ですが、二義的には、それらが聞き手に対する働きかけとしても機能し、結果的に、問いかけ・命令・依頼・勧誘などの表出となるものです。聞き手の前で話し手があえて自身の内面を言語化する場合、聞き手への伝達意図が含意されると考えます。ここでは、話し手の意志を表出するモダリティ要素を手がかりに、聞き手の存在を前提としないはずの話し手の意志を表すモダリティ要素が聞き手に向けられたとき、一義的なモダリティが二義的モダリティへとその機能を拡張していく可能性を考えます。

動詞のル形とナイ形は、話し手の意志の表れと考えられ、(4)のように話し手の内言や独り言（モノローグ）にも聞き手に向けられた発話（ダイアローグ）にも現れます。

(4)　a.　(内言・独り言) 明日は早く起きるぞ。
　　　b.　(内言・独り言) そろそろ寝よう。
　　　c.　A：来週の見学会に参加する？
　　　　　B：参加する。
　　　　　C：参加しない。
　　　　　D：参加しようと思う。
　　　　　E：参加するつもりだ。

(4a, b)のモノローグでは聞き手が存在しません（ただし、話し手自身が隠れた聞き手であると解釈することは可能です）。(4c)のB〜Eは、聞き手Aを前提とした発話と解釈されます。本節では、(4a)と(4cB)の動詞のル形、(4b)の動詞の意志形、(4cD)の動詞の「意志形＋トオモウ」、そして、(4cE)のツモリダを考察します。

(4a)(4cB)の動詞のル形と(4cC)のナイ形は、話し手の意志を表すことができる意志動詞でなければなりません。意志動詞のル形は、話し手の意志を表す基本的な形です。そして、発話のイマ・ココで、聞き手の前で意志動詞のル形を使用することは、話し手がダイアローグにおいてその行為の遂行の宣言、意志動詞のナイ形使用はその行為を遂行しないことの宣言です。たとえば、モノローグの〈意志の表出〉は(4a, b)のように話し手の内言や独り言に現れるので、聞き手の存在は前提としません。それに対して、(4cB, C)のように、話し手が聞き手の存在を前提に言語化する場合にも現れます。

また、動詞の意志形ショウも、自身の行為の実行意志を表出するものですが、(5a) はモノローグでの意志の表出に、話し手が聞き手の存在を前提に言語化する (5b) は、ショウトオモウの形で、聞き手に対する〈意志の表明〉の機能を獲得すると考えます。ショウトオモウは、ショウという〈決意の表出〉がトオモウの思考内容であるという表示です。

(5)　a.　（内言・独り言）お腹がすいたから食事ショウ。
　　　b.　（聞き手に）お腹がすいたから食事ショウトオモウ。

　また、話し手が〈意志の表出〉を聞き手に伝達することにより聞き手の利益が生じる場合には、(6a) のような〈行為の申し出〉、あるいは (6b) のような〈誘いかけ〉の機能を獲得すると考えます。

(6)　a.　今度、君に食事をご馳走ショウ。
　　　b.　遅くなったから、一緒に帰ロウ。

　内言や独話などのモノローグにおける〈意志の表出〉を基本的な機能とするショウが会話のイマ・ココで聞き手とのダイアローグに移行すると、〈決意の表明〉〈行為の申し出〉〈誘いかけ〉へと機能が拡張します。したがって、聞き手を前提とした発話のイマ・ココでの意志表明には、スル・シナイ、ショウトオモウが可能です。
　スル・シナイとショウトオモウの違いは、スル・シナイは、(7) のような発話のイマ・ココでの決定した意志を表明することができ、ショウトオモウとショウトオモッテイルは使えない点です。

(7)　A：ねえ、新作映画の切符が2枚あるんだけど、これから行かない？
　　　B：いいね、行ク／*行コウトオモウ／*行コウトオモッテイルよ。

　(8) のように、行く行かないの決心が発話時以前に可能であるような文脈では、行コウトオモッテイルは可能です。

(8)　A：ねえ、このあいだ話した講演会、行く？
　　　B：行ク／*行コウトオモウ／行コウトオモッテイルよ。

(7)(8) から、シヨウトオモウは、話し手が対話の時点以前に未来の行為遂行を決めていたことを表し、シヨウトオモッテイルは、発話時のしばらく前の決意が発話時まで持続していることを表しています。

次に、スル・シナイは後続の文脈で却下できませんが、シヨウトオモウとシヨウトオモッテイルは可能です。

(9) a. *参加スルけど、ひょっとしたら、しないかもしれない。
　　b. *参加シナイけど、ひょっとしたら、するかもしれない。
　　c. 参加シヨウトオモウけど、ひょっとしたら、しないかもしれない
　　d. 参加シヨウトオモッテイルけど、ひょっとしたら、しないかもしれない。

スル・シナイが後続文脈で却下できないということは、スル・シナイが表出する意志が揺らぎのない確固たるものであることを示すと考えます。その意味で、スル・シナイは、モノローグでの話し手の〈意志の表出〉であり、ダイアローグでの〈意志の表明〉でもある、意志を表すモダリティ表現の中心的な形式であると言うことができます。

最後に、意図に関係した意味を持つとされる形式名詞ツモリにコピュラがついたツモリダを考察します。広辞苑には、意図は「①考えていること。おもわく。つもり。②行おうと目指していること、またその目的」とあり、日本語記述文法研究会編 (2003) にスルツモリダの形で話し手の意志を表すことがあるとあります。上記 (4cE) がその例です。

しかし、ツモリダは、(10) のように動詞のさまざまな活用形につくことも知られています。ここでは、基本的に近藤・姫野 (2012) をもとに、意志表現との重なりを含めて、モダリティ形式としてのツモリダの意味・機能を再考します。

(10) a. 明日の試験に向けて、十分勉強したツモリダ。
　　b. 相手の気持ちを理解しているツモリダ／ダッタ。
　　c. あ、財布がない。ポケットに入れたツモリダッタのに。
　　d. 主人公になったツモリデ音読してください。
　　e. 清水の舞台から飛び降りるツモリデ、思い切ってやってみた。

まず、ツモリダは、(11) のように後続文脈で却下できます。

(11) 試験開始まで会場に行くツモリダけど、間に合わないかもしれない。

また、先述の(7)(8)の状況での振る舞いもスル・シナイと異なります。

(7´) A：ねえ、新作映画の切符が2枚あるんだけど、これから行かない？
　　 B：いいね、*行クツモリダよ。
(8´) A：ねえ、このあいだ話した講演会、行く？
　　 B：行クツモリダよ。

さらに、(12)のように、聞き手の意図を問う場合の使用は不適切です。

(12) a. ??週末は何をするツモリデスか。
　　 b. ??来年卒業するツモリデスか。

加えて、(13)のように状態性の述語につく場合もあります。

(13) a. 君、それで<u>一人前の社会人の</u>ツモリか。
　　 b. 失礼な。<u>何様の</u>ツモリダ。
　　 c. 私にだって、人並みの<u>プライドはある</u>ツモリダ。

　このような例でツモリダが後接する述語はさまざまで、その解釈も多様です。したがって、スルツモリダとシナイツモリダだけが話し手の意志の表出となることの説明が必要です。
　これまで、ツモリダが意志動詞のル形につくと話し手の意志を表し、そのほかの場合は、現実と異なる状況を仮想することを表すといった説明がされてきましたが、それはツモリダの語法の記述であって、ツモリダの基本的あるいは中心的な意味と機能を捉えたものではありません。
　『広辞苑』の形式名詞ツモリの説明は、「前もっての計算、心組み、考え、意図、心算、実際にはそうでないのにそうであるような気持ち」となっています。たとえば、心算は、心の中の計画という意味に過ぎません。したがって、コトとしての真理値を持ちません。
　そこで、ツモリを話し手の心中にあるイメージや画像だと考えてみましょう。ツモリダについては、近藤・姫野（2012）で次のように仮定しました。

(14) 近藤・姫野（2012:168–9）
　　　従来「意志」とされた「つもりだ」は、話し手自身の未実現の行為遂行の画像である。
　　　話し手が心内に描いている自身の画像だが、未実現の事態の画像であるので、直後の文脈で却下することができる。
　　　従来「仮想」とされてきた「つもりだ」は、話し手が記憶や個人的信念、感覚などをもとに想起した、自身に関する画像である。

　本書では、(14)を踏襲してツモリダを、話し手の意志ではなく話し手の心中の何らかの画像標識だと考えます。イメージに過ぎないので、後続文脈での却下が可能です。
　動詞のル形に続くツモリダは、未実現の行為を遂行する話し手の心中のイメージ、ナイ形に続くツモリダはある行為を遂行しない話し手の心内のイメージと考えます。また、(10a, c, d)のような動詞のタ形に続くツモリダは、話し手が自身の記憶や信念をたどって想起した何らかの画像を表しますが、発話のイマ・ココはその画像を現実世界と突き合わせる前であり、真偽は未確認です。ただし、話し手自身は、それが真であるという信念があります。発話時の文脈次第では、聞き手に話し手の強い思い込みと解釈される可能性もあります。
　それに対して、ツモリダッタは心中の画像が現実との突き合わせられたあと、話し手がその画像が偽であることを確認したことを表すと考えます。そのため、このタイプは、(10c)のように「でも」「けど」「のに」などの逆接の接続表現を伴って、画像と現実世界との食い違いを話し手が認識したということを表すことがあります。
　ツモリダは、(10d, e)のようにツモリデの形で、主文の事態を際立たせる誇張した修飾表現として使われることがあります。(10d)は、「主人公になる」という事態変化直後の自身の画像を、また、(10e)は、「清水の舞台から飛び降りる」直前の自身の画像を描いて、主文の動作を実現することを表します。
　最後に、スルツモリダの否定を考えます。否定形態素の位置によって、スルの否定形にツモリダがつくシナイツモリダとツモリそのものが存在しないことを表すツモリハナイがあります。

(15)　見学会に参加しないツモリダ / 参加するツモリハナイ。

　シナイツモリダは、話し手の心の中にその行為をしない自身の画像があり、

(16a) のように後続文脈で却下できるので、心中で画像を消せます。一方、スルツモリガ/ハナイは、ある行為をする自身の画像が話し手の心中に存在しないことを表し、(16b) のように後続文脈でも却下しにくく、聞き手には非常に強い否定であると解釈されます。ただし、(16c) の「今のところ」のように、期間限定で心中の画像の非存在を言う場合は、後続文脈で却下できます。

(16) a. 見学会に参加しないツモリダが、参加するかもしれない。
　　 b. *見学会に参加するツモリハナイが、参加するかもしれない。
　　 c. 今のところ見学会に参加するツモリハナイが、参加するかもしれない。

　(12a, b) のようにツモリダが聞き手への問いに使いにくいのは、聞き手の心中という私的領域にある画像に触れる問いかけになり、待遇的に適切でなくなるからであると考えます。

11.3　関連づけ 1：ノダと手続き的意味

　本節と次節では、説明のモダリティ形式であるノダとワケダを聞き手の存在を前提とするダイアローグ的な観点から考察します。

　会話では、(17a) のような「〜のです」「〜んです」「〜のだ」「〜んだ」で終わる発話や (17b) のような「〜わけです」「〜わけだ」で終わる形がしばしば観察されます。これらの文末形式は、それぞれ形式名詞のノとワケにコピュラのダがついた形です。従来は「説明」という機能を持つモダリティ形式とされてきました（詳細は参考文献をご覧ください）。

(17)　a.　Ａ　：　どうしましたか。
　　　　　Ｂ　：　ちょっと頭が痛いンデス。
　　 b.　Ａ1：　遅かったですね。
　　　　　Ｂ　：　すみません。スマホを忘れて…。
　　　　　Ａ2：　どうりで電話してもでなかったワケデスネ。

　「説明する」とは、何かの原因や理由を述べ釈明することなどですが、最近のノダの分析では、あるコトを他のコトで「説明」するのではなく、2 つのコトを「関係づけ」る、あるいは「関連づけ」る機能を持つモダリティ形式という考え方が定着しつつあります（野田 1997、名嶋 2007、近藤 2002, 2011 など）。

本書は、ワケダもノダと類似した文末表現であると考え、両者を「関連づけ」と言う概念を使って分析します。

2つの情報（コト）を関連づけるとは、結果を見て原因を考えたり、ある状態から次に生じる状態を想定したり、ある結果を想定して何か行動をとったり、ある人の行為を見てその人の行動の意図を考えるなど、多様なことが考えられます。ただし、2つのコトのあいだの関係は無限ではありません。2つの出来事や情報のあいだの関連性は、原因と結果、理由と帰結など、また、同じものが見る角度によって異なる側面から捉えられる場合のように、ある情報がもう1つの情報で言い換えられる関係です。2つのコトをPとQで表し、PとQの関係は(18)に示す2種類に収れんします。

(18)　PとQの関連
　　a.　原因と結果、理由と帰結のように、一方から他方を推論する関係：
　　　　前提Pから帰結をQを推論する関係、つまりP→Q（条件関係）
　　b.　同じものが見る角度によって異なる側面から捉えられる場合のように、あるコトがもう1つのコトで言い換えられる関係
　　　　P</sub>を聞いてQが同じだと判断する関係、つまりP＝Q（同義関係）

現実の世界では、原因と結果などの物理的な因果関係だけでなく、誰かの意図的な行動とそれによって引き起こされる事態との関係などさまざまな因果の連鎖があります。話し手による「関連づけ」を次のように捉えます。

(19)　話し手による関連づけ（暫定的な定義）：
　　　話し手がPとQのあいだに(18a)あるいは(18b)の関連を認識し、結びつけること

本節でノダを、次節でワケダを取り上げ、話し手がそれらの形式でどのような関連づけを行ったことを言語化し、協調の原理を尊重する聞き手がそれらをどのように解釈するか考察します。

まず、ノダを分析します。この節の冒頭で述べたように、日本語の会話には、次のような「〜のです・〜んです・〜のだ・〜んだ」で終わる発話が頻繁に現れます。このような形式で終わる発話文を総称してノダ文と呼びます。また、便宜上、ノダ文ではない文を非ノダ文と呼んで区別します。日本語母語話者によるダ文と非ノダ文の無意識な使い分けの背後にあるメカニズムを考えます。

まず、非ノダ文とノダ文を比較します。(20a～f) の B1 の非ノダ文と B2 のノダ文を比べると、ノダ文は自然に聞こえます。

(20) a. （B が元気がない）
　　　　　A　：　元気がありませんね。
　　　　　B1　：　??ゆうべ眠れませんでした。
　　　　　B2　：　ゆうべ眠れなかったンデス。
　　b. （B が新しいカメラを持っている）
　　　　　A　：　それ、新しいですね。
　　　　　B1　：　??前のよりいいのを買いました。
　　　　　B2　：　前のよりいいのを買ったンデス。
　　c. （B が松葉杖をついている）
　　　　　A　：　どうしましたか。
　　　　　B1　：　??スキーで転倒しました。
　　　　　B2　：　スキーで転倒したンデス。
　　d.　A　：　お隣、このごろ見かけないね。
　　　　　B1　：　??先月引っ越しました。
　　　　　B2　：　先月引っ越したンデス。
　　e.　A　：　遅かったですね。
　　　　　B1　：　??すみません。電車の事故がありました。
　　　　　B2　：　すみません。電車の事故があったンデス。
　　f. （隣人 B が正装している）
　　　　　A　：　お出かけ？
　　　　　B1　：　??ええ、友人の結婚式です。
　　　　　B2　：　ええ、友人の結婚式なンデス。

(20a～d) の B1 のような発話は、日本語学習者の発話にもよく見られるもので、ノダ文の習得はなかなか難しいようです。時には、(20e) の状況で、(21) のような発話も耳にします。

(21)　A：遅かったですね。
　　　B：すみません。??電車の事故があったンデスカラ。

(21) のノダ文は理由を表す接続助詞カラが後接して、遅刻の言い訳の押しつ

けに聞こえます。日本語母語の話し手なら (21´ B2) のように言うところです。

(21´) A： 遅かったですね。
　　　B1： すみません。?電車の事故がありましたカラ。
　　　B2： すみません。電車の事故があったンデス。

　(21´) の B1 は、「電車の事故が理由です」という表明になり、遅刻の正当化のように聞こえるため、待遇的な適切性に欠けますが、B2 は、そのような問題を起こさないで済みます。ノダ文が単に背後の事情を説明するだけの形式ではないことが分かります。
　「説明」の用法から外れるノダ文は、次のようなものです。いずれも特殊用法とされ、個別の名称がついています。

(22)　前置き用法
　a.　あのう、駅へ行きたいンデスが、この道ですか。
　b.　あのう、お願いがあるンデスが、推薦状を書いていただけませんか。

(23)　告白用法
　a.　私、進学しないで、就職することにしたンデス。
　b.　私、来月、結婚するンデス。

(24)　注意・命令用法
　a.　もう暗いから、気をつけて帰るンデスよ。
　b.　時間がないから、さっさと支度するンダ！

(25)　言い換え用法
　a.　私の学校は中高一貫校です。つまり、高校入試はないンデス。
　b.　妹と誕生日が一緒です。双子なンデス。

(26)　決意表明用法
　a.　A： どうして言うことを聞かないの？
　　　B： いやだ。もっと遊ぶンダ。
　b.　A： こんな天気の日に出かけるの？
　　　B： どうしても行くンダ。

(27) 気づき用法
   a.　（友だちから手書きのカードが来て）彼、字が上手なンダ。
   b.　（仕事に熱中していて）あ、君、来ていたンダ。

また、ノダ文は前提を持つ疑問文の焦点を否定する場合にも使われます。

(28)　a.　（Bが車に乗ってきた）
      A：車、買ったンデスか。
      B：買ったンジャナクテ、借りたンデス。
   b.　（Bが涙ぐんでいる）
      A：何か悲しいことがあったンデスか。
      B：悲しいンジャナクテ、嬉しいンデス。

　(28a)は、Bの車を見て、「Bが買った」かどうかをノダ文で尋ねており、BはAの疑問の焦点である「Bが買ったこと」をノデハナイで否定し、正確な情報をノダ文で提供しています。(28b)も同様で、Aは、Bの涙が「悲しい涙」かどうか尋ね、Bがその前提をノデハナイで否定して、「うれし涙」であることをノダ文で提供しています。
　前節で述べたように、関連づけには2つのコト（PとQ）が必要です。また、そのコトのあいだの関連は、(18)で示した2通りの関係、すなわち、P→Q（条件関係）か、P＝Q（同義関係）です。ノダ文に関わるPとQの性質は、話し手と聞き手がともに見つめる、共有する〈見え〉を表すPと、話し手にしか見えない〈見え〉を表すQです。(20´a)を例にすると、「Bが元気がないこと」(P)は、AとBが共有する〈見え〉ですが、「前夜、寝られなかったこと」はBのみの〈見え〉です。Bは共有する〈見え〉にもう1つの〈見え〉を関連づけて、イマココに提供します。この場合の関連づけはP→Q（条件関係）です。
　Pを尋ねて、Qを得た話し手Aは、Qを解釈しなくてはなりません。ノデスが話し手の関連づけの言語指標であると知っていれば、PとQを関連させて解釈することになります。この場合も、関連づけはP→Q（条件関係）です。
　話し手によるノダ文の関連づけと聞き手の解釈を次のように考えます。

(29)　話し手によるノダ文の関連づけ（cf. 近藤2011：9の(19)）
    話し手がイマ・ココで聞き手と共有する情報に関して、聞き手にとって新情報であると信じる情報を、前提と帰結あるいは同義関係が成り立つ

ような関係として主観的に把握し関連づけたことを示す。

　また、ノダは、聞き手による関連づけの理解の手がかり、あるいは解釈の手続きを指示する標識であると考えます。この手続き的な意味という概念は、Blakemore (1988, 1992) によります。ノダの解釈の手がかりを「ノダ文の手続き的意味」として次のように定義します。

(30) 　ノダ文の手続き的意味 (cf. 近藤 2011: 10 の (20))
　　　ノダ文で発話のイマ・ココに導入された情報と、前提と帰結あるいは同義関係が成り立つような情報を発話のイマ・ココに探索し、それらを関連づけて解釈せよ。

　ノダ文は、話し手からは、何らかの推論を介して会話のイマ・ココの情報 (P) を話し手しか知りえない先行文脈あるいは自分の記憶にある情報 (Q) に関連づけ、聞き手の前に提示する言語手段です。また、聞き手の側からは、話し手がノダによって提供した情報 (Q) を会話のイマ・ココの何らかの情報 (P) に関連づけて解釈するための言語的な手がかりとなります。ノダ文は、聞き手に「関連づけよ」という制約を課す言語形式だと言えます。
　では、先の特殊用法を考えてみましょう。(22) の前置き用法と (23) の告白用法は基本的に同じ性質で、通常、ノダ文の前に「あのう」「ちょっと」などの、聞き手の注意喚起をする表現を伴います。〈共同注意〉を促された聞き手は、共同注意態勢にあります。聞き手にとっては、ノダ文で会話のイマ・ココに提供した情報（依頼や告白）は新しい情報ですが、ノダがあることで、それを話し手と聞き手が共有する何らかの〈見え〉に関連づけよという指示だと解釈し、後続発話を待ちます。この前置きや注意と呼ばれる用法は、ノダが同じような条件の発話の場で繰り返し使われることを通して慣習化されたものと考えます。
　(24) の注意・命令用法も、「気をつけて帰る」「したくする」は、非ノダ文でも命令という解釈が成り立ちますから、ノダに命令や依頼の意味があるわけではありません。聞き手は、ノダが導く新情報を関連づけるもう 1 つのコトをイマ・ココに探索し、それが自身の状況であると解釈します。話し手も聞き手もお互いに協調の原理に基づいているという見込みの中で推論し、結果的に、聞き手自身のイマ・ココの状況を変えるようにという指示だと理解します。
　(25) の言い換えは、話し手が何かの情報 P を提供し、続けて P = Q と関連づけた情報 Q をノダ文で導入します。聞き手にとって、会話のイマ・ココでの探

索が簡単な関連づけです

　(26)の決意表明は、Aの問いかけから、話し手がノダ文で導入する情報は、旧情報であり、聞き手にとって新しさはありませんが、ノダ文が示す関連づけの指示は、同じ情報を重ねること、つまり同義反復（P＝Q＝P）となります。聞き手は協調の原理に則って推論し、話し手の同義反復を行為遂行の強い意志と解釈します。

　気づき用法の(25a)は独白ですが、(25b)は聞き手が存在します。話し手は、ノダ文による情報Q（友人の能力や聞き手の存在）に聞き手(25aの場合は話し手自身が聞き手です)に共同注意と〈見え〉の共有を促しますが、(25a)はともかく、(25b)の聞き手にとって自分がそこにいることは何ら新しい情報ではありません。自身にとっての旧情報がノダ文によって新情報として関連づけられたことを、協調の原理に基づいて推論し、話し手の認知状況の変化、つまり、話し手が脳内の知識を書き換えたことであると理解します。

　「関連づけ」と〈見え〉、共同注意、協調の原理を援用すると、「説明」では説明できなかったさまざまなノダ文を解釈することが可能です。

　最後に、質問の焦点を否定するノデハナイについては、次のように考えます。ノダ文で質問の焦点を否定する(28a, b)は、話し手Aは、Bの車とその入手方法、Bの涙とそのわけを主観的に関連づけて、その関連づけが妥当かどうかをノデスカで問う形です。Bは、Aの関連づけが妥当でないことをノデハナイで否定し、直後に新情報をノダで提供しています。

　ただし、〈共同注意〉と協調の原理の順守と関連づけは、話し手の主観的な捉え方の言語標識ですから、聞き手の認知的な状況によっては、話し手の発話意図が正確に理解されない可能性があります。(31)(32)は近藤(2011: 13)の例です。

(31)　（学生が宿題をするのを忘れて）
　　　教師：宿題出してませんね。
　　　学生：すみません。忘れたンデス。
　　　教師：じゃあ、今から寮にもどって、とってきてください。
　　　学生：????

(32)　（Aが早退したいと思っている）
　　　A：あのう、さっきから頭が痛いンデス。
　　　B：頭痛薬なら持ってますよ。はい。

　　　　A：？？？？

　聞き手はノダの関連づけを話し手の意図どおりに解釈できなければ、適切な理解に至りません。日本語学習者がノダを使用しないことから起こる不自然さは、本来なら関連づけすべき情報を関連づけしないことから生じると考えられます。また、「～ンデスカラ」の不適切な使用から起こる不自然さは、関連づけしなくてもいいところで関連づけを強いて聞き手の解釈に不要な負荷を与えるためでしょう。

　調子が良くなさそうな友人にいきなり「具合が悪いの？　病気なんじゃないの？」などと問うのは、具合の悪さが〈見え〉になっていることを告げることになり、配慮に欠ける印象を与えるからでしょう。同様に、診察室で椅子にかけた途端に医師から「どうしたんですか」と言われたら患者の不安は増すのに対して、「今日はどうしましたか」なら患者に対する医師の配慮が伝わります。

　会話のイマ・ココで、聞き手に共同注意を促すことが可能かどうか、また聞き手が共同注意の態勢にあったとしても、話し手が聞き手の心理状態や体調などの内面に踏み込むことが適切かどうかは、聞き手との関係や発話の場に依存します。ノダによる関連づけは、話し手の配慮の有無や待遇に関わる問題を含むものです。

11.4　関連づけ2：ワケダとノダ

　ノダ文に類似した文末形式にワケダがあります。ワケダは、実質名詞の「訳」の語彙的意味が希薄になって形式名詞になったワケに、コピュラのダがついて文法化（機能語化）した文末形式です。ワケダ文と呼ぶことにします。ワケダ文には次のような使い方があります。ノダに置き換えられるかどうかと合わせて考えます。

(33)　A：私、中高一貫の学校に行っています。
　　　B：じゃあ、高校入試はないワケダ / ンダ。

(34)　(独り言) あ、もう夕方だ。朝から始めたから、10時間も働いたワケダ / ンダ。

(35)　A：卒業したら就職するよ。
　　　B：いよいよ君も社会人になるワケダ / ンダ。

(36＝17a)　A：どうしましたか。
　　　　　　B：ちょっと頭が痛い*ワケデス / ンデス。

(37)　A：元気がないようですね。
　　　B：昨夜、寝てない*ワケデス / ンデス。

(38)　A：一休みしませんか。
　　　B：すみません。まだ仕事が終わらない*ワケデス / ンデス。

(39＝17b)　A1：遅かったですね。
　　　　　　B ：すみません。スマホを忘れて…。
　　　　　　A2：（どうりで）電話してもでなかったワケデスネ / *ンデスネ。

(40)　A1：このごろ、お隣、ずっと留守だね。
　　　B ：先月引っ越した*ワケダヨ / ンダヨ。
　　　A2：（なるほど。/ どうりで、）見かけないワケダ / *ンダ。

(41)　A1：山田さん、英語が上手だね。
　　　B ：子どもの頃アメリカにいたって。帰国子女らしいよ。
　　　A2：（なるほど。/ どうりで）英語が上手なワケダ / *ンダ。

(42)　（独り言）この部屋暑いなあ。あ、エアコンが入ってない。暑いワケダ / *ンダ。

　ワケダ文も説明のモダリティ形式だとされてきましたが、上の例のようにノダに置き換えられない場合があります。
　本書は、ワケダ文もノダ文と同様、関連づけの言語指標だと考えます。(33)(34)(35) の B はノダもワケダも使えますが、ニュアンスに違いがあります。(36)(37)(38) の B はノダは使えますが、ワケダは使えません。反対に、(39) の A2、(40) の A2、(41) の A2、(42) は、ワケダは使えますが、ノダは使えません。
　ノダとワケダは、どちらも話し手による事態の関連づけの言語標識ですが、完全な互換性がないことから、2つの文末形式の関連づけには質的な違いがあることが分かります。まず、どちらかしか使えない例を手掛かりにノダとワケ

ダの関連づけの違いを考察します。

どちらも使える (33) (34) (35) は言い換えで、P=Q の関連づけです。ノダが使えて、ワケダが使えない (36) (37) (38) の B の特徴は、ノダ文が提供するコト P が聞き手にとって新しい情報であることです。(36) は B の外見は AB 共通の〈見え〉ですが、そこに B しか知りえない B の体調の情報を関連づけて会話のイマ・ココに提供しています。(37) も、元気がない B の外見は AB 共通の〈見え〉ですが、そこに B しか知りえない B の体調の情報を関連づけて会話のイマ・ココに提供しています。(38) も同様で、B が一休みを断った事情は B しか知りえません。このように、P が共通の〈見え〉としてある場合に、関連づける情報の Q が話し手にしか分からない場合、ワケダは使えません。

反対に、ワケダが使えて、ノダが使えない (39) の A2、(40) の A2、(41) の A2、(42) の特徴は、ワケダが関連づける 2 つの情報 P と Q が、どちらも会話のイマ・ココで話し手と聞き手が共有する〈見え〉であることです。(39) はすこし複雑ですが、A2 から A が B に連絡しようとしたこと (Q) が分かります。そこに B がスマホを忘れたという新情報 (P) が提供され、電話がつながらなかったこと (Q) が P の論理的な帰結だと関連づけたことを表しています。(40) は、隣が留守らしいことに B が関連づけて提供した新情報の引っ越しの情報が二人の共通の〈見え〉になり、A2 が 2 つの共通の〈見え〉を関連づけています。(41) の A2 も同様で、二人に共通の 2 つの〈見え〉、すなわち、山田が英語ができることと帰国子女であることを関連づけています。(42) の独り言も、部屋が暑いこととエアコンがついていないことは話し手にとって 2 つの〈見え〉で、その 2 つを原因と結果として関連づけています。いずれの場合も、P→Q の論理的関係の関連づけです。つまり、ワケダ文の関連づけは、誰の目にも明らかな論理的な性質を有する関連づけです。

ノダ文とワケダ文を見る限り、話し手による関連づけは 2 通り可能なようです。1 つは、ノダ文の場合です。ノダによる関連づけは、話し手がイマ・ココの〈見え〉に話し手しか知りえないもう 1 つの〈見え〉を関連づけ、新しい情報として聞き手に提示します。話し手の主観的な関連づけです。

もう 1 つは、ワケダ文の場合です。ワケダによる関連づけは、話し手と聞き手が会話のイマ・ココで共有する 2 つの〈見え〉の論理的な関係を認識して、納得したことを提示するものです。「なるほど」「どうりで」などの副詞と共起することが可能であるのは、話し手が論理的な関連づけを納得し、話し手の認知状態が変わったということを表明するからであると考えます。ノダの関連づけ (30) と対照させて、ワケダの関連づけを (43) のように定義します。

(30′)　話し手によるノダ文の関連づけ：(cf. 近藤 2011: 9 の (19))
　　　　話し手がイマ・ココで聞き手と共有する情報に関して、聞き手にとって新情報であると信じる情報を、前提と帰結あるいは同義関係が成り立つような関係として主観的に関連づけたことを示す。

(43)　話し手によるワケダ文の関連づけ：
　　　　話し手がイマ・ココで聞き手と共有する2つの〈見え〉のあいだに、前提と帰結あるいは同義関係が成り立つ関係として論理的に関係づけたことを示す。

　ノダ文とワケダ文の関連づけの本質的な違いは、前者が話し手の主観的な関連づけであり、後者が論理的な関連づけであるという点です。
　興味深いのは、ノダが使えなかった、(39) の A2、(40) の A2、(41) の A2、(42) も、接続詞「それで」をつけると、どちらも使えることです。

(39′)　A2: それで電話してもでなかったワケデスネ / ンデスネ。
(40′)　A2: それで見かけないワケダ / ンダ。
(41′)　A2: それで英語が上手なワケダ / ンダ。
(42′)　(独り言) この部屋暑いなあ。あ、エアコンが入ってない。それで暑いワケダ / ンダ。

　接続詞「それで」は、「その理由で / その原因で」などを表し、P→Q の P を代用します。
　ワケダは論理的な P→Q の納得の言語化ですから問題はありません。一方、通常ノダは、聞き手にとっての新情報 Q を会話のイマ・ココの P に関連させて提供するのですが、「それで」を伴うと、聞き手と共有する〈見え〉の P を「それで」で代用させることができ、それに関連づけて、あたかも新情報であるかのように Q を提示することができると考えます。「それで」などの接続表現については、第13章で解説します。
　どちらも使える (33) (34) (35) のニュアンスの違いは、ノダ文の関連づけの本質である話し手の主観性が原因であると考えます。言うまでもないことですが、ワケダには、ノダの文法化の過程で慣習化された、いわゆる「前置き」「気づき」「決意」「命令」などと呼ばれる用法に相当する用法はありません。

11.5 終助詞

日本語学では、終助詞は話し手の聞き手に対する態度を表す形式として、モダリティ要素に位置づけられています。本書も終助詞をダイアローグにおける話し手によるコトの伝え方の標識として捉えます。これまで、終助詞はさまざまな観点から記述され分析されています。形式名詞＋ダや文体と同様に文末表現としての分析（三尾 1942、時枝 1950、佐治 1957 など）に始まり、性差の観点からの分析（Ide 1990、McGloin 1990、Reynolds 1990 など）、聞き手の縄張りや聞き手の情報に関わる分析（神尾 1990、森山 1989 など）、イントネーションの問題（伊豆原 1994、片桐 1997、小山 1997、杉藤 2001 など）、また、ヨ、ネ、ヨネに焦点を当てた話し手と聞き手の認識のギャップの標識としての分析（蓮沼 1995、陳 1987 など）、談話管理理論による分析（田窪・金水 1996、2000 など）、共同行為としての対話の対話調節機能を持つ形式（片桐 1995 など）、また近年では〈共同注意〉に関連させた分析（池上・守屋 2009、守屋 2006、近藤・姫野 2012 など）もあります。加えて、地域差による違いもあり、音声面を含めて情報伝達から記憶の分野（小野・中川 1997）まで幅広く分析されています。終助詞の分析は現在まだ進行中と言えます。

先行研究に共通するのは、話し手と聞き手を核とする対話の要素です。本書は、近藤（2008a）、近藤・姫野（2012）に引き続き、終助詞を、話し手の聞き手に対する伝達態度の標識とし、終助詞カ、ネ、ヨ、ヨネを話し手と聞き手の〈共同注意〉と〈見え〉共有の観点から考察します。

日常会話には「ね」「よ」「よね」「な」などの終助詞が欠かせません。おもに(44)のように発話末に現れるのですが、いくつかは、発話末に限らず、(45)のように文中のいわゆる文節末に現れます。

(44) 　A：今日はいい天気ですネ。
　　　　B：そうですネ。/ ??そうですカ。/ ??そうですヨ。

(45) 　あのネ / ヨ / サ、昨日ネ / ヨ / サ、そこでネ / ヨ / サ、事故があった ?ネ / ヨ / ワ / ??サ。

文節末に現れる終助詞は、間投用法（あるいは間投助詞）として、会話のリズムをとり、相手に自分の話が続くことを示す働きがあると考えます。本節では、間投用法ではなく、発話末に現れる終助詞本来の機能を考えます。

いろいろな終助詞がありますが、どのような文脈で使われるか、以下に例示

してみます。(46)は、果物について互いの評価を交換する場面で、(47)は、果物についての情報をやりとりする場面です。

(46)　A：この果物、おいしいですワ / *カ / ナア / ゾ / ヨ / ゼ / ネ / ネエ / ナ。
　　　B：そうサ / だワ / ですカ / だナア / だゾ / だヨ / だゼ / だネ / だナ。

(47)　A：その果物、おいしいですカ / カイ / カナ / カシラ？
　　　B：ええ、おいしいです*サ / ワ / *ナア / ヨ / ゼ / ゾ / ?ネ / ネエ / ナ。

　(46A)の自分の判断を述べる場合は、カやカイなどは使えません。反対に、(47A)のように相手に情報を求める場合は、カ、カイ、カナ、カシラ以外は使えず、情報を提供する場合はサやナアは使えないようです。
　また、終助詞にはヨネやワネやワヨネのように、2つ以上連続する場合もあります。連続して使われる場合には、*ネヨ、*ヨネワ、*ネヨワ、*ネワヨの順番では使えず、接続順に制限があります。
　連続する使い方はひとまずおいて、単独で使われる場合を考えます。イマ・ココで終助詞が表す話し手の発話意図を、大きく伝達内容と使用する場面から考えると、話し手が伝えようとするコトの内容を断定したり、内容に疑問を呈したり、内容から影響を受けたりする場合と、話し手が聞き手にコトの成否などについて働きかける場合とに大きく二分できます。表1のような分類になります。

表1　終助詞の分類　（近藤・姫野 2012: 219 の (1) 一部修正）

話し手の態度	話し手の表現意図	例
伝達内容（コト）との関わり →独話的要素	断定する	サ、ワ、ゾ
	疑問を表す	**カ**、カナ、カシラ
	感動などを表す	ナア、ワ
聞き手への働きかけ →対話的要素	情報（コト）を求める	**カ**、カイ
	情報（コト）を提供する	**ヨ**、ゼ
	情報（コト）の共有を求める	**ネ**、ネエ、ナ

　この分類から見ると、終助詞が2つ以上連続する場合の順序は、「話し手と

伝達内容（コト）との関係→話し手と聞き手との関係」の順になっていることが分かります。

本章では、〈共同注意〉と〈見え〉の共有の観点から、表1の太字で示してあるカ、ヨ、ネの機能と、ヨネの機能および接続順の制約を考察します。

11.5.1 カ

通常、カは疑問文末に現れ、話し手がコトの内容について判断できないことを表します。判断ができないことを内言として持っている段階では、会話のイマ・ココは関与しません。しかし、話し手が会話のイマ・ココでコトの判断ができないと聞き手に表示すると、質問 (i.e. 情報（コト）を求める) という発話行為が成り立ちます。

話し手の内面の疑問を表すモダリティは、聞き手に対する質問としては、上昇イントネーションによるもの (48a)、第9章の断定のモダリティを疑問の形にしたもの (48b)、そして、終助詞をつけたもの (48c) などの形で現れます。〈↗〉は上昇イントネーションを、〈↘〉は下降イントネーションを表します。

(48) a. その果物、おいしい〈↗〉。
　　 b. その果物、おいしいでしょ〈↘〉／おいしいでしょ〈↗〉。
　　 c. その果物、おいしいですカ／カイ／カナ／カシラ。

このうち、(48b) の「〜でしょ〈↘〉」あるいは「〜でしょ〈↗〉」は、純粋に情報を求める質問ではなく、確認要求と呼ばれ、話し手にはその果物がおいしいだろうという見込みがあって、それを聞き手に確認する場合に用いられます。下降イントネーションつきなら、確信度が高く、上昇イントネーションを伴うと、確信度は低くなりますが、いずれにしても純粋な質問ではありません。

話し手が判断できないコトについて聞き手から情報を得る場合、3通りの終助詞が可能なようです。カナは、カにナが後接したもので、基本的には聞き手を必要としないのですが、あえてその形式を使って、あたかも独白のように自分の疑問をイマ・ココに投げ出すものです。また、カシラは、「〜かしらない」から来たもので、これも、基本的には聞き手を必要としませんが、あえて会話のイマ・ココで、話し手には判断ができないということを提示するに過ぎません。聞き手に直接的に問いかけているというわけではないのですが、協調の原理を尊重する聞き手には問いかけと解釈する可能性があります。一方、終助詞カは、判断ができないという内言でも、純粋に話し手が自身の判断不能なコト

について聞き手に情報を求める場合にも使えるようです。カイは話し手の疑問を聞き手に提示するものですが、くだけた会話で用いられるようです。

　終助詞カは、聞き手の存在を必要とする場合は、基本的に〈↗〉で現れます。また、(49a) のような疑問詞疑問文にも、(49b) のような肯否疑問文にも、また (49c, d) のような選択疑問文にも使われます。

(49)　a.　明日は何をしますカ。
　　　b.　明日は仕事をしますカ。
　　　c.　明日は、仕事をしますカ、しませんカ。
　　　d.　明日の仕事は、午前中ですカ、午後ですカ？

「そうですカ」という返答がありますが、イントネーションの要素を加えると、次のようなやりとりが可能です。

(50)　A ：明日は休みですよ。
　　　B1：そうですカ〈↘〉。
　　　B2：そうですカ〈↗〉。

　B1 の「そうですカ〈↘〉」は下降イントネーションによって、そうであることを納得したという意味になります。B2 の「そうですカ〈↗〉」は、疑問の指標が二重になり、相手の情報の真偽が判断・納得できないという判断保留の表示で、時に反意の表示になります。本書は音韻的な要素を扱いませんが、イントネーションやアクセントなどの役割は無視できません。

　反意的なカを除いて、終助詞のカの基本的な機能は、話し手が判断できない、あるいは保留のコトの真偽を聞き手に問う時に使われますが、その場合でも、通常は、話し手には、聞き手がコトの真偽の情報を持っており、情報提供が可能な状態にあるという見込みがあります。

11.5.2　ヨとネ

　日常会話でカとヨとネを使わないで話そうとすると、カは上昇イントネーション〈↗〉で代用可能ですが、ヨとネの代用はそう簡単ではありません。ヨは相手の知らない情報を提供する、ネは相手の同意を求める機能があるとすると、「いい天気ですネ」の代わりに「私は今日の天気をよいと思いますが、あなたもそう思うでしょう」、「いい天気ですヨ」の代わりは「あなたは知らないと思いま

すが、いい天気です」などとかなり冗長になります。自然な会話のやりとりにはヨとネが不可欠です。

本節では、〈共同注意〉と〈見え〉の共有の視点から、終助詞のヨとネを考察します。

ヨとネを使ったやりとりを考えます。(51)の話し手Aは、ネを使って、会話のイマ・ココで共有可能な「いい天気であるコト」について、聞き手Bの同意を得ようとしていると考えてみましょう。

(51) 　A：いい天気ですネ。
　　　　B：#そうです。/ そうですネ。/ そうですヨ。/ そうですカ。

Bは終助詞なしだと自然なやりとりとして成立しません。「そうですネ」は、AがBの同意が得られたことが伝わります。会話のイマ・ココでの天気についてですから、「そうですヨ」で、BがAの知らない情報を伝えているという解釈はできず、そのコトは当然知っており、逆に「分かり切ったことをどうして聞くんですか」という非難めいたニュアンスも伝わります。「そうですカ」は、下降イントネーションならば納得を、上昇イントネーションならば反意を表します。

(52)の話し手Aは、ヨを使って、会話のイマ・ココで聞き手の知らない情報を提供していると考えてみましょう。

(52) 　A：明日の授業は9時からですヨ。
　　　　B：#そうです。/ そうですネ。/ ??そうですヨ。/ そうですカ。

(51)と同様に、終助詞のない「そうです」では自然な返答になりません。「そうですネ」は自然ですが、Aが新しい情報として提供したコトにBが一方的に同意したとは考えられません。また、ヨを使った「そうですヨ」からは、Bも知っていた情報であり、それをAが知らない情報のように提供したことになり、不自然です。

それに対して、「そうですカ」は、ネの場合と同様で、イントネーションによって解釈が異なりますが、納得を表す下降イントネーションの場合、Aへの返答として最も自然です。(51)も(52)も、先述のネとヨの機能の解釈では、説明ができないようです。

そこで、ネとヨを別の視点から考えます。本書は、ネとヨの分析に、会話の

イマ・ココでの〈共同注意〉と話し手の〈見え〉の概念を使います。(52)の場合、AとBがやりとりする情報（コト）はイマ・ココの天候で、改めて確認する必要がないはずですが、分かり切った情報をネを使って確認し合うということから生じるのは、情報の内容そのものが問題というより、話し手と聞き手の認知的な状況の変化にあると考えます。

池上・守屋（2009）や守屋（2006）は、このようなネの使用の目的を、情報の内容そのものを共有することではなく、話し手が会話のイマ・ココの〈見え〉を掲げることで、聞き手に同じモノやコトに共に目を向けることを促し、結果的に〈共同注意〉を志向することにあると分析しています。近藤・姫野（2012）も同様の立場です。

また、ヨについては、話し手のみが知る情報を〈見え〉として会話のイマ・ココに提示し、聞き手の注意をその情報へと促す機能を果たすと考えます。聞き手に対する「指し言語」的な側面を持つものと考えます。次のように定義します。

(53) ネ：話し手は、会話のイマ・ココでの〈見え〉を聞き手に提示し、その〈見え〉の共有を目指して、聞き手に〈共同注意〉を促す。

(54) ヨ：話し手は、会話のイマ・ココで、話し手にとっての〈見え〉を提示し、指し言語的に聞き手の注意をその〈見え〉に向けさせる。

(53)のネの機能と(54)のヨの機能で先の(51)は分析可能です。

(51) （再掲）
　A：いい天気ですネ。
　B：#そうです。/ そうですネ。/ そうですヨ。/ そうですカ。

(51B)の「そうですネ」は、BがAの〈見え〉を共有したことを表します。「そうですヨ」は、〈共同注意〉を促して〈見え〉の共有を図ろうとするAに対して、連帯意識を持つ意志がないことが伝わり、突き放されたような印象を持ちかねません。「そうですカ」は、上昇イントネーションなら反意ですが、下降イントネーションならAの〈見え〉を受けとめ、納得したことが伝わります。

次の場合はどうでしょうか。Aはカで自分自身が判断不可能なことをBに問います。

(55) A1: 明日の会議は何時からですカ。
　　 B1: 10時からです / ですヨ； ええと…10時からですネ。
　　 A2: 場所は会議室ですカ。
　　 B2: いいえ、部長室です / ですヨ； ええと…部長室ですネ。

　(55) のA1もA2もカを使った判断保留の質問で、AにはBが質問への回答の情報を持っているという見込みがあります。A1は会議開始時刻を問う疑問詞疑問文で、A2は会議の場所が会議室かどうかの肯否を問う肯否疑問文の形です。B1もB2も終助詞なしで問題ありません。ネともヨとも異なり、カは〈見え〉の共有や連帯意識とは無縁だからです。
　ネとヨを使った返答は次のように解釈できます。いずれの質問にも、B1は、ヨを使って、Aに自分が知っている情報を指し示し、Aの注意を促しています。また、B2は即答せず、「ええと…」を伴ってネを使って回答しています。B2は自身の記憶や手帳などの記述に答えを探索したらしいことが分かります。探索した情報を新しい〈見え〉としてAの共同注意を促し、共有を志向しています。このことは、(56) のように情報探索に時間がかからない場合と比べると分かりやすいと思います。

(56) A: 失礼ですが、お友だちのお名前は？
　　 B: 近藤です / ヨ / *ネ。

　Aが求める情報はBの属性です。自分の名前の探索に時間はかかりません。(55) のように探索する時間が必要な場合は、探索結果をネによって新しい〈見え〉として提示し、Aに〈共同注意〉を促し、結果的にある種の連帯感を生じさせます。
　ヨもネも、聞き手と〈見え〉を共有することを志向する、話し手の聞き手に対する態度（モダリティ）の標識です。

11.5.3　ヨネ

　ヨネについて考えます。先述のとおり、*ネヨにはなりません。ヨネをヨとネと比べます。ヨネについては、ヨとネの単純な足し算のような機能、つまり相手に情報を提示し、相手の同意を得るという分析が可能なように思えますが、実際には、ヨとネを分割せず、ヨネで単独の終助詞と考えたほうがよい事例があります。まず、ヨネをヨとネの典型的な文脈で比べましょう。

(57)　A：明日は来ますネ。
　　　B：はい、来ますヨ / *来ますヨネ。/ ええと…来ますネ。

(58)　A：明日は仕事は何時からですカ。
　　　B：9時からですヨ。/ *9時からですヨネ。/ ええと…9時からですネ。

　(57)(58)を見る限り、ヨネはヨともネとも異なるようです。
ヨネしか使えない場合もあります。

(59)　a.　記憶があいまいなんだけど、明日は休みだヨネ / ??ネ / *ヨ。
　　　b.　たしか、山田さんの会社は、東京だヨネ / ??ネ / *ヨ。

　(57)(58)と(59)の違いは、話し手の情報が不確かである点です。(59)では、ヨによって、不確実なコトを〈見え〉として聞き手に指し示すことはできません。
　また、ネによって、その不確実な〈見え〉への共同注意を促すということも不自然ですが、ヨネは自然に使えます。
　ヨネは、話し手自身が注目している〈見え〉を指し言語的に提示するとともに、その〈見え〉に聞き手が共同注意を向け、共有することを志向しているだけであると考えてはどうでしょうか。*ネヨにならないのは、〈見え〉を指し示す前に共同注意を促すことが物理的に不可能だからでしょう。ヨとネの基本機能の単純な加算ではなく、融合した単一の終助詞として、ヨやネ同様、話し手の〈見え〉や〈共同注意〉志向が関わる聞き手に対する話し手の態度を表すモダリティ要素の1つと考えます。

11.5.4　終助詞をめぐる文法化

　終助詞に関わる近年の現象を2つ紹介します。第一の現象は、接続助詞や文末形式が言いさし表現や終助詞へと文法化する傾向です（本多2005、Ohori 1995など）。(60) Bの下線部分が該当します。

(60)　a.　A：まだ帰りませんか。
　　　　　B：ええ。もう少しで終わりマスカラ。
　　　b.　A：まだ帰りませんか。
　　　　　B：ええ、仕事が終わってイマセンノ。

c.　A：まあ、おじょうずです<u>コト</u>。
　　d.　A：完食ですね。
　　　　B：ええ、おいしかったん<u>デスモノ</u>。
　　e.　A：明日また来てください。
　　　　B：あのう、明日は休みなん<u>デスケド</u>。

(60) の B はそれぞれ (61) のような発話の文末が変化したと考えてよさそうです。

(61) a.　B：もう少しで終わりますカラ帰りません。
　　b.　B：仕事が終わっていないノデス。
　　c.　B：??おじょうずなコトデス。
　　d.　B：おいしかったモノデ、全部食べました。
　　e.　B：明日は、休みなんダケド、来るんですか。

(60) の下線部分は、(61) と異なり丁寧体 (です・ます) の述語に後接していることから、終助詞相当と考えてよいと思います。この変化は、認知言語学で文法化と呼ばれる現象で、これからも増えていく傾向にあるようです。
　第二の現象は、終助詞があいづち表現として多用される現象です。(62) がその例です (近藤・姫野 2012)。

(62)　A：授業、つまんない。
　　　B：<u>ダヨネ</u>。/ <u>デスヨネ</u>。/ <u>ネー</u>。
　　　A：寝るなって言われても無理。
　　　B：<u>ダヨネ</u>。/ <u>デスヨネ</u>。/ <u>ネー</u>。
　　　A：もっと面白くなくちゃ。
　　　B：<u>ダヨネ</u>。/ <u>デスヨネ</u>。/ <u>ネー</u>。

　ダとデスは述語の代用表現で、直前の A の発話内容全体をダあるいはデスで代用し、それを暗黙の〈見え〉として、〈共同注意〉に関わる終助詞のネとヨネをつけた表現です。ネで、B が A の提示した〈見え〉を共有したことを表したり、ヨネで、そのコトに B も注目しかつ A に共同注意を促したりすることで、話し手と聞き手の共感が生まれ、仲間意識や連帯感を際立たせることができるのでしょう。B に、「つまんない」あるいは「そう」などを使った〈見え〉の言

語化の必要がないことが特徴です。
　話しことばにおいて、話し手による聞き手への態度を表す言語標識の多様化は、よりダイナミックな共話への変化を促していると考えてよいでしょう。

第12章
複文のしくみ

　文は、構造に基づいて単文と複文に分けられ、基本的には、述語を1つ持つものを単文、2つ以上持つものを複文と呼びます。2つ以上の述語を持つ複文の場合、意味の伝達上より重要な出来事を表す述語とそれ以外の述語に区別し、主要な出来事を表す述語を持つ文を主節、それ以外の述語を持つ文を従属節と呼びます。

　述語が状態や事態を表すとすると、複文では2つ以上の事態あるいは出来事が描写されるわけですが、日本語の述語のさまざまな語形をどう考えるかは難しいものです。

　基本的に (1a, b) の下線部分の動詞テ形はシマッタを伴った複合的な1つの述語とみなします。アスペクトを表すシテイル、シテアル、シテシマウ、シテミル、シテオクなども同様です。(1c, d) の下線部は文の副詞的な要素とします。(1e, f) の下線部分は名詞の修飾部としますが、同じ修飾部でも、(1g) は下線部がテンスの形態素を伴う述語であることから、複文とみなします。しかし、日本語の単文と複文との明確な識別は難しいのが現実です。

(1) a. 太郎は本を読んでしまった。
　　 b. 雨が降ってきた。
　　 c. 暑くなった。
　　 d. 太郎は元気に遊んでいる。
　　 e. 太郎はにぎやかなところが好きだ。
　　 f. 太郎はすぐれたエンジニアだ。
　　 g. 数年前までにぎやかだった街は、今、閑散としている。

　また、国語学での複文の研究において従属節を分類する際の有効な概念として、三上 (1953) の陳述度と南 (1974, 1993) の従属度が知られています。陳述度というのは文の構成要素がどのくらい保持されているか、言い換えると「文

らしさ」の度合いのことで、たとえば、主語の力がどこまで及ぶかというテストによって測ります。※注24

　一方、従属度は南の提唱によるもので、従属節がテンスやモダリティ要素を持ちうるか、従属節の主語は主節の主語と同一か、あるいは異なる主語をとりうるかなど、いわゆる独立した文がとりうる要素をどの程度有するかの度合いの判断です。南の従属度の概念は現在の複文研究で支持されています。従属度が高い節は、テンスやモダリティ要素を持たないものです。そのような従属節とみなされるものには、(2a) のナガラ節、(2b) のいわゆる述語の連用中止形、(2c) の述語のテ形、(2d) のタメニ節などがあります。これらは A 類と呼ばれます。

(2)　a.　太郎は CD を聞きナガラ φi 本を読んだ。(ナガラ節)
　　　b.　太郎 i は CD を聞キ、φi 本を読んだ。(連用中止形)
　　　c.　太郎は大学を卒業シテ、φi 銀行に就職した。(テ形等位節)
　　　d.　太郎は本を読むタメニ、φi 眼鏡をかけた。(タメニ節)

　(2) の A 類より従属度が低い節には、(3a) のような条件節、(3b) のような順接の節、(3c) のような逆接の節、(3d) のヨウニ節、(3e) の時間節などがあります。波線はモダリティ要素です。これらは、B 類と呼ばれます。

(3)　a.　窓を開けタラ / 開けるト / 開けれバ、富士山が見えます。(条件節)
　　　b.　母が窓を開けた (*だろう) ノデ、富士山が見えた。(ノデ節)
　　　c.　父が窓を開けた (*だろう) ノニ、母が閉めてしまった。(ノニ節)
　　　d.　外が見えるヨウニ窓を開けた。/ 外から見えないヨウニ窓を閉めた。(ヨウニ節)
　　　e.　窓を開けたトキ / 窓を閉めるマエニ、雨が降り始めた。(時を表す節)

　B 類より従属度がより低く、節としての独立度が高いものは (4a, b, c) のカラ節、引用節 (ト節)、ケド節、ガ節、シ節などで、C 類と呼ばれます。※注25

(4)　a.　今日は雨が降るだろうカラ、傘を持ってい行こう。(カラ節)
　　　b.　今日は雨が降るまいと思ったケレド / ガ、午後から雨になった。(逆接を表す節)
　　　c.　今日は雨が降ったシ、風も強かった。(シ節)

(5a) のように、従属節と主節の主語が同一の場合は、従属節の主語は省略され、同一主語はガ格で表示されます。(5b) のように、2つの節の主語が異なる場合、従属節の主語は、特に対比させる必要がない限りガ格で表示され、主節の主語もガ格で表示されます（ガとハの振る舞いについては、第9章で考察しました）。

(5)　a.　Φ_i 風邪をひいたノデ、太郎$_i$ ガ薬を買いに行った。
　　 b.　子どもガ風邪をひいたノデ、太郎ガ薬を買いに行った。

陳述度と従属度の詳細は、三上（1953）と南（1974, 1993）を参照してください。本章では、話し手の事態の捉え方を示唆すると考えうるものを含めて、従属節のいくつかを取り上げます。複文の記述的な分析は、日本語記述文法研究会（2008）、前田（2009）などを参照してください。

12.1　名詞を修飾する従属節

(6) はすべて「本」についてそれがどのような本なのかを表す名詞句です。いずれも「本」を飾る、あるいは修飾する部分は「本」の前に現れます。日本語の名詞句の語順は名詞が最後です。この一番重要な「本」の部分を主要部と呼び、主要部の前でそれを飾る部分を修飾部と呼びます。修飾部は「この」「こんな」「大きな」などの連体詞、「私の」「英語の」などの「名詞（句）+ の」、「新しい」「古い」「面白くない」「貴重な」などの形容詞、そして「昨日買った」「昨日読んだ」「まだ読んでいない」などの節です。

(6)　この本 / 私の本 / 英語の本 / 新しい本 / 昨日買った本

「昨日買ったこの私の英語の新しい本」のように、主要部の「本」の前に修飾部を2つ以上重ねることもあり、語順は、通常、[節＋指示語＋所有者＋属性] あるいは [指示語＋節＋属性＋所有者] の順になるようです。この節を、名詞を飾る機能を持つことから連体修飾節（あるいは名詞修飾節）と呼びます。連体修飾節の主語は、(7b) のように特に対比の意味を必要としないかぎり、(7a) のようにガ格かノ格で表示されます。

(7)　a.　【太郎ガ / ノ 読んだ】本はこれです。
　　 b.　【太郎ハ読んだけれど　次郎ハ読まなかった】本はこれです。

(7a) の英語は This is the book which Taro read. となり、修飾節の Taro read が関係代名詞 which を介して主要部の the book のあとに現れます。日本語と語順が鏡の関係です。被修飾名詞と連体修飾節のあいだにそのつながりの関係を示す関係代名詞 who/ where/ which などが使われます。しかし、日本語では、連体修飾節の述語を被修飾名詞に直接つなぎます。第 1 章で解説したように、日本語は述語が文の最後に現れる言語で、述語は文の終わりを示します。述語のあとに名詞が続いても、述語と名詞のあいだに節の境目があることが分かりますから、関係代名詞は必要ありません。※注26

日本語には、主要部との関係で 2 種類の連体修飾節があることが知られています。以下、その 2 つの連体修飾節と文の名詞化の 2 つのタイプを考察します。

12.1.1　連体修飾節：「内の関係」節と「外の関係」節

日本語の連体修飾節の 2 種類の構造について、寺村（1993）が提案した被修飾語と連体修飾節との関係に基づいて「内の関係」節と「外の関係」節と呼ばれます。(8) は寺村（1993）を参考にした典型例です。

(8)　a.　内の関係
　　　　さんまを焼く男 / 火事を起こした人 / 太郎が食べたさんま
　　b.　外の関係
　　　　さんまを焼く匂い / 火事が起こった原因 / 食べる楽しみ / 彼が暗殺された結果

「内の関係」節は、「さんまを焼く男→男がさんまを焼く」「火事を起こした男→男が火事を起こした」「太郎が食べたさんま→太郎がさんまを食べた」のように、被修飾名詞を連体修飾節の一部としてその中に収めることができます。どのような補語が「内の関係」節の被修飾名詞になるかを見てみます。

(9)　学生が本屋で同級生と本を立ち読みした。
　a.　ガ格補語：本屋で同級生と本を立ち読みした学生
　b.　ヲ格補語：本屋で学生が同級生と立ち読みした本
　c.　デ格補語：学生が同級生と本を立ち読みした本屋
　d.　ト格補語：*学生が本屋で本を立ち読みした同級生

(10)　学生が土曜日に友人に郵便局から速達でプレゼントを送った。

a. ニ格補語：学生が土曜日に郵便局から速達でプレゼントを送った友人
b. ニ格補語：学生が郵便局から速達で友人にプレゼントを送った土曜日
c. デ格補語：*学生が土曜日に郵便局から友人にプレゼントを送った速達
d. カラ格補語：学生が土曜日に速達で友人にプレゼントを送った郵便局

　連体修飾節の述語動詞がとる必須補語は「内の関係」節の被修飾語になれるようです。
　また、述語の任意の補語の場合、場所のデ格とトキのニ格は問題なさそうですが、ほかは、「内の関係」節の被修飾語になりにくいことが分かります。このことは、たとえば、任意のト格補語と必須補語のト格補語を比べると分かります。同じ「クラスメート」でも、(11a)のそれは、「喧嘩する」の共同動作の相手を表す必須補語ですが、(11b)のそれは、「勉強する」の任意の補語です。

(11)　a.　その学生がクラスメートと喧嘩した。
　　　　　→その学生が喧嘩したクラスメート
　　　b.　その学生がクラスメートと勉強した。
　　　　　→*その学生が勉強したクラスメート

　「内の関係」節で被修飾名詞になれない補語は、ほかにもヨリ格、マデ格、マデニ格などがあり、格に階層が存在することが指摘されています（井上 1976、寺村 1993 など）。
　また、「内の関係」節とみなすことが妥当に思われるものでも、連体修飾節の一部として被修飾語を戻すことが難しい例も指摘されています（寺村 1993 など）。(12) の例は、原因や理由のデ格補語に近い関係ですが、条件文との対応のほうが理解しやすいようです。

(12)　a.　頭ノ良くなる本
　　　　　→?本デ頭がよくなる→本を読ンダラ頭が良くなる
　　　b.　心ノ休まる景色
　　　　　→?景色で心が休まる
　　　　　→景色を見るト心が休まる

　「外の関係」節は、連体修飾節の主要部である被修飾名詞を連体修飾節の一部に収めることができません。「外の関係」節には、(13) のような例があります。

(13) a. 君が進学をあきらめた<u>理由</u>は何ですか。
→＊理由で君が進学をあきらめた
b. 電車が遅延した<u>原因</u>を調査した。
→＊原因で電車が遅延した
c. 新製品を使った<u>結果</u>を報告した。
→＊結果で新製品を使った
d. 子どもが泣いている<u>声</u>が聞こえる。
→＊声で子どもが泣いている
e. 車が衝突した<u>音</u>がした。
→＊音で車が衝突した
f. 困っている<u>様子</u>が分かった。
→＊様子で困った
f. 誰かが見ている<u>気配</u>がする。
→＊気配で誰かが見ている
g. 前に彼と会った<u>記憶</u>がある。
→＊記憶で前に彼と会った

　(13)の下線がついた被修飾名詞は、連体修飾節の一部として節中に戻せません。(13a)はソ系の指示語をつけて「ソノ理由で君が進学をあきらめた」、(13b)は「ソレが原因で電車が遅延した」と言えそうですが、(13c〜g)には適用できません。
　(13)の被修飾名詞は、連体修飾節との意味的な関係を鑑みて、P→Qの関係で整理できるものがあります。

(14) a. 被修飾名詞Xが連体修飾節Qの誘因P: 原因、理由、わけ、根拠
b. 被修飾名詞Xが連体修飾節Pの過程で生じる産物Q: におい、けむり、気配、音
c. 被修飾名詞Xが連体修飾節Pのあとに結実した産物Q: 結果、記憶

　(14b)は、比況のヨウナで、「誰かが見ているヨウナ気配」「何かが焼けているヨウナ匂い」「誰かがいるヨウナ音」などのように経過産物に使うことがあります。
　そのほかに、外の関係節には、「事実」「ニュース」「話」「うわさ」「予想」などの被修飾名詞が連体修飾節のあとにトイウを伴って現れるものがあります。

(15)がその例ですが、トイウは連体修飾節が被修飾名詞の内容であることを示すため、内容節と呼ばれます。トイウがなくても自然である名詞とトイウがないと不自然な名詞があり、日本語学習者には理解しにくく産出しにくい連体修飾節です。

(15) a. 友人が結婚したトイウニュース
　　　　＝?友人が結婚したニュース
　　 b. 事業に失敗したトイウ事実
　　　　＝??事業に失敗した事実
　　 c. 景気が上向くトイウ予想
　　　　＝??景気が上向く予想

「外の関係」節の最後は、(16)のような相対的な名詞を被修飾名詞にとる連体修飾節です。

(16) a. 大勢の人が見ているマエで転んでしまった。
　　 b. 田中さんが住んでいるシタの部屋は、現在、空き部屋だ。
　　 c. 子どもが遊んでいるソバで、新聞を読んだ。

これらの被修飾名詞は「前後」「上下」「左右」「そば」「横」「中」などで、連体節が表す事態の誘因でも途中の産物でも事後の産物でもなく、トイウもヨウナも入りません。「AがBの前」であれば、「BはAの後ろ」であり、「CがDの上」であれば、「DがCの下」であるというように、何かを基点として相対的に決まる位置を表す名詞で、相対名詞と呼びます。相対名詞は、(16)のような物理的な位置関係の場合と時間的な位置関係の場合があります。時間的な前後関係を表す従属節は、12.2で扱います。

「〜する・したトコロだ」「〜コトがある・コトにする・コトができる」「〜するツモリだ」「〜ハズだ」「〜したモノだ」「〜するコトだ」などは、それぞれ形式名詞トコロ、コト、ツモリ、ハズ、モノ、コトにコピュラのダがついた形式で構造的には連体修飾節です。

12.1.2　文の名詞化節1：ノ節とコト節

　文の名詞化について考えます。出来事や状態を表す節を主節の述語の補語にする場合があります。(17)はノとコトによる文の名詞化の例です。

(17) a. 友人が結婚が決まったコト／ノを知っている。
　　 b. 彼女が修学旅行に来られないコト／ノは残念だ。
　　 c. 今日の授業は休講だったコト／ノを忘れていた。

　(17a〜c)は、「友人が結婚が決まった」「彼女が修学旅行に来られない」「今日授業は休講だった」がそれぞれ、形式名詞のノとコトによって名詞化され、主節の補語になっています。日本語記述文法研究会編（2008）は、ノ節とコト節をヲ格補語にとる動詞を次のようにまとめています。

(18) コト節とノ節のどちらもとる動詞。
　a. 認識を表す動詞：知る、分かる
　b. 感情を表す動詞：心配する、案ずる、好む、嫌う
　c. 態度を表す動詞：評価する、肯定する、否定する
　d. 制止や中止を表す動詞：防ぐ、やめる、止める
　e. 使用の動作を表す動詞：使う、用いる

(19) コトだけをとる動詞（〜トイウコトも可能）
　a. 言語活動を表す動詞：話す、伝える、頼む、書く、約束する、祈る
　b. 思考を表す動詞：思う、考える、決意する、思いつく

(20) ノだけをとる動詞（〜トイウノは非文）
　a. 知覚を表す動詞：見る、眺める、目撃する、見える、聞く、聞こえる、感じる
　b. 相手の動きや状態に対する働きかけを表す動詞：手伝う、助ける、邪魔する、妨げる、遮る、止める
　c. 遭遇を表す動詞：出会う、遭遇する、ぶつかる、行きあう

　コトとノによる文の名詞化は、話し手が何らかの事態をひとまとまりにして、それに続く動詞の対象とするものですが、分布には傾向があります。(19)のコト節は思考や伝達など、話し手の知的な活動を表す動詞の対象となりますが、(20a)のノ節は感覚を表す動詞と、(20b)の相手に対する働きかけを表す動詞、(20c)の遭遇の意味の動詞など、話し手の知覚を伴う体験を表す動詞と共起します。ノ節は、話し手の感覚器官への入力となる刺激のようなものと考えられそうです。コト節とノ節の基本的なの違いを(21)で確認しましょう。

(21)　a.　父親が子どもに話しているコトが聞こえた／を聞いた。
　　　b.　父親が子どもに話しているノが聞こえた／を聞いた。
　　　c.　*父親が子どもに話しているコトが見えた／*を見た。
　　　d.　父親が子どもに話しているノが見えた／を見た。

　(21a, b)は、どちらも「聞こえる」を使っています。(21a)のコト節は話し手の耳に届いた内容（情報）そのものですが、(21b)のノ節は話し手の聴覚への刺激となった父親と子どもの話し声、つまり音声であって、話の内容ではありません。「聞こえる」「聞く」は音声や情報も対象となりえますが、視覚刺激の場合は(21c, d)のように、ノ節のみが共起可能です。コト節は、話し手の目の前の事態を思考や認識の対象としてひとまとまりにするのですが、ノ節は、話し手の目の前の事態を感覚に訴える刺激としてひとまとまりにすると言えそうです。ノ節はコト節より、話し手の感覚的な事態把握を表すと言ってよいかもしれません。

12.1.3　文の名詞化節2：「主要部内在型関係節」試論

　ノ節とコト節は、(22b, c)のように、話し手の目の前の事態に直接的に影響を与える働きかけを表す動詞と共起する場合にも振る舞いが異なります。

(22)　a.　ねえ、ちょっと来て、お父さんが荷物を積むノ／*コトを手伝って。
　　　b.　太郎は、夕日が沈むノ／*コトを待っている。
　　　c.　相手チームがゴールするノ／*コトを阻止した。

　(22a〜c)から分かることは、このような動詞と共起できるのはノ節であって、コト節ではないということです。(22a)の状況では、手伝う対象「荷物を積むお父さん」というモノではなく、お父さんが携わる荷物の積み下ろしという動きのある事態です。(22b)も太郎が待っているのは「沈む太陽」というモノではなく、太陽の動きによる変化の事態です。同様に、(22c)では、「阻止した」対象は「ゴールする相手チーム」というモノではなく、相手チームが関わるゴールという動きのある事態です。コト節では、このような動きや変化の事態を表せません。
　ここで、(23)を例に、上記のようなノ節と「内の関係」節を比べてみましょう。

(23) a. 【風船が飛んでいく】ノが見えた。
b. 【飛んでいく】風船が見えた。
c. 【店先で店員が実演販売をしている】ノを見た。
d. 【店先で実演販売をしている】店員を見た。

　(23a)の状況で話し手の視覚を捉えたのは、風船というモノではなく「風船が空中を移動する」目の前の動きのある事態です。(23c)も、話し手が見たのは店員というモノではなく、「店員が実演販売をしている」目の前の動きのある事態です。見たモノに焦点を当てるのは「内の関係」節で、目撃した動きに焦点を当てる、つまり観察時点での話し手の〈見え〉を表すのが(22)や(23)のノ節と考えてみましょう。これらの例は、「主要部内在型関係節」につながります。主要部内在型関係節とは、(24a, c)のような連体修飾節です。知覚動詞以外の動詞と共起するもので、(24a)のノがリンゴを、(24c)のノがケーキを代用していると考えると、本来、連体修飾節の主要部であるべき名詞句が連体修飾節の中に存在するという観察に基づいた名づけです。

(24) a. 【リンゴがテーブルの上に置いてある】ノをとって、ナイフで切った。
b. 【ケーキが冷蔵庫に入っている】ノを出して、食べた。

　主要部内在型関係節については、生成文法、日本語学、認知文法などさまざまな分析枠組みで研究対象となっています（Kuroda1992、黒田1999、野村2001、坪本2003など）が、まだ共通の分析がありません。
　本書は、いわゆる主要部内在型関係節を話し手の〈見え〉の言語化に関連させて考えてみます。先述のように、ノは「見る」「出会う」「手伝う」などの動詞と共起して、話し手の目の前の〈見え〉を対象とすることができます。コト節はここから、いわゆる主要部内在型関係節ノを話し手のイマ・ココの〈見え〉の言語化と考えてはどうでしょうか。
　たとえば、(24a)の「【リンゴがテーブルの上に置いてある】ノ」を(25a)のような話し手のイマ・ココの〈見え〉、と考えてみます。同様に、(24b)の「【ケーキが冷蔵庫に入っている】ノ」も話し手が冷蔵庫を開けた瞬間の(25b)のような〈見え〉を表すとします。そして、(25a)と(25b)は、それらの〈見え〉を働きかけの対象とすると考えます。

(25) a. あ、リンゴがテーブルの上に置いてある！

　　　　　　＝話し手のイマ・ココの〈見え〉
　　　b. あ、冷蔵庫にケーキが入っている！
　　　　　　＝話し手のイマ・ココの〈見え〉

その上で、(24a, b) を「内の関係」節の (26a, b) と比べてみましょう。

(26)　a.　【テーブルの上に置いてある】リンゴをとって、ナイフで切った。
　　　b.　【冷蔵庫に入っている】ケーキを出して、食べた。

　(24a, b) の話し手が、イマ・ココでの〈見え〉である (25a, b) を画像として切り取り、それを主文の補語とすると考えます。話し手は、リンゴあるいはケーキというモノではなく、(25a, b) の画像を聞き手に提供します。単にリンゴをとって切ったのではなく、また、単に冷蔵庫のケーキを出して食べたのでもない、ある事態の丸ごとを主文の述語が表す働きかけの対象として言語化します。
　(24a, b) の聞き手は、(26a, b) にはない事態を丸ごと捉えた鮮明な状況描写またはイメージが心に浮かび、聞き手は「切る」「出す」の対象が、それぞれ「リンゴ」「ケーキ」であることを語用論的に推論すると考えます。それに対して、働きかけの対象としてリンゴとケーキをとる (26a, b) は、そのような鮮明なイメージを聞き手に喚起しないのではないでしょうか。いわゆる主要部内在型関係節は、ノが切り取る話し手の〈見え〉が第9章で解説した「話し手と聞き手の〈見え〉の共有」となることを実現します。主要部内在型関係節は、〈見え〉を伴う話し手の主観的な事態把握の言語化の方向が示唆されます。

12.2　時を表す従属節：アイダ（ニ）とウチ（ニ）とマエ（ニ）

　本節では、主文が表す変化や事態が生じる時を表す従属節を取り上げます。時を表す従属節は時間節と総称されます。時間軸上のある1点を表すトキ（ニ）節、コロ（ニ）節、オリ節と、時間軸上の幅のある期間を表すアイダ（ニ）節、ウチ（ニ）節、アイマニ節など、時間的な前後関係をある時点を基準に相対的に捉えるマエ（ニ）節、アト（デ）節、マデ（ニ）節など、出来した状態を表すトコロ（ニ／ヲ）節、ナカ（ニ）節などの4タイプに分類できます。(26a〜e) のような時を表す従属節は「外の関係」節の構造を成しています。このことは、修飾節に戻すことができないことから明かです。

(27)　a.　太郎が起きたトキ

　　　　→ ??太郎がそのトキに起きた
　　b.　太郎が勉強しているアイダ
　　　　→ ??太郎がそのアイダ勉強している
　　c.　太郎が勉強するマエ
　　　　→ *太郎がそのマエに勉強する
　　d.　太郎が勉強したアト
　　　　→ *太郎がそのアトで勉強した
　　e.　太郎が勉強しているウチ
　　　　→ *太郎がそのウチに勉強している

　先述のように、マエ、アト、ウチは相対名詞で、従属節の述語には第7章の相対テンスが関わります。時間節のうち、時間軸上の一時点を参照し、その前後も捉えるスルトキ、シタトキ、スルマエ、シタアトについては第7章7.1.5節で相対テンスとの関わりで解説しました。第7章(13)を再掲します。

(28)　（＝第7章(13)の再掲）
　　a.　昨日、友だちと出かける / *出かけたマエに、勉強した。
　　b.　昨日、*勉強する / 勉強したアトで、友だちと出かけた。
　　c.　明日も、*勉強する / 勉強したアトで、友だちに会う。
　　d.　明日も、友だちに会う / *会ったマエに、勉強する。

　ここでは、時間軸上の幅を表すアイダとウチを考察します。アイダ節とウチ節は、時間軸上に時間の幅（期間）を限定する形式です。まず、アイダ節が限定する時間の幅には基点と終点が存在します。

(29)　a.　ゴールデンウイークのアイダ、帰郷した。
　　　b.　子どもが昼寝しているアイダ、そばで本を読んでいた。

　ゴールデンウイークには始まりと終わりがあります。子どもの昼寝にも始まりと終わりがあります。アイダ節は、ゴールデンウイークのような時間の幅を持つ名詞や、シテイルのような持続のアスペクトを持つ述語について、その事態が継続している時間の幅の始めから終わりまでのすべてを表し、主節の事態がその時間幅のすべてと重なることを表します。(29a)はゴールデンウイークが帰郷した時間と重なり、(29b)は子どもの昼寝の時間が読書の時間と重なり

ます。
　一方、アイダに時間の点を表す助詞「に」がついた、アイダニ節という表現があります。

(30)　a.　ゴールデンウイークのアイダニ、論文を書いた。
　　　b.　子どもが昼寝しているアイダニ、仕事を済ませた。

　アイダが主節の事態が継続する時間の幅のすべてを表すのに対して、アイダニ節は、ある時間幅の中の一時点を指して主節の事態が完結することを表します。(30a)はゴールデンウイーク中の一時点で論文執筆が完結したことを、また、(30b)は、子どもの昼寝中の一時点で仕事が完了したことを表します。アイダ節の主節が表す動きや事態は継続しますが、アイダニ節の主節が表す動きや事態は1回きりで完結する類のものです。

(31)　a.　家族が寝ているアイダ食事をした。
　　　b.　家族が寝ているアイダニ食事をした。

　(31a)は、家族の就寝時間と話し手の食事時間の開始から終結までが重なりますが、(31b)は、家族の就寝時間内の一時点で、話し手が食事を終えたという意味になります。
　アイダと同じように時間を表す表現にウチがあります。ウチは内側の空間を意味する形式名詞です。ウチ節が表す時間の幅は、アイダ節のような明確な起点と終結点を持たないようです。特に、ウチ節は終結点が不明であるような時間の幅を表します。

(32)　a.　若いウチは、いろいろ経験を積んだほうがいい。
　　　b.　風が強いウチは、外出を控えてください。
　　　c.　子どもが寝ているウチは、静かです。

　(32a〜c)で、終結点が不明であるということは、若さがいつ終わるか分からない、風がいつ弱まるか分からない、子どもがいつ起きるか分からないといった、話し手のある種の緊張感が聞き手に伝わります。
　次に、ウチニ節を考えます。アイダとアイダニ同様、ウチとウチニも、それぞれある期間全体とその期間内のある一点を表します。ウチニ節は次のように

使われます。

(33) a. 暗いウチニ仕事を始めよう。
　　 b. 若いウチニ海外旅行をした。
　　 c. 朝、家族が寝ているウチニ出かけた。

　(33a〜c)では、格助詞ニが、いつ明るくなるか分からない、若さというものがいつ終わるか分からない、家族がいつ起きてくるか分からないという緊張感を伴う終わりの定かではない時間の幅を前提に、その一時点で主節の事態が実現することを表します。
　(33a〜c)は、ウチニ節に否定を伴って、(34a〜c)のように言い換えることも可能です。

(34) a. 明るくならないウチニ仕事を始めよう。
　　 b. 年をとらないウチニ海外旅行をした。
　　 c. 朝、家族が起きないウチニ出かけた。

　(34a〜c)の否定のウチニ節は、状態変化が実現する時点の不確かさを含意し、いつ起こるか分からない時点の前に主節の事態が実現することを表します。そこから、変化の未実現の状態が継続する期間の短さを強調し、聞き手に事態変化の緊迫感が伝わります。
　ウチニ節が含意する緊迫感とマエニ節を比べてみましょう。

(35) a. 明るくなるマエニ仕事を始めよう。
　　 b. 年をとるマエニ海外旅行をした。
　　 c. 朝、家族が起きるマエニ出かけた。

　(34a〜c)と(35a〜c)を比べると、(35)には話し手の時間の観念への冷静さが伺えます。ウチは空間を表す形式名詞ですから、話し手は終結時点が分からない時空間に身を置き、そこから不確かな終結時点を把握しようとしていると考えます。一方、マエニ節は、状態変化の一時点を基準に前後の変化を客観的に把握しています。

(36) a. さてと、授業が始まるマエニ、宿題を終わらせなくちゃ。

b．あっ、先生が来ないウチニ、宿題を終わらせなくちゃ。

　(36a)は客観的な時間の前後関係の把握、(36b)は時間的猶予のなさという時間関係の主観的な把握で、この点がマエニ節とウチニ節の違いです。
　本節の最後に、アイダニ、マエニとウチニを比べます。

(37)　a．図書館が開いているアイダニ本を借りに行こう。
　　　b．図書館が開いているウチニ本を借りに行こう。
　　　c．図書館が閉まるマエニ本を借りに行こう。
　　　d．図書館が閉まらないウチニ本を借りに行こう。

　アイダニ節の(37a)とマエニ節の(37c)には、話し手が図書館の開館時間が明確に分かったうえで本の貸し出しを計画しているニュアンスがあり、話し手は客観的に自身の行動を計画しています。一方、ウチニ節の(37b)と(37d)は、図書館の閉館時刻が迫っていることを感じた話し手が、図書館が閉まるという変化が起こっては本の貸し出しが不可能だという、時間的に差し迫った変化の未実現の状態に焦点を当てることで、事態の緊急性が含意示唆されます。

12.3　日常言語的推論が関わる従属節

　本節では、網羅的ではありませんが、契機、理由、目的、条件などの日常言語的推論に関わる従属節のいくつか考察します。必要がない限り、考察対象の従属節の従属度の詳細には触れません。
　坂原(1985)は、日常言語の語用論的な推論と形式論理学などの論理的な推論との違いを、日常言語に現れる条件文の解釈を中心に論じます。理由を表す文と条件を表す文のあいだには関連があり、「理由文の基底には、条件文が存在する」と述べ、「条件文が真である時、前件が真であれば、後件も真である」という推論に基づき、「理由節から、真であるという前提を取り除くなら、条件文の仮定節を得る。逆に、条件文の仮定節が真であると確認されるなら、理由節になる」と述べています(坂原 1985: 117–118)。※注27
　また、(38)を例に、完全に明示的な妥当性の追求が可能である形式論理の推論(38a)に対して、(38b)の日常言語による推論は非明示的で、対話者間で共有される一般的知識への依存による、省略的性格を有するものとしています。

(38)　a．もし私が考えているなら、私は存在している。

b.　私は考えている。
　　　　ゆえに、私は存在している。
　　c.　私は、考えているから、存在している。

　この日常言語の推論の概念を援用して、テ形接続、原因や理由を表すカラ節、ノデ節、ノニ節を取り上げます。すべて語用論的推論あるいは日常言語的推論が関わる表現です。

12.3.1　テ形接続の機能と意味

　述語のテ形を考えます。本章の冒頭の (1) で例示したような複合語の構成要素としてのテ形は対象外とします。日本語教育では、テ形については、原因のテ、理由のテ、対比のテなどと異なる複数の用法として教えられることがあります。しかし、テ形は動詞の連用形と同じように「6 時に起きて、顔を洗って、朝食をとって家を出た」のように複数の事態を並列につなぐことできます。テ形の基本を 2 つの事態をつなぐことだと考えましょう。次のようなテ形接続の複文があります。(　　) 内に意味の可能性を付します。

(39)　a.　太郎は i 部屋に入っテ、Φi 電気をつけた。(契機 ?)
　　　b.　開演ブザーがなっテ、ホールが暗くなった。(契機 ?)
　　　c.　上の子が中学生デ、下の子が小学生です。(並列、対比 ?)
　　　d.　大雨が降っテ、川が氾濫した。(原因・理由 ?)
　　　e.　事故があっテ、授業に遅れた。(原因・理由 ?)
　　　f.　この部屋は、南向きデ、明るい。(原因 ?)
　　　g.　この部屋は、北向きデ、冬、寒い。(原因 ?)
　　　h.　花子は、目が大きくテ、かわいい (理由 ?)

　まず (39a, b) をト節を含む (40a, b) と比べてみます。

(40)　a.　太郎は i 部屋に入るト、Φi 電気をつけた。(契機)
　　　b.　開演ブザーがなるト、ホールは暗くなった。(契機)

　(40a, b) は従属節のト節が後半の主節の事態を引き起こす契機となったことを表します。一方で、(39a, b) は、「部屋に入ること」の次に主節の事態が起こったことを、たとえば、「6 時に起きて、顔を洗って、朝食をとって家を出た」

のように、淡々と時系列上に並べることができます。意味上不自然でない限り、テ形接続がつなぐ事態の数には上限がないはずです。(39a, b) のようなテ形接続は「契機」と解釈することが難しくなります。

(39c) の「対比」は、「上の子」と「下の子」、「中学生」と「小学生」という名詞句の意味による解釈であって、テ形接続の意味ではありません。

(39d, e) は、大雨と川の氾濫、また事故と遅刻のあいだに原因と結果の関係を認めることができます。この因果関係は、真理関数的な厳密な意味での論理関係ではなく、一般常識や百科事典的知識に支えられ、日常言語での語用論的推論（日常言語的推論）によるものです。(39f, g) はどうでしょうか。「部屋が南向きであれば、明るいはずだ」「部屋が北向きであれば、暗いはずだ」という日常言語的推論が可能に思えますから、原因と結果でよさそうです。しかし、これらの発話が南半球でなされたと想像してみてください。南半球では、北向きのほうが日当たりがよく、南向きは冬寒い可能性があります。このように、原因と結果の解釈を支えるものは、ある文脈からの話し手・聞き手の日常言語的推論に過ぎません。(39h) も同様で、「目が大きければかわいいはずだ」という日常言語的推論が成り立たない言語文化圏では、原因・結果あるいは理由・帰結の関係は成り立ちにくいと考えます

(39f, g, h) の類に関する気づきは、多様な言語文化背景を持つ学習者対象の日本語教育実践から経験的に得られたものです。日本語学習者の産出する日本語に「*文法が難しくて、教えてください」あるいは「*部屋が暑くて、エアコンをつけましょう」などの誤用が見られますが、テ形接続が理由や原因を表しうるという誤った理解が原因です。テ形接続は、2つの事態を単純に並列につなぐことが基本で、話し手がその2つの事態の関係をどのように把握したかがその順番に現れます。話し手の意図また聞き手の解釈は、一般常識や百科事典的知識に支えられます。日常言語的推論については、次節ですこし詳しく取り上げます。

テ形接続は、語形と文の構造が単純なだけ、形態が意味解釈の手がかりとなる他の従属節に比して、解釈上の負荷が大きい可能性がありそうです。

12.3.2　原因と理由：カラとノデ

原因や理由を表すカラ節やノデ節も語用論的推論あるいは日常言語的推論が関わります。カラ節とノデ節がどのような主節の原因や理由を表すかについては、日本語記述文法会編 (2008)、前田 (2009) などに、(41a) のような主節が表す事態の原因・理由を表す場合、(41b) のような主節が表す判断の根拠を表

す場合、そして、(41c) ような、語用論的に主節が表す事態の実行を助ける事態を表す場合が認められています。(41a〜c) では、カラもノデも使えます。

(41) a. 寒かったカラ / ノデ、コートを着て出かけた。
b. 地面が濡れているカラ / ノデ、雨が降ったに違いない。
c. 今日の新聞はここに置いておきますカラ / ノデ、ご自由にお読みください。

　一般的にカラとノデの違いと指摘されているのは次の点です。例文は日本語記述文法研究会編 (2008: 126–127) に準じます。まず、文体との関係で、(42a〜d) のように、カラよりノデのほうが丁寧体となじむ点です。次に、(42e, f) のように、推量や意志表現、ノダを伴う場合は、カラしか使えない点です。また、(42g) のようにカラはカラダすることができますが、ノデはノデダにできない点です。

(42) a. 危険？ダカラ / ナノデ、お手を触れないでください。
b. 危ないカラ / *ノデ、あっちへ行け。
c. 用事がありますカラ / ノデ、先に帰ります。
d. 忙しいカラ / ?ノデ、帰るよ。
e. 明日は晴れるだろうカラ / *ノデ、暑くなるだろう。
f. 退院したばかりなんだカラ / *ノデ、無理はしないでください。
g. A: なぜ、休んだの？
B: 忙しかったカラダ / *ノデダ。

　本論は、ノデを関連づけのノダの連用形と考えます。第 11 章で詳述したように、ノダは事態と事態を話し手が主観的に関連づけたことを表す指標です。ノデをその連用形と考えて、カラとノデの違いを再考してみます。
　まず、文体との関係です。(42a) でカラの使いにくさの判断は個人差がありそうです。(42a) は、「危険だから手を触れるな」の丁寧体に対して、ノデは「お手を触れないでください。危険なンデス」のように、助言とその背後にある理由を話し手が主観的に関連づけて述べていると考えます。(42d) のノデが使いにくいのは、ノダが聞き手との共同注意を求めることから、主節の文体が聞き手への配慮を欠くからではないかと考えます。
　次に、推量や意志、ノダを伴う場合も、ノデがノダの連用形であると仮定す

ると、(42e)のダロウを伴う場合は「*明日は晴れるだろうノダ」と言えないことに由来し、また、(42f)は、ノダの重複となるためであると考えます。

最後に、(42g)の対話も、ノデがノダの連用形であれば当然使えません。「忙しかったンダ」となるはずだからです。

以上のように、ノデをノダの連用形と考えることで、ノデの使いにくさが説明できます。原因や理由を表すカラは、12.3.2で述べたように、中途終了の用法そして終助詞相当表現へと文法化した可能性があります。同様に、関連づけのノダも、連用形のノデとその中途終了の用法、さらに終助詞ノへの文法化の可能性も否定はできません。

12.3.3　順接条件：トとバとタラとナラ

日本語の条件表現は日本語学習者にとって習得しにくい項目の1つです。かなり学習歴のある学習者でも次のような誤用を産出します。

(43) a.　*漢字を勉強すれバ / シタラ、どの参考書がいいですか。
　　　b.　*毎朝、起きれバ、すぐ窓を開けます。
　　　c.　*漢字が読めないト、教えてくれますか。

(43a)は、「漢字を勉強するナラ」、(43b)は、「毎朝、起きるト / タラ」、(43c)は「漢字が読めなかッタラ」が正用です。条件節には、ト・バ・タラ・ナラのような順接条件節と、(44)のテモ・ノニのような逆接条件節（または譲歩条件節）があります。

(44) a.　毎日会話の練習をしテモ、なかなか上手になりません。
　　　b.　毎日会話の練習をしたノニ、なかなか上手になりません。

条件節の先行研究も数多く、その知見を網羅的にまとめることはできませんが、本節では、順接条件節のト節、バ節、タラ節、ナラ節の異同を考察し、次節で、逆接条件節のテモ節とノニ節を比べます。

まず、日常言語の推論で、恒常的な因果関係を表すト、バ、タラ、ナラを比べます。主節の述語はル形です。

(45) a.　春になるト / なれバ / なッタラ / *なるナラ、桜が咲く。
　　　b.　窓を開けるト / 開ければ / 開けタラ / *開けるナラ、富士山が見え

　　　　る。
　　c. 電源を入れるト / 入れれバ / 入れタラ / *入れるナラ、ＰＣが立ち上
　　　　がる。
　　d. 成績が良いト / 良けれバ / 良かっタラ / *良いナラ、進学が楽だ。
　　e. 品質が悪いト / 悪けれバ / 悪かっタラ / *悪いナラ、商品は売れな
　　　　い。

　(45a) のような季節の変化に伴う状況の変化や、(45b, c) のように、誰が動かしても同じ結果が生じる因果関係を表します。また、(45d, e) も一般常識に支えられた日常言語的推論を表しています。いずれも、条件節と主節には時間的前後関係があります。ト節、バ節、タラ節は使えますが、ナラ節が異質であることが分かります。
　では、ト節、バ節、タラ節は互換性があるかというと、そうではなく、次のような状況では、ト節のみが自然です。

(46)　a. 次の横断歩道を渡るト / *渡れバ / ??渡ったら、少し先にデパートが
　　　　見える。
　　b. この通りをまっすぐ行くト / *行けば / ??行ったラ、銀行がある。

　(46a, b) の条件節と主節の事態の関係は、日常言語の推論に支えられるような因果関係でも時系列上の前後関係でもなく、ト節は、話し手自身あるいは話し手が自身を置く異主体の移動を表し、主節は、ト節の主体の移動が完了した時点で主節の事態を認識するという意味です。このようなト節は、「発見のト」と呼ばれ、認識主体の位置変化を表すもので、後件の契機となって実現する、時間的、物理的に連続して出来する２つの事態の関係を表しています。バ節にはこの主体の位置変化の意味はなく、タラ節も容認度が落ちます。
　主節に話し手の発話態度を表すモダリティ要素がある場合には、タラ節が特徴的な振る舞いを見せます。

(47)　a. 部屋が*暗いト / 暗けれバ / 暗かっタラ、電気をつけてください。
　　b. *寒くなるト / *なれバ / なったラ、ストーブをつけましょう。
　　c. 果物が*ほしいト / ほしけれバ / ほしかっタラ、冷蔵庫に梨がありま
　　　　す。
　　d. *疲れるト / *疲れれバ / 疲れタラ、そのソファーでお休みください。

(47a, b) のように、主節が聞き手に対する依頼や誘いかけの場合にはト節は使えません。バ節は、(47a, c) のように、条件節の述語が状態性の述語であれば可能ですが、(47b, d) のように動きや変化の述語では使えません。(47c) は、日常言語の推論も当てはまらず、時間的前後関係もない場合で、「果物がほしい方がいたら、冷蔵庫に梨がありますから、それを召し上がってください」というような解釈が可能です。坂原 (1985) の言う、日常言語による推論が非明示的で、「対話者間で共有される一般的知識への依存による、省略的性格を有するもの」の典型です。タラ節は (47a～d) のいずれの場合も自然に使えます。

ト節が関わる推論関係が、バ節、タラ節に比して並列的、つまり、条件節の事態が成り立つとほぼ間違いなく主節の事態が続くといった、条件と帰結が密着した関係であることが示唆されます。この2つの事態を並列的に結ぶ機能は、名詞と名詞を並列につなぐ助詞トの基本的な性質が継承されていると考えることができます。また、タラ節が3者の中でもっとも使用条件や制約が緩い条件節であることが分かります。

次に、反事実条件の事態を考えてみましょう。実際に起こったことについて、実現しなかった場合を仮定的に表現する条件文ですが、(48) でも、バ節とタラ節は使えます。

(48) a. *安いト / 安ければバ / 安かっタラ買えただろう。
　　 b. *雨が降らないト / 降らなければバ / 降らなかっタラ、運動会は実施しただろう。

バ節とタラ節が違いを見せるのは、(49a) のように、何らかのスケール上の極限を表すとりたて助詞のサエを伴う場合、また (49b) のように、程度を表すとりたて助詞のホドを伴う場合です。タラ節も不自然になり、バ節のみ可能です。

(49) a. あの人は、時間サエ *許すト / 許せバ / *許しタラ、本を読んでいる。
　　 b. *考えるト / 考えれバ / *考えタラ　考えるホド 分からなくなる。

これまでの観察から、ト節、バ節、タラ節のうち、バ節がもっとも本来の条件節らしさを残していると言えそうです。ト節は、2つの連続して出来する事態で主節の契機となる事態を並列につなぐ職能が基本です。

タラ節はどうでしょうか。タラ節は、従属節の未実現の事態が実現した場合に起こるであろうさまざまな事態を主節にとることが可能です。

(50) a. あの人と競争*すると/*すれバ/したラ、負けるだろう。
     b. 友だちに*話すと/*話せバ/話したラ、笑われそうだ。
     c. 夜中に喉が*乾くと/*乾けバ/乾いタラ、冷蔵庫の冷い水をどうぞ。

(50a〜c)はタラ節のみ可能です。(50a)は、自分が何かの競争に負ける場面の状況設定、(50b)は、友だちに笑われる可能性がある場面の状況設定、(50c)は、「①喉が渇く→②渇きをいやしたい→③水がある→④水が飲める」という一連の事態の初めの状況設定①と最後の結論④のみを取り出してつないでいます。タラ節には、主節の事態が出来する状況を設定する機能があると考えます。極めて省略の多い、日常的な2つの事態をつなぐことも可能であることから、タラ節は、条件提示という基本的な機能を出発点にして、題目設定や状況設定の機能へと拡張しているのではないかと考えます。

ナラ節を加えて、順接条件文を比べてみます。すでに(45)で見たように、制約がもっとも多いのがナラ節です。ナラ節が可能なのはどのような場合でしょうか。

ナラはノナラという形で使われることもあり、ノは第11章で考えた関連づけのノダのノです。ナラでもノナラでも意味の違いはないので、ここではナラを使います。

(51) a. 明日の授業君が*来ると/*来れバ/#来タラ/来るナラ、僕も行く。
     b. 君が*来ないと/*来なけれバ/*来なかっタラ/来ないナラ、僕も行かない。
     c. *散歩すると/*散歩すれバ/*散歩しタラ/散歩するナラ、傘を持って行く。
     d. ケーキを*作ると/*作れバ/*作っタラ/作るナラ、卵が必要だ。
     e. こちらに*来ると/*来れバ/*来タラ/来るナラ、その前に電話してください。

(51b〜d)では、ナラのみ可能です。これらの例では、主節の事態(話し手が行かないこと、傘を携行すること、卵が必要になること)は、ナラ節が導く事態がいつ起こるか未定である時点に、その事態が実現する可能性を前提として、

それに備えて事前に従属節の事態を実現するというような意味になります。ナラ節が導く日常言語的推論の流れは、ト節、バ節、タラ節の推論の流れと逆です。

(51a) では、タラ節とナラ節が可能ですが、意味するところは違います。タラ節は、聞き手の出席が話し手の出席の前提条件で、時間進行は順行です。一方、ナラ節は、聞き手の出席の意志が確認された時点で、話し手も出席を決めるという意味で、時間進行は逆行です。「飲んダラ乗るな。乗るナラ飲むな」という交通標語がありますが、「飲んダラ乗るな」は「飲んだあとは運転してはいけない」、また「乗るナラ飲むな」は「乗ることが決まった時点、すなわち、乗る前に飲んではいけない」という意味で、ナラ節とタラ節の違いをうまく利用した表現です。

ナラとダッタラは、(52) のように、会話中の直前の情報を題目としてとりたてることがあります。

(52) a.　A：どれにしようかな。
　　　　 B：僕ナラ／僕ダッタラ、それを買うよ。
　　　b.　A：おいしいケーキが食べたい。
　　　　 B：それナラ／(それ)ダッタラ、駅前の店のがいいよ。

ナラもタラも、条件提示の機能が話題提示の機能へと拡張しているということができそうです。

12.3.4　逆接：テモとノニ

テモとノニは、条件と帰結を逆接的につなぎます。テモは譲歩条件と呼ばれることがあります。順接条件のタラ節と比べてみます。

(53) a.　家族に反対されタラ、留学を諦める。
　　　b.　家族に反対されテモ、留学を諦めない。
　　　c.　家族に反対されているノニ、留学を諦めない。
　　　d.　家族に反対されたノニ、留学を諦めなかった。

(53a) に対して、(53b) は「まだ反対されていないが、たとえ反対された場合も留学を諦めない」ということなので、未実現の事態を想定して主節の意志を表明しています。(53c) は「現実は反対されているが、それに反して留学を

諦めない」ということなので、実現済みの事態に反した主節の意志を表明しています。(53d)は「過去の反対された状況の中でなお留学を諦めなかった」ということなので、実現済みの事態に反して主節の意志を実行したと解釈できます。

まず、テモ節から考えます。テモは述語のテ形に添加型とりたて助詞モがついたもので、(54)がその例です。

(54) a. 雨天デモ運動会は実施します。
　　 b. お返事は、明日でなくテモ、構いません。
　　 c. 田中氏が来なくテモ、会議を始めます。
　　 d. 考えテモ、なかなかいい答えが見つかりません。
　　 e. たとえ／万が一今回失敗シテモ、再挑戦する機会はあります。
　　 f. どんなに忙しくテモ、食事はきちんととるようにしなさい。
　　 g. いつ訪ねテモ、あの人は留守だ。
　　 h. このドアは、押しテモ引いテモびくともしない。
　　 i. 多少狭くテモ、駅から遠くテモ、家賃が安ければ借ります。

(54a〜d)は典型的な使い方です。(54e)は「万が一」「どんなに」と共起して、(54f, g)は「どんなに」「いつ」などの疑問語を伴って、テモ節がつなぐ2つの事態の逆接的な状況を強調することがあります。(54g)は、昨日行ったとき留守だった、おとといも留守だった、先週も先々週も留守だったなどの状況証拠から、訪問する可能性をすべて確認したわけではなくても、「ある人が家にいる時間はない」という誇張した表現になります。また、(54h, i)のように、テモ節が2つ以上並列して使われることもあります。(55)のように、シテモイイ、シナクテモイイのテモも同様です。

(55) a. ここに座っテモいいですか／かまいませんか。
　　 b. 連絡しナクテモいいですか／かまいませんか。
　　 c. この書類は、日本語で書いテモ英語で書いテモかまいません。

ここまでに見たように、テモ節の機能は、2つの事態を逆接的に条件と帰結としてつなぐことです。同じように逆接的に2つの事態をつなぐ形式に、ノニ節やケド節があります。

テモ節とノニ節を比べてみます。

(56) a. この問題は、勉強するト/すれバ/シタラ分かると思う。(順接条件)
　　 b. この問題は、勉強しテモ分からないと思う。(譲歩条件)
　　 c. この問題は、勉強しテモ分からなかった。(逆接)
　　 d. この問題は、勉強したカラ/ノデ分かった。(理由)
　　 e. この問題は、勉強したノニ/ケド分からなかった。(逆接)

　(56b)の譲歩条件のテモ節は、テモ節の事態と主節の事態は未実現です。しかし、(56c)のテモ節は、主節の事態が実現済みですから、テモ節の事態も実現済みの事実となり、「勉強したけど分からなかった」と同じ意味の逆接になります。一方で、(56e)のノニ節とケド節も、実現した2つの事態を逆接的につなぎます。つまり、テモ節が条件的に解釈されるか、逆接と解釈されるかは、テモ節がつなぐ2つの事態の事実性に依存します。そして、テモ節とノニ節が重なるのは、(57)のような逆接の解釈が成り立つ場合だということになります。

(57) a. 太郎は、熱があっテモ、仕事を休みませんでした。
　　 b. 太郎は、熱があったノニ/ケド、仕事を休みませんでした。
　　 c. 今年は、4月になっテモ雪が降りました。
　　 d. 今年は、4月になったノニ/ケド雪が降りました。

　最後に、ノニ節とケド節の違いを考えます。

(58) a. 調べたノニ/ケド分からなかった。
　　 b. 努力したノニ/ケド合格しなかった。
　　 c. 太郎に頼んだノニ/ケド引き受けてくれなかった。

　(58)のノニとケドには微妙なニュアンスの違いを感じます。背後にある条件文は、(58´)のようになります。

(58´) a. 調べたら分かる。
　　 b. 努力したら合格する。
　　 c. 太郎に頼んだら引き受けてくれる。

いずれも、論理的な前提と帰結の論理関係ではなく、日常言語的推論関係ですが、中でも (58´c) のように省略された部分が多い推論関係の場合は、ケドよりノニのほうが自然です。その理由を考えてみます。手がかりは、(58) です。

(59)　a.　せっかく時間をかけて作ったノニ / *ケド、太郎は食べてくれなかった。
　　　b.　一生懸命勉強したノニ / ??ケド、不合格だった。

　(59a) の「せっかく」は、力を尽くしたり心を砕いたりするという意味で、話し手の自身の行動への評価が反映します。また、(59b) の「一生懸命」も話し手が自身の勉強努力を肯定的に評価していることを表します。この2つの文の主節は、話し手の自身の肯定的な評価に見合わない結果、逆接的な結果が語られており、ノニは自然ですが単純な逆接のケドは不自然になります。ノニは、話し手が何らかの事態に対する肯定的な評価から期待される事態が生じず、話し手の期待が裏切られたことを表す形式だと言えます。ノニ節は、2つの事態を対立させて逆接的につなぐという、ケド節に共通する機能に加えて、その逆接性に対する話し手の不満や驚きなどの否定的な評価が含意される形式です。

第13章
談話の結束性

　第9章と第12章で、暫定的に談話（テクスト）を暫定的に「文よりも大きい言語単位で、意味的なまとまりをもった複数の文の連なり」と定義し、文文法（Sentence Grammar）で理解可能な直近の文脈を対象に主題化と焦点化を論じました。本章で、改めて談話を考察します。

　近年、談話を対象にした研究が盛んに行われています。具体的には、書きことばの文字データと話しことばなどの音声データ、そして対話の映像データが使われます。書簡、小説、新聞、論文などの書きことば、講演や会議、雑談などの話しことば、また最近は、さまざまなソーシャル・メディア上のやりとりも談話研究の対象となっており、次々に新しい現象が分析されています（参考文献をご覧ください）。本章では、談話分析研究の初期から研究対象となっている「談話の意味的なまとまり」を司る概念とその言語標識に焦点を当てます。

　談話の構造や機能を分析対象とする研究分野をテクスト分析あるいは談話分析と言います。どちらも、文文法を超えた、より大きな言語単位の規則、いわゆる談話文法（Discourse Grammar）を明らかにしようとする研究分野です。

　文章理解に必要なのは文章や談話の構成単位のあいだの関係を理解することだとして、文と文、発話と発話がどのようにつながれているかを解き明かすために、日本では、文章論（永野1986、市川1978、佐久間1992、石黒2008ほか）、欧米ではテキスト言語学（Brown & Yule 1983）、Halliday and Hasan（1976）ほかで研究がなされています。

　文と文あるいは発話と発話（以下便宜的に、発話も含めて文とします）のつながりは結束性（cohesion）と呼ばれます。そして、結束性のある談話は、一貫性（coherence）があると言われます。結束性は、文と文のあいだの関係の理解に関わり、一貫性はテクストに現れた情報が連続的に破たんなく理解されるかどうかに関わります。

　Halliday and Hasan は、結束性の理解を照応関係（anaphoric relation）の理解と連接関係（coherence relation）の理解とし、結束性の表れを、指示（reference)、代用 (substitution)、省略 (ellipsis)、接続 (conjunction)、そして語彙的な結束関係 (lexical cohesion) に分類しています。

本章では、指示を主な機能とする指示語（コソアド語）と接続を主な機能とする接続表現を取り上げます。省略は、第9章の無助詞による主題化の節で述べたように文脈から復元できることが条件です。語彙的結束関係は扱いませんが、「田中さんは部屋のドアを開け電気をつけた」で「電気」が部屋に属するといった全体と部分の関係や、「テニス」「サッカー」に対する「スポーツ」、「地球」「火星」に対する「太陽系惑星」のような下位概念と上位概念、「両親」と「父母」のような同義語の関係などがあります。これらの関係は、百科事典的な知識や常識などに支えられています。

指示語と接続表現の働きは次のような例から推測できます。

(1) a. 太郎は雑誌を買った。???読んだ。/ その雑誌を読んだ。/ それを読んだ。
   b. 太郎は雑誌を買った。そして、読んだ。

読み手（あるいは聞き手）にとって、(1a) の2つの文のあいだの関係を解釈する手掛かりは、「その雑誌」と「それ」です。どちらも前の文の「雑誌」を指していると理解できます。「その雑誌」や「それ」がないと、読んだものが不明で、2つの文が意味的につながりません。このように、前の文中の名詞句と次の文の名詞句を同定するプロセスを照応と言います。指示語は照応関係の理解を助けます。

(1b) には、2つの文をつなぐ接続詞「そして」があります。接続詞「そして」を介して、読み手は、文字化されていないあとの文の対象である「読んだもの」が、前の文のハで主題化された主語「太郎」が買った「雑誌」を指すと理解します。このように、前の文とあとの文の論理的な関係を連接関係と言います。接続詞「そして」は2つの文の連接関係を示す言語形式です。

読み手の理解は (1′a, b) のようになります。ϕ は文字化されていない対象を、i は同じものを指すことを示すインデックスです。

(1′) a. 太郎は雑誌 i を買った。??? ϕi 読んだ。/ その雑誌 i を読んだ。/ それ i を読んだ。
   b. 太郎は雑誌 i を買った。そして、ϕi 読んだ。

指示語は (1′a) のように、指示 (「その雑誌」) にも代用 (「それ」) にも関わります。指示語がないと 2 つの文の結束性が弱くなります。また、接続表現は、(1′b) のように、文と文を論理的につなぎ、省略された部分の復元に貢献し、2 つの文の結束性を強めます。

指示語や接続表現が関わる照応関係は、文中の指示語や名詞句とそれが指示する対象との関係です。文中の指示表現や名詞句は照応表現 (anaphoric expression)、その表現が指示するモノは指示対象 (referent) と呼ばれます。Halliday and Hasan は、指示を 3 種類認めます。指示語が (1′a) のように、先行する文脈を参照する場合を前方照応 (anaphora)、反対に、後続する文脈を参照する場合を後方照応 (cataphora)、そして、文章などの文脈の外の、いわば物理的な世界の状況を参照する場合を外界照応 (exophora) と呼びます。

13.1 照応関係の指標：指示語

指示語はコソアド語と呼ばれ、品詞の境を超えて、(2) のような分布をなす語群です。

指示語には、会話のイマ・ココの要素を、話し手が聞き手との関係で位置づけて使い分ける現場指示の用法と、文脈中の話題などの要素を指し示す文脈指示の用法があります。たとえば、(2a) は現場指示用法で、(2b) は文脈指示用法です。

表 1　コソアド語の体系　（近藤 2008a から）

品詞		指示語			疑問語
		コ系統	ソ系統	ア系統	ド系統
名詞	（モノ）	コレ	ソレ	アレ	ドレ
	（場所）	ココ	ソコ	アソコ	ドコ
	（ヒト）	コイツ	ソイツ	アイツ	ドイツ
	（方向）	コチラ コッチ	ソチラ ソッチ	アチラ アッチ	ドチラ ドッチ
連体詞	（モノ）	コノ	ソノ	アノ	ドノ
	（状態）	コンナ	ソンナ	アンナ	ドンナ
副詞		コウ	ソウ	アア	ドウ

(2) a. A：ソレ、よさそうですね。
　　　　B：コレですか。ええ、使いやすいですよ。
　　b. A：ねえ、田中さんて知ってる？
　　　　B：知ってるよ。アノ人いい人だよね。

　2つの用法は、使用原理が異なります。日本語教育では、現場指示用法の導入と練習は初級の早い段階で行われ、きめ細かな指導がされますが、文脈指示用法の指導の位置づけが明確でなく、日本語学習者は、学習段階が上がっても、現場指示用法を文脈指示用法に過剰一般化する誤用が見られます。2つの用法の違いを以下で確認します。なお、コソアド語の解説では、読み手ではなく聞き手を使います。

13.1.1　現場指示のコソアド

　現場指示用法は、会話のイマ・ココでの話し手の〈見え〉に基づいて、話し手・聞き手・両者が見つめるモノXの3項関係の〈共同注意〉が関わると考えます。現場指示のコソアドが形成する照応関係は、指示対象が言語的文脈の外にある外界照応の場合です。

　日本語学では、一般に、現場指示の指示語の使い方を2つのタイプに分けて論じます。1つは、話し手が聞き手の領域を自身の領域と対立するものとして捉える対立型、もう1つは、話し手が自身の領域を聞き手のそれと一体化して捉える融合型です。それぞれ、(3)のように図示されます。

(3) 　　　　　対立型　　　　　　　　　　　融合型

　コソアが使い分けられるのは対立型で、融合型ではコとソが融合してコとなり、基本的にコとアとの使い分けになります。

　対立型は、「見えない〈私〉」である話し手の〈見え〉に聞き手を認める場合、融合型は、話し手も聞き手も〈見えない〉、いわば「見えない〈私たち〉」の場合と考えてみます。

(4)　（聞き手が持っている PC を見て）
　　A1：　ソレ／ソノ PC、よさそうですね。
　　B1：　コレですか。ええ、使いやすいですよ。
　　A2：　アレは、誰のでしょう。
　　B2：　アレですか？　さあ…。

　(4)では、A も B も会話のイマ・ココで共同注意の状態にいます。A の〈見え〉には B がいます。A は〈見え〉の中の B の持ち物である PC（X）をソ系で指し、B に属する X へと B の視線を誘導することで、X が共通の〈見え〉になります。B は、A の〈見え〉で B 自身がソ系の領域にいることを確認し、共通の〈見え〉となった自身の X が自分の領域にあることをコ系で指し示します。
　次に、A2 が、共通の〈見え〉になかったモノ（Y）を共通の〈見え〉に取り込むべく、B の〈共同注意〉を促すのですが、この段階で、A と B が融合し「見えない〈私たち〉」を形成し、「見えない〈私たち〉」の領域の外にある Y をア系で指すと考えます。

(5)　（家電量販店で）
　　A：　ねえ、コノ PC、よさそうだね。
　　B：　ああ、コレ？　あまり高くないしね。
　　A：　アレはどうだろう？
　　B：　アレもよさそうだけど、高いんじゃないかな。

　(5)は融合型の例です。A と B は「見えない〈私たち〉」で、共通の〈見え〉にある PC（X）をコ系で指し示し、「見えない〈私たち〉」の領域の外にあるモノ（Y）をア系で指し示します。
　次のようにまとめます。※注28

(6)　　現場指示のコソアド
　　　　対立型：「見えない〈私〉」の話し手の〈見え〉には相手がおり、話し手は相手の領域にあるモノ（X）をソ系で指し、相手からソ系で指されたもの（Y）は、話し手自身の領域にあるということをコ系で指して、X と Y への共同注意を志向する。
　　　　融合型：相手と共通の〈見え〉になかったモノ（X）を共通の〈見え〉として取り込む場合、話し手は相手と「見えない〈私たち〉」を形成

し、共通の〈見え〉の外にあるモノ X をア系で指し示して、X への共同注意を志向する。

ただし、(7) が示すように、融合型の場合にソ系が使われることがあります。「見えない〈私たち〉」の領域の外とまでは言えない程度のところにある X に〈共同注意〉をする場合です。その場合は、コ系でもア系でもなく、ソ系が選択されます。ただ、融合型の〈共同注意〉のソが使われる場面は限られているようです。例を見てみましょう。

(7) （駐車場の 2 階で）
    運転者：どこに停めようか。3 階はいつも空いているけど、2 階のほうが便利だ。
    助手席の同乗者：そうだね。じゃあ、ソコはどう？
    運転者：あ、いいね。ソコに停めよう。

(8) （デパートで）
    A：ねえ、コノ服どうかしら？
    B：コレねえ。悪くないけど…。ねえ、ソレはどう？
    A：あ、ソレもいいわね。

(7) は、駐車場で「見えない〈私たち〉」が駐車スペースを探している場合、(8) は、同じく「見えない〈私たち〉」がデパートで服を選んでいる場合です。(7) は、運転者と助手席の同乗者は「見えない〈私たち〉」の領域からそんなに遠くない駐車スペース (X) への〈共同注意〉を志向し、(8) も同様に 2 人の客は「見えない〈私たち〉」を形成して、その領域からそんなに遠くないところにある服 (X) への〈共同注意〉を志向しています。

13.1.2 文脈指示のコソアド

会話のイマ・ココにないモノやコトを話題にしてやりとりする場合、文脈指示のコソアドが現れます。文脈指示のコソアドの指示対象の同定は、文脈中に指示語の指示対象を、探索することで行われます。探索の領域となる文脈は、会話なら、直前の先行会話あるいは想定される直後の後行会話、小説などの書きことばなら前後の文字文脈です。基本的には「語り」の文脈で、指示対象は会話のイマ・ココの要素ではありません。また、話し手と聞き手の記憶も指示

対象を探索する文脈になりえます。あとで見るように、前方照応が一般的ですが、後方照応も観察されます。文脈の性質を考慮しつつ、文脈指示の指示語の振る舞いを考えます。

日本語学習者に見られる誤用に (9) のようなものがあります。

(9) 学習者：昨日、友だちから手紙がきました。
　　母語話者：そうですか。
　　学習者：はい。アノ人は、小学校からの友だちです。
　　母語話者：ふうん???（アノ人って？　ソノ人じゃない？）

学習者は、母語話者がソ形を使うところでア形を使っており、それが不自然さの原因です。文脈指示では、話し手と聞き手が共有している情報はア形で、どちらかしか知らない情報はソ形で指示します。

(10) A1：昨日、田中さんに会ったんだけど、アノ人、いつも忙しそうだね。
　　 B ：田中さんて？　ソノ人に会ったことあったかな……。
　　 A2：知らなかった？　ごめん、ソノの人、ゼミの先輩なんだ。

A1は「田中さん」がBと共通の知人だと思って「アノ人」と言いますが、Bは知らない人であることを「ソノ人」で言語化します。それを受けてA2も「ソノ人」で指示します。英語では会話の文脈に導入された情報は、会話参加者の共有の情報となり、話し手も聞き手も that で指示することが可能ですが、日本語では、話し手と聞き手の共有の情報は、直前の文脈上の旧情報や伝聞ではなく、話し手と聞き手が相互に直接体験に基づいた情報として保持している必要があります。

(11) A ：駅前の新しいカフェで食事したんだけど、結構おいしかったヨ。
　　 B ：え、知らない。Cさん、ソノ店知ってる？
　　 C1：うん。アソコは料理もおいしいし、雰囲気もいいネ。
　　 C2：うん。ソコは料理もおいしいし、雰囲気もいいヨ。

(11)では、AとCは新しいカフェを直接体験しており、共有情報として持っていますが、Bにはその情報がないことが「ソノ店」で示されます。ここで、Cには、2通りの返事が可能です。C1は、Aとの共有情報として「アソコ」で

指示し、かつ終助詞のネでAとの共感を表します。一方、C2は、新しいカフェを知らないBに配慮して、「ソコ」を使い、かつ終助詞ヨでBの注意をカフェの情報に向けています。

　仮にAが、Bが新しいカフェの情報がないかもしれないと思っている場合は、「〜トイウN」を使って、次のような会話になります。

(12)　A：駅前の「洋食屋さん」テイウレストラン、知ってる？
　　　B：ああ、アノ店、知ってる。なかなかおいしいヨ。
　　　A：ソノ店、最近、話題になっている店でしょ？
　　　B：うん、アソコは、いちど行ってみるといいヨ。

　(13)も「〜トイウ」を使う場面です。秘書は田中を知らないことがトイウで分かります。部長も「ソノ人」を使って、知らない人であることが示されます。

(13)　秘書：さきほど、田中様トイウからお電話がございました。
　　　部長：ええと、田中さん？　ソノ人、どんな用だって？

　ここから、ソ形は、「見えない〈私〉」にも「見えない〈私たち〉」にも属さないモノや情報（X）であることを示します。また、ア形は「見えない〈私〉」にも「見えない〈私たち〉」にも共有のXであることを示します。ア形の指示対象は、直前の文脈ではありません。探索する領域は、話し手と聞き手の記憶にある文脈です。これが、文脈指示の基本です。

　基本的には、会話の文脈指示にはソ形とア形が使われますが、コ形が現れないわけではありません。次のように、話し手が、聞き手が知らないXについて、説明の文脈を補うことがあります。その場合はコ形も現れます。

(14)　A：田中ッテイウ知人がいるんですが、コノ人/ソノ人が最近、起業して、なかなかいい仕事をしているようで…。
　　　B：そうですか。＊コノ方/ソノ方の仕事はどんな仕事ですか。

　Aは、Bが知らない人物に言及した文の要素を次の文で指示する場合、ソ形はもちろんですが、コ形も使うことができます。これは、一人語りのような文脈です。語り手は、冒頭で、聞き手にとって新情報をトイウで導入し、後続の文で直前の話題を指示する場合です。

(15a, b) のように、語りの始めに登場人物を紹介し、続けて、その人物について情報を重ねる文字文脈では珍しいことではありません

(15) a. 昔、隣に山田トイウ人が住んでいた。コノ人／ソノ人は、……
 b. 先日、最近、話題になっている本を買った。コノ本／ソノ本の作者は、……。

(15a, b) のコ形とソ形は微妙にニュアンスが異なります。コ形は、語り手自身も同じ舞台に入り込んで、話題になっている対象（山田という人／話題になっている本）のごくそばにいるように、ソ形は、語り手が舞台の外で話題の対象から距離を置いたように描写している点に違いがあります。現場指示の融合型の解釈に似て、語り手と読み手が形成する「見えない〈私たち〉」の共有領域をさすコ形、共同注意を促すソ形の拡張と考えられるかもしれません。

しかし、コ形しか使えない場合が2つあります。第一は、(16) のように、前の文の情報全体を次の文中で指示する場合で、前方照応です。第二は、(17) (18) のように、語り手が話題にしようとしているXを先取りした形で導入する場合で、後方照応です。コ形は前方照応も後方照応にも使えます。

(16) 地球の温暖化。コノ／＊ソノ現象は、いまや世界中に災禍をもたらしている。
(17) 先日、コンナこと／＊ソンナことがあったんです。デパートで買い物をしていて、気がついたら、財布がないんです。…
(18) 一斉休暇の件ですが、私は個人的にコノように／＊ソノように思います。同じ時に全員が休暇をとるのではなく、休みを分散させたほうが効率が良いのではないかと。

反対に、ソ形しか使えない場合もあります。(19) のように、直前の文脈の情報の一部を後続の文脈で代用する場合がそれです。(19) の指示語は「日本語の表記法」ではなく「表記法」を代用しています。

(19) 日本語の表記法は、西欧語のソレ／＊コレに比べると、文字の種類も数も多く、学習に時間がかかる。

語りにおける文脈指示は語り手が立ち位置をどうとるかという、視点論でい

う視座にも関係しますので、分析が難しいものです。

13.2 　連接関係の指標：接続表現

　談話を構成する要素と要素のあいだに成り立つ結束的な関係が連接関係です。連接関係の理解には、意味内容を手がかりとするものと、接続表現を手がかりとするものがあります。接続表現の解説では、聞き手ではなく読み手を使います。

　意味内容を手がかりにする研究（Hobbs 1985、亀山 1999、Mann & Thompson 1986 など）は、談話を構成する要素と要素のあいだに意味を見出し、それを手がかりに内容のつながり、つまり連接関係を分析するものです。たとえば、ランダムにつないだいくつかの文を与えられたとき、読み手は、つながりがないはずの文と文のあいだに何らかの関係性を読み込もうとします。それには、談話にはひとまとまり性がある、内容には一貫性があるという読み手の見込みが前提となっており、言語的な手がかりなしに読み込まれる関係性の分析です。紙面の関係もあり、ここでは触れませんが、阿部ほか（1994）などで解説されています。

　一方、接続表現を手がかりとする文章論の研究（市川 1978、永野 1986、佐久間 1989 など）は、さまざまな接続表現の記述的分析から連接関係を論じるものです。第 12 章で扱った接続助詞も接続表現で、主節と従属節をつないで複文を作り、その 2 つの節の論理的な関係を表す助詞です。本節で扱うのは、いわゆる接続詞を含む接続表現で、文と文の関係を表示して、談話に整合性をもたらす言語形式です。冒頭の（1´b）で示したように、接続表現は、読み手（あるいは聞き手）に談話の連接関係の解釈の手がかりとなり、連接関係をもとに、あとの文で省略されている要素の指示対象を前の文に探索し、復元可能な解釈に導きます。

13.2.1 　文と文の連接関係：接続詞

　本節では、「そして」などの接続詞を中心に連接関係の言語的な手がかりとなる形式について考えます。連接関係は、基本的には 2 つの文のあいだの関係を表す概念ですが、日常言語では、段落と段落の関係にも使われます。段落を複数の文が集まって、意味的なまとまりをなす単位と考えると、前後の段落の中心となる文の連接関係をもとに段落間の連接関係を考えることができます（ただし、段落や中心文はそれ自体大きな研究対象で、ここで詳細を扱うことはできません）。いわゆる接続詞が表す 2 つの文の関係、または 2 つの段落の関係

はおおむね表2のように整理されます。

表2 接続表現と連接関係（近藤2008a: 146に基づく）

連接関係	接続表現例
順接（P → Q）	だから、それで、すると、そこで、そのために
累加（P & Q）	そして、それに、また、そのうえ、それから、しかも
対比（逆接）（P but Q）	一方で、反対に、逆に
話題の転換	ところで、さて、それはさておき
補足	なお、ちなみに、ただし
言い換え（P = Q）	つまり、要するに、いわば
例示	たとえば
総括	以上のように、このように、こうして

このような接続表現は、読み手にとっては、前後の2つの文あるいは2つの段落間の意味の解釈に当たって、第11章11.3節のノダによる関連づけで述べた「手続き的意味」を持つと考えられます。表2にある連接関係を、当該の2つの文（あるいは段落）のあいだに読み込んで解釈せよという手続き的意味を持つ言語形式で、読みの言語的な手がかりです。たとえば、ダカラやソレデがあれば、そのあとに来る文や段落をP → QのQとして解釈せよ、マタやソレニがあれば、前後の内容を加算せよというような解釈の手続き的意味を示すことで、読み手の解釈上の負担を軽減します。2文間の連接関係ならともかく、接続表現のない複数の段落の読みには接続表現のある場合に比べて、より多くの時間がかかるでしょう。

接続表現全般には触れませんが、ソ形の指示語を含むソシテ、ソレカラ、ソコデ、ソレニ、ソレデについて考えます。例としてソシテとソレカラを比べるために、(20) の後ろの文の内容を考えてください。

(20) a. 昨日、大学に行きました。ソシテ_____
　　　b. 昨日、大学に行きました。ソレカラ_____

(20a) のソシテは、テ形接続ですから、前文の行為をした時間的延長上ですみやかに行う活動を期待します。また、(20b) のソレカラは、前文の行為の完

了時を起点とした移動が含意されます。ソ形接続表現の連接は、それぞれの構造的な成り立ちに関連します。当該の表現の構造は表3のようになります。

表3　ソ形の接続表現

接続詞	内部構造
そして	代用表現を含む「そうする」のテ形接続
それから	モノを表す指示語「それ」＋起点を示す助詞「から」がついたもの
それに	モノを表す指示語「それ」＋累加を示す助詞「に」がついたもの
それで	モノを表す指示語「それ」＋原因を示す助詞「で」がついたもの
そこで	場所を表す指示語「そこ」＋場所を示す助詞「で」がついたもの

　日本語母語の話し手なら、問題なく (20) の後ろの文を完成できますが、日本語学習者には、このような表現の使い分けは難しいものです。学習者の誤用には (21) のようなものがあります (*cf.* 市川 2010)。

(21) a. 昨日、宿題が終わった。??そして（→それから）サッカーをやっていました。
　　 b. 家に帰りたい。??それから（→そして）ラジオを聴きたい。
　　 c. お金が無くなりました。＊それに（→それで）本を買わないで帰りました。
　　 d. 大学院を卒業して、会社に就職して、??それで（→それから）国へ帰ります。
　　 e. 最近〇〇は住みにくいと言われている。?それで（→そこで）〇〇に引っ越すことにしました。
　　 f. 説明をしてくれた。?そこで（→それで）分かった。
　　 g. 毎日勉強をする。???それから（→それで）成績が上がっている。

　(21) の誤用例から次のようなことが分かります。ソシテは代用表現のソウスルのテ形接続に由来し、基本的に並列的な累加表現ですが、ソレカラはソレに起点のカラがついて、前文の事態の成立を起点として後ろの文の事態をつなぐ時間的な累加表現で、明確な時間的前後関係を表す表現です。(21a) のサッカーをした時点が宿題をした時点よりあとであるという時間的な前後関係を表すに

はソレカラが適当です。反対に、(21b) は、ラジオを聴く時点が家に帰りつく時点よりあとであるという時間的な前後関係ではなく、家に帰ることとラジオを聴くことが時間軸上ですみやかに連続したことを表すには、ソシテが適当です。(21c) のソレニは、前の事態を指すソレにニで同類のものを追加する累加表現で、前の文の事態とあとの文の事態が同じ種類の事態であることが必要です。(21d, e) のソレデは、基本的に前の文が原因や理由である必要がありますが、(21d) は、時間的な前後関係です。また、(21e) は、ソレデを使って前文が原因であると読めなくはありませんが、前文の情報を得た時点で何か変化が起きたということを表すには、ソコデがより自然です。逆に、(21f) のソコデは前の文の「説明」があった時点であとの文の「理解」が生じたという解釈より、前の文の「説明」をあとの文の「理解」の理由と捉えるほうが自然です。同様に、(21g) のソレカラで勉強をすることと成績が上がったことが単に時間の前後関係であると解釈するより、ソレデで前の文の「勉強」をあとの文の「成績向上」の理由と解釈するほうが自然です。このように、順接あるいは累加を表すとされるソ形の接続表現は、各表現の成り立ちがそれぞれの連接関係の解釈の手がかりになります。

　順接の理由や原因を表すダカラとソレデの違いも同様です。ダカラは、カラが前の文があとの文の理由や根拠であることを明示しますが、ソレデの使用には、前の文とあとの文の表す事態が原因と結果という論理的な因果関係にあることが必要です。

(22)　a.　太郎は就職が決まった。ダカラ / ??? ソレデ、安心しただろう。
　　　b.　太郎は就職が決まった。ダカラ / ソレデ、明るい顔をしている。

　(22a) の前の文はあとの文の話し手の推論の根拠であって、確定した事実間の因果関係でないため、ソレデは使えません（ただし、あとの文が関連づけのノダ文の場合、ソレデも可能です）。一方、(22b) は、前の文もあとの文も確定した事態で、そのあいだに因果関係を読み取ることが可能ですから、ソレデも適切に使えます。

　以上のように、同じ類型に属する接続詞でも、それぞれの連接関係の理解には、個々の接続表現が指示する手続き的な意味の分析が必要です。

13.2.2　文から談話へ：文章論、談話連結語、談話標識

　現在、接続表現の研究は、文文法レベルの狭義の接続表現の分析にとどまら

ず、談話を構成する単位間の連接関係の分析へと拡張して捉えられています。

　まず、読み手による文章理解には、文より大きな言語単位である段落と段落の連接関係の理解、複数の段落からなる文章構造の理解が前提となります。段落を構成する文と文の連接関係のみでなく、段落間の話題の展開、文章中の話題の転換がどのようになされるか、複数の段落がどのような相互関係で文章としてのまとまり（一貫性）を成すかなどの研究では、永野（1986）の統括論、佐久間（1992）の「段」の研究を始めとして、文章の構造に関する研究が文章論の分野でなされています。佐治（1991: 299）も、接続詞を文の内外の接続詞と文の外側の接続詞の概念で二分し、文間の連接と話題間の連接を捉えようとしています。

　また、そのような研究をもとに、日本語学習者の産出する日本語の文章分析とその結果に基づく指導法の検討も行われるようになりました。

　また、第11章で扱った文間の関連づけの形式のノダ文を、たとえば (23) のような複数の文のあいだの連接関係に応用する可能性を示唆する分析もあります。

(23)　昨日、久しぶりに出かけたら、田中さんに会ったンデス。卒業式以来で、久しぶりにお茶でも…となって、喫茶店に入ったンデス。そうしたら、そこに、山本さんがいたンデス。それで、3人でお茶をしたンデス。楽しかったです。

　近藤（2002）はノダを関連性理論の談話連結語（Discourse Connectives）として分析し、文と文のローカルな関連づけをもとに、談話の展開に関与する言語形式としての可能性を示唆します。また、角田（2004）は、モダリティ表現としてのノダの振る舞いの背後には、「認識→疑問→推察→答え」という話し手（書き手）の思考のプロセスがあると主張し、ノダの実際の使用には、そのプロセスの連鎖が存在しうると主張します。

　近年の談話分析（Discourse Analysis）の分野では、談話の内部構造を捉えるさまざまな分析手段が提案されています。Schiffrin（1987）の談話標識（Discourse Markers）の理論もその例です。Schiffrin は、談話を構成する単位をトーク（talk）とし、トークとトークの連接関係に関与する一連の言語表現を談話標識と呼びます。そして、well、oh、now、then、y'know、I mean などに加えて、and、but、or、so、because なども英語の談話標識とし、それらがどのように談話展開に寄与するかを論じています。談話標識の概念をもとに、日本語の談

話標識の分析も進んでいます。「ええ」「ああ」「まあ」などの感動詞、「ええと」「そうですか」などのあいづちやフィラー、「だよね」「ね」などの終助詞、また「だから」「だって」「でも」などの接続表現を談話標識として分析する研究があります。連接を大きく捉えて分析した研究に甲田（2001）があります。これは、談話の構造を表示する言語手段として接続詞を談話標識の観点から捉えなおし、テクスト理解に関わる読み手の推論のしくみを明かにしようとした研究です。

　日本語の文法研究が、文レベルから談話レベルへ、さらにさまざまなジャンルのテクスト分析や談話分析へと拡がり、談話の文法と談話の構造が明らかにされつつあります。※注29

第 14 章　待遇表現
人間関係の標識

　言語を介したコミュニケーションで、話し手は、会話の場の改まり度、会話の場の構成員、自分自身と聞き手、話題と話題の人物などを考慮して語彙や表現を選択しています。どの言語にも人間関係や会話のイマ・ココの要素に配慮したことば遣いがありますが、日本語学習者にとって母語や習得レベルを問わず難しい項目の筆頭は日本語の敬語のようです。また、敬語の使い分けは、母語話者にとってもなかなか難しいことです。
　人間関係に配慮したことば遣い、発話の場での態度や振る舞いを待遇行動と言い、その中で言語に特化したものを待遇表現と言います。待遇というのは、会話の場を構成する人物や会話の話題として取り上げる人物を話し手がどのように表現するか、どのように遇するかということです。待遇表現は、丁寧な物言いからぞんざいな話し方まで多様ですが、その中で、会話の改まり度や聞き手や話題の人物に対する話し手の「敬意」を表すものを敬語と呼びます。敬語の研究の歴史は古く、昨今の日本語の話しことばの研究では、特に、敬語への関心が高くなり、関連図書の多さに反映しています（参考文献をご覧ください）。
　近年、コミュニケーション手段の多様化により、対面の会話や講義・講演会での口頭のやりとり、また、非対面場面での電話や手紙によるコミュニケーションだけでなく、さまざまなソーシャル・メディアを介して、意思伝達や情報交換の手段が多様化しています。その多様性に対応して、独特な表現やことば遣いが生まれています。本書は、以下の章で、対面会話に場面を絞り、そこで観察される基本的な待遇表現である敬語を取り上げます。

14.1　相対敬語と絶対敬語、対者敬語と素材敬語、人間関係
　敬語の基本的な捉え方に、相対敬語と絶対敬語という、2通りがあります。おおむね次のように区別されます。

(1)　相対敬語: 同じ人物の言動が、会話の場や聞き手との関係で、さまざま

な描写のされ方をする。たとえば、身内の言動を身内以外の聞き手に話すときと、身内で話すときでは、同じ人物の言動の描写に使われる表現が異なりうる。同じ人物について、その人を高めるかどうかは、話し手が、聞き手を含む発話のイマ・ココの要素に照らして相対的に決定する。

絶対敬語: 敬意を持って表現される人物は、発話のイマ・ココの要素と無関係に、常に高められる。

日本語の敬語は、会話のイマ・ココの構成要素である話し手と聞き手、および話題にしている第三者との関係に基づいて表現を調整する敬語で、同じ人物への敬意が発話の場の条件によって変わりうる相対敬語です。絶対敬語の例として挙げられることが多いのは韓国語の敬語です。韓国語の敬語使用の基本は年齢による人間関係で、第三者に話すときも話し手自身の両親に尊敬語を使います。

日本語の敬語の使い分けには、第6章の6.1節のウチとソトの概念が関わります。話し手〈私〉のウチの人物のことを話し手のソトの人物の前で話すときと、話し手のウチの人物の前で話すときとでは、異なる表現を使います。敬語は、人間関係や会話の場の状況をもとに、どの表現を使うか選択され、固定されていません。あくまでも話し手が発話のイマ・ココで自分と聞き手、あるいは話題の人物との関係をどのように評価したかということの現れであり、その意味で、話し手の自己表現の言語手段です。

日本語の敬語は、対者敬語（あるいは相手敬語）と素材敬語（あるいは話題敬語）に分類されます。

(2) 対者敬語と素材敬語
　　対者敬語: 話し手が話のイマ・ココの要素に基づいて聞き手に対する敬意を表すもので、主として文体に現れる。
　　素材敬語: 話し手が話題の人物に対する「敬意」を込めた待遇意識を表すもの。

待遇表現を選択する際に、話し手と聞き手、あるいは話題の人物との関係で考慮される基本は、人間関係の距離の概念です。人間関係の距離には(3)のような縦と横の関係的な距離があります。日本語記述文法会編（2009: 233）の「立場関係」を上下の距離と考えます。

(3) 敬語使用の人間関係の距離：
　　　縦の距離＝力関係
　　　　上下関係：年齢、身分、職務、経歴
　　　　立場関係：教師 - 生徒、雇い主 - 雇用人、客 - 店員、（モノ・恩恵の）
　　　　　　　　　与え手 - 貰い手
　　　横の距離＝親疎関係（cf. ウチ・ソトの関係）
　　　　社会的親疎関係：身内かどうか、職場内か外か
　　　　心理的親疎関係：親しいかどうか

　現在、敬語の分析は、文化審議会（2007）の指針に準じて、従来の敬語の3分類（尊敬語、謙譲語、丁寧語）を5分類にして、表1のように整理されます。対者敬語の丁寧体は「です・ます」型として丁寧語に分類されます。

表1　『敬語の指針』（2007: 13）

2007年の提案：5分類		2007年以前
尊敬語	「いらっしゃる・おっしゃる」型	尊敬語
謙譲語Ⅰ	「伺う・申し上げる」型	謙譲語
謙譲語Ⅱ（丁重語）	「参る・申す」型	
丁寧語	「です・ます」型	丁寧語
美化語	「お酒・お料理」型	

　対者敬語と素材敬語は対立概念ではありません。話題の人物と聞き手が一致する場合は、話し手〈私〉は聞き手との距離によって、尊敬語と丁寧体の組み合わせだけでなく、尊敬語と普通体の組み合わせも使います。この場合の距離は、社会的上下関係の上下の距離と横の関係の親疎の距離の両方が関わります。「明日いらっしゃいますか」「昨日何をなさいましたか」「お昼は何を召し上がりますか」などは尊敬語（素材敬語）と丁寧体（対者敬語）の組み合わせです。話し手が、話題の人物（この場合は聞き手）との社会的距離に基づいて敬意を明示しつつ、聞き手との距離（ソト）を意識していることが表れています。
　「明日いらっしゃる？」「昨日、何をなさった？」「お昼は何を召し上がる？」などは尊敬語（素材敬語）と普通体（対者敬語）の組み合わせです。話し手は、尊敬語によって話題の人物（この場合は聞き手）に敬意を表しながら、聞き手を自身に親しい間柄（ウチ）と捉え、普通体によって、距離がないと判断したことを

表しています。

　ただし、尊敬語と普通体の組み合わせは、話し手が縦の関係で自身より下で、かつ横の関係で親しい聞き手に対して用いるのが普通で、話し手が聞き手に対する人間関係の捉え方を明示することになり、使用に際して配慮が必要です。

14.2　対者敬語を表す文体と文体の切り替え：丁寧さ

　会話で普通体を使うか丁寧体を使うかは、話し手が会話のイマ・ココで、聞き手に対してどのような敬意を持っているかで決まります。この場合の敬意は、話し手が聞き手に対して抱く距離感と言ってもよいものです。この場合の距離には、縦の距離としての社会的な上下関係だけでなく、横の距離としてのウチとソトの概念が含まれます。ウチは親しさを意味し、ソトは疎遠を意味する親疎の違いです。

　通常、話し手が、聞き手に対する距離を〈親〉であると判断した場合は普通体を、〈疎〉であると判断した場合は丁寧体を選択します。日本語は相対敬語ですから、話し手が同じ聞き手に対する距離感は固定的ではありません。あるときは〈親〉、またあるときは〈疎〉になりうるということで、話し手と聞き手の人間関係の変化に敏感です。話し手が聞き手をウチだと認める場合もあれば、同じ聞き手をソトだと認める場合もあります。たとえば、親しい友人同士の会話では〈親〉であることをそのまま表明しても問題ありませんが、会話の場に話し手のソトの人物が存在すると、会話の場の改まり度を考えて、親しい友人でも距離がある、つまりソトとみなし、それに相応した文体を使用します。これを文体の切り替えと言います。

　文体の切り替えは、発話の場のソトの要素が要請する改まり度だけでなく、話し手が聞き手に対する個人的な感情の変化にも敏感です。たとえば、親しさ〈ウチ〉が基本の人間関係である聞き手に対しても、話し手の心情がその聞き手に対して否定的である時は、通常の普通体ではなく、丁寧体を使うことで、話し手の一時的な〈疎〉の感情を聞き手に伝えることができます。また、その反対も真で、初対面から〈疎〉の関係を保ってきた聞き手に対して、そろそろ親しい関係に変えたいと思う時に、心理的距離が縮まったこと、〈親〉だと判断したことを、文体を普通体に切り替えて聞き手に伝えることが可能です。文体の切り替えから、聞き手は、話し手の聞き手に対する距離感の意図的表示を理解します。ただ、同じ会話の場面で、文体が何度も切り替わることもあり、その場合は、必ずしも話し手の感情の変化だけでなく、会話の話題の展開によることが指摘されています。そのような文体の切り替えは、談話分析あるいは会話分析

の研究対象です。

14.3　敬語の分類

日本語の敬語の分類には、文化審議会（2007）のほかに、日本語記述文法研究会（2009c）が表2の分類を提示しています。

表2　日本語記述文法研究会（2009c: 238）による敬語の分類

敬語の3分類	敬語の5分類	素材敬語／対者敬語	機能
尊敬語	尊敬語	素材敬語	話題の人物への敬意を表す
謙譲語	謙譲語		
	丁重語（＝謙譲語Ⅱ）	素材敬語的側面と対者敬語的側面を併せ持つ	話し手の品格を保持する
丁寧語	美化語		
	丁寧語	対者敬語	聞き手・場面への配慮を示す

表1と表2の違いは、丁重語（謙譲語Ⅱ）と美化語の扱いにあります。以下、表1と表2を比較しながら、それぞれの敬語をまとめます。

14.3.1　尊敬語

会話で話題となる人物に対して話し手が持つ敬意を表す素材敬語は、大きく尊敬語と謙譲語Ⅰに分かれます。尊敬語は、話し手の話題の人物に対する「敬意」を示す表現です。この尊敬語の使用に際しての「敬意」には仮に心から敬う気持ちがなくても、前節の（3）の人間関係の距離に配慮した選択であることの表出です。すると、尊敬語は、話し手が話題の人物とその言動を、人間関係の上下の距離の軸上で、自身のそれより上であると評価したことを表す表現だと言うことができます。「敬意」を話題の人物を「立てる」ことだとする分析（高橋 2016 など）も、相手を上下の距離上で自分より高い位置に置いて距離をとることと解釈することができます。

尊敬語の形態を考えましょう。尊敬語の動詞には、「いらっしゃる」「おっしゃる」「召し上がる」などの特別な敬語動詞のほかに「お書きになる」「お読みになる」「お調べになる」のように「お／ご＋動詞の語幹＋になる」の形でいろいろな動詞から作られるもの、また「書かれる」「読まれる」「使われる」のよう

に形態の上では受け身と同じ形になるものがあります。形容詞述語と名詞述語にも尊敬語形があります。

(4) 動詞述語の尊敬語：話し手が話題の人物を上下関係で上に評価したことを表す。
   a. 特別な尊敬動詞：いらっしゃる、召し上がる、おっしゃる、なさる
   b. お／ご＋動詞語幹＋になる：お読みになる、ご執筆になる、お調べになる
   c. お／ご＋動詞語幹＋だ：お読みだ、ご出席だ、お書きだ
   d. スル動詞語幹＋なさる：参加なさる、出席なさる、評価なさる
   e. 子音動詞＋are-ru／母音動詞＋rare-ru：読まれる、執筆される、調べられる

(5) 形容詞述語と名詞述語の尊敬語：話し手が上下関係で上に評価した話題の人物の属性や状態を表す。
   a. お＋形容詞：お若い、お忙しい、お優しい
   b. （お）形容詞語幹く（て）いらっしゃる：お若くていらっしゃる、お忙しくいらっしゃる、お優しくていらっしゃる
   c. お／ご＋ナ形容詞だ：お元気だ、おきれいだ、ご無事だ
   d. お／ご＋ナ形容詞でいらっしゃる：お元気でいらっしゃる、ご無事でいらっしゃる
   e. お／ご＋名詞だ：ご心配だ、ご友人だ、ご病気だ、お連れだ
   f. （お／ご＋）名詞でいらっしゃる：ご親族でいらっしゃる、友人でいらっしゃる

　(4)(5)は普通体で示してあります。言うまでもありませんが、「お書きだ」「お書きになる」「お元気だ」は、丁寧体で「お書きです」「お書きになります」「お元気です」となります。さまざまな尊敬語の中でどれを選択するかは、会話のイマ・ココの要素によるところが大きいですが、諸形式のあいだの敬意の度合いの異なりや使い方の制限についての指摘があります（日本語記述文法研究会編2009cなど）。参考文献をご参照ください。

　日本語教育では、いくつか配慮が必要な点があります。まず、「お～になる」は、語幹が1モーラの動詞には使えません。「見る」「する」「いる」「来る」は、特別の敬語動詞「ごらんになる」「なさる」「いらっしゃる／おいでになる」な

どを使います。「着る」「寝る」などは、「着られる」「寝られる」も可能ではありますが、自然さに問題があり、「着ていらっしゃる / 着てごらんになる」とか「お休みになる」などの表現で代用します。

次に、受け身形と同形の尊敬語動詞は、文脈と補語の助詞によって尊敬語かどうかを判断する必要があります。たとえば「この写真は、部長が撮られました」と「この写真は部長に撮られました」では、前者は、「部長」がガ格補語であることから、「撮られました」は「撮る」の尊敬語として解釈されますが、後者は、「部長」がニ格補語であることから、「撮られました」は「撮る」の受け身形で、受け身文と解釈されます。補語の格助詞がヒントになることが指導上のポイントです。

また、特別の敬語動詞「なさる」「いらっしゃる」「おっしゃる」のマス形は「帰る、分かる」などの活用に準じた「*なさります」「*いらっしゃります」「*おっしゃります」ではなく、「なさいます」「いらっしゃいます」「おっしゃいます」のようにイ音便になります。授受動詞の敬語形の「くださる」、「ある・いる」の謙譲語Ⅱの「ござる」も同様の音韻変化で、「くださいます」「ございます」となります。

14.3.2　謙譲語Ⅰ

謙譲語Ⅰは、話し手が聞き手や話題の人物に向けた自身あるいはウチの言動を、上下関係の軸上で自分自身を行為の向かう相手より低いところに位置づけた、つまり、自身自分を下げることで距離を生じさせたことを示す表現です。上下関係の軸上で、自身の言動を低く位置づけることで、相対的に話し手自身の行為の向かう先を高める効果をもたらします。

謙譲語Ⅰの形態を考えましょう。謙譲語Ⅰの動詞には、「おる」「申す」「伺う」などの特別な謙譲語動詞のほかに、「お書きする」「お読みする」「お調べする」のように「お＋動詞の語幹＋する」の形や「ご紹介する」「お電話する」「ご案内する」のように「お / ご＋スル動詞の語幹＋する」の形でいろいろな動詞から作られるものがあります。

(6)　動詞述語の謙譲語Ⅰ: 話し手が自身の行為の向かう先より自身を低めたことを表す。
　a.　特別な謙譲語Ⅰ動詞: 伺う、承る、お目にかかる、お目にかける、申し上げる、ご覧にいれる、存じ上げる、いただく
　b.　お / ご＋動詞語幹＋する: お書きする、お読みする、お伝えする、お送

りする
- c. お／ご＋動詞語幹＋いたす：お書きいたす、お読みいたす、お伝えいたす
- d. お／ご＋スル動詞語幹＋する／いたす：ご準備する／いたす、お電話する／いたす
- e. お／ご＋動詞語幹＋いただく：お書きいただく、ご連絡いただく
- f. 動詞テ形＋いただく：教えていただく、連絡していただく

(7) 名詞述語の謙譲語Ⅰ：話し手が行為の向かう先より自身を低めたときの属性を表す。
（自身より高く評価する人物に宛てた）お手紙／お電話／ご説明

(6e, f) は授受動詞モラウの尊敬語を補助動詞として使うものです。14.4 で取り上げます。

尊敬語同様、(6) は普通体で示してありますが、謙譲語Ⅰは会話では普通体で使われることは少なく、「いたす」「お書きする」「お書きいたす」は聞き手に配慮した形で、丁寧体の「いたします」「お書きします」「お書きいたします」が使われます。

日本語教育で、謙譲語Ⅰの指導で配慮が必要なことは、話し手〈私〉の行為が誰かに向かってなされること、その人のためにすることだという点の理解を徹底することです。

単に、自分自身の行為の謙虚な表現という理解で留まることがないように、学習者が、話し手〈私〉の行為の受益者が自身が上下の軸上で高めたい人物であることの理解を促すことが不可欠です。

14.3.3　謙譲語Ⅱ（丁重語）

相手に向かう行為ではないのに、次の例の下線部のような謙譲表現と思える動詞が使われることがあります。これらは、話し手が自身の話し方を会話のイマ・ココで丁寧で上品なものにしようとして意識的に使う敬語で、謙譲語Ⅱ（丁重語）と呼ばれます。

(8) a. 明日、海外に出張いたします。
  b. お下がりください。電車が参ります。
  c. 今日の午後は、自宅におります。

  d. ご覧ください。富士山が見えてまいりました。
  e. このところ、ずっと雨が続いております。

 「いたす」「参る」「おる」は、2007年の答申以前は丁重語と称されていたものです。ただ、謙譲語Iとの区別が分かりにくいので、母語話者にも学習者にも解釈が難しい敬語です。
 謙譲語Iが高めるべき誰かに向けた話し手の行為であるのに対して、(8a)の「出張いたす」も (8c) の「自宅におる」も、誰かに向けられた行為ではないことがポイントです。(8) のような謙譲語動詞の使い方は、行為が向かう相手ではなく、聞き手に対して、話し手の行為を改まって述べるときに謙譲語を使って自身を上下軸上で低く表現するものです。謙譲語Iと異なり、会話のイマ・ココでの聞き手に配慮した丁寧な話し方です。
 謙譲語II (丁重語) には (9) のような例があります。聞き手に配慮している点で対者敬語の性質を持ち、話し手自身の動作の敬語表現である点で、素材敬語の性質を持つと考えられます。これが、日本語記述文法研究会 (2009c: 238) の分類の根拠です。本書は、対者敬語の性質を持つことから、例を丁寧体で示します。

(9) 謙譲語II (丁重語)
  a. スル動詞の語幹＋いたします：出張いたします、結婚いたします
  b. 特別の謙譲語II (丁重語) 動詞：いたします、参ります、申します、存じます、おります、ございます

謙譲語Iと謙譲語IIを比べましょう

(10) a. (知人に)　息子は来年留学いたします。
  b. (客に)　では、お部屋にご案内いたします。
  c. (停留所で知人に)　あ、バスが参りました。
  d. (電話で) 明日、研究室に伺いますので、よろしくお願いいたします。
  e. (電話で) 明日、参りますので、よろしくお願いいたします。
  f. (知人に) 明日はひさしぶりに実家に参ります。楽しみです。
  g. (知人に) *明日はひさしぶりに実家に伺います。楽しみです。

 (10a, c, e, f) は謙譲語IIです。話し手〈私〉あるいは〈私〉のウチの行為を聞

き手に向かって丁重に述べているに過ぎません。一方、(10b, e) は謙譲語 I で、行為が向かう相手であり高めるべき相手が存在します。(10g) が非文であることからも、謙譲語 I の「伺う」と謙譲語 II の「参る」の違いが分かります。また、謙譲語 II の (10a) には「お／ご」がありませんが、(10b) の謙譲語 I には、「お／ご」があります。

　日本語教育の指導の観点から言うと、たとえば英語のような言語にはこの種の敬語はなく、また、多くの初級教科書の敬語の解説で、2種類の謙譲語の区別が明確ではありません。指導上の配慮が必要であることは言うまでもありません。

14.3.4　美化語

　美化語も話し手が自身の話し方を会話のイマ・ココで丁寧で美しいものにしようとして意識的に使う語彙です。「お酒」「ご飯」「お電話」「お菓子」「お土産」などで、「お茶を飲みましょう」「おすしを食べました」「和食のお店に行きました」のように、名詞に接頭辞の「お」や「ご」をつけたものが多いですが、「腹が減る」に対する「おなかがすく」なども美化語とされます。

　この限りでは、対者敬語と考えてよさそうですが、日本語記述文法研究会 (2009) は、美化語を謙譲語 II 同様、対者敬語の側面と素材敬語の側面を併せ持っていると分析しており、美化語が素材敬語と重なるのは、(11)（日本語記述文法研究会 2009c: 259）のように、文脈が尊敬語あるいは謙譲語をとる場合だとしています。

(11)　a.　お名前は何とおっしゃいますか。（尊敬語）
　　　b.　先生からご著書をいただいた。（尊敬語）
　　　c.　のちほどこちらからお電話を差し上げます。（謙譲語）
　　　d.　しばらくごぶさたいたしておりました。（謙譲語）

　尊敬語を使うべき人物に属することやものを言う時も、謙譲語を使うべき話し手〈私〉に属することやものを言う時にも使うことから、対者敬語の側面と素材敬語の側面を併せ持っていると分析することも可能ですが、どちらの文脈で使われても、話し手の話し方を上品に美化するための語彙であるという基本は変わりません。

　「お」や「ご」がもはや美化語の要素と言えなくなった語彙もあります。たとえば、「おにぎり」は「にぎり」にすると意味が変わります。「おかっぱ」も

「かっぱ」とは異なります。パーティなどの「お開きにします」も「ひらき」にすると別物になります。

「お」や「ご」がなくても本質的な意味が変わらないものもあります。「お酒」と「酒」、「お米」と「米」、「おつり」と「つり」などがそれです。接頭辞の有無は語彙の意味に変わりはなくても、あると柔らかい印象、上品な印象を与えると考えられます。

14.4　授受動詞の敬語形

第6章で扱った授受動詞の体系の基本であるモノ・恩恵の移動の方向性と〈私〉が依拠するところとウチ・ソトの基本は、授受動詞の敬語の体系に継承されます。それに、敬語の人間関係が追加されます。縦の人間関係の上下の距離については、、↑で上に位置される者を、↓で下に位置する者を示し、横の人間関係の親疎をウチ・ソトで示すと、表3のようなモノの授受、恩恵の授受の敬語体系になります。

表3の謙譲語としての与える動詞から見て行きます。すでに確認したように、謙譲語の使用は、〈私〉の行為が向かう先が存在することが条件です。しかし、「与え手〈私〉ガ　受け手ニ　モノをサシアゲル／〜シテサシアゲル」は、行為が向かう先の人物が恩恵の受け手であることを言語化するため、礼を失することになります。特に、(12)のように、行為が向かう先の人物が会話のイマ・ココに存在する場合は、その人物に対して、明示的に恩恵を与えたことを表す授受動詞の謙譲語の使用は回避されます。その代わりに、(12´a)の話し手が相手の意志に任せる敬語（いかが）や、(12´b)の話し手の主体的な行為を示す謙譲語や、(12´c)の謙譲語を使った行為の提供の形が使われます。

表3　モノ／恩恵の授受動詞の敬語形と〈私〉が依拠するところ（cf. 第6章　表3）

敬語	〈私〉の依拠するところ	ウチ・ソトの基本・力関係の基本
謙譲語	a. 与え手〈私〉ガ　受け手に　モノをサシアゲル　〜シテサシアゲル	〈私〉のウチ↓→モノ／恩恵→ソト↑
尊敬語	b. 与え手ガ　受け手〈私〉ニ　モノをクダサル　〜シテクダサル	ソト↑→モノ／恩恵→〈私〉のウチ↓
謙譲語	c. 受け手〈私〉ガ与え手ニ・カラモノをイタダク／〜シテイタダク	〈私〉のウチ↓←モノ／恩恵←ソト↑

(12) a. ?*先生、このお菓子をさしあげます。
　　 b. ?*部長、お荷物を持ってさしあげましょう。
　　 c. ?*お客様、窓を開けてさしあげましょうか。

(12´) a. 先生、お菓子、いかがですか。
　　　b. 部長、お荷物をお持ちします。
　　　c. お客様、窓をお開けしましょうか。

　日本語教育の現場では、敬語と授受動詞の使い方は学習者にとってハードルの1つになっています。学習者の産出する日本語には、丁寧に話そうとした結果、(12a, b, c)のような誤用が観察されます。授受動詞の尊敬形ではなく、(12´a, b, c)のような謙譲語の使用の適切さを指導することが大切です。
　基本的に、与える動詞を含め、相手に受け手に恩恵があることが含意される動詞は、授受動詞を使った謙譲語にはしにくいようです。たとえば、「教える」「貸す」なども、相手が自分の子どもなど、明らかに自分のウチである場合を除いて、授受動詞の謙譲表現にはなりにくいようです。この場合も、「英語をお教えしましょう」あるいは「車をお使いになりますか」などの謙譲語や尊敬語を使います。

(13) a. ?*部長、お子様に英語を教えてさしあげます。
　　　　→英語をお教えしましょうか。
　　 b. ?*部長、車を貸してさしあげましょうか。
　　　　→車をお使いになりますか。

　ただ、自分より上に位置する恩恵の受け手とその人のウチのメンバーが存在せず、話し手のウチのメンバーのみの場であれば、過去の出来事として語る(14)のような表現もありえます。ただし、サシアゲルではなく、アゲルが好まれるようです。

(14) a. 先日、先生に郷里の名物を（さし）あげたら、喜ばれたよ。
　　 b. 重そうだったので、部長の荷物を持って（さし）あげたんだ。
　　 c. 部長に車を貸して（さし）あげた。

　次に、表3の尊敬語としての与える動詞の「与え手ガ　受け手〈私〉ニ　モ

ノをクダサル／～シテクダサル」を考えます。この場合は、人間関係上、恩恵の受け手である話し手〈私〉とそのウチは与え手より低く位置づけられていますから、言語化に際して、(13) のような制約はありません。

(15) a. 先生がご著書をくださいました。
　　 b. 先生が推薦書をお書きくださいました／書いてくださいました。
　　 c. お客様がお持ちくださったお菓子

(15b) は、「動詞テ形＋してくださる」と「お／ご＋動詞語幹＋くださる」の可能性があります。どちらも「部長」の行為を高め、その恩恵が人間関係で下に位置づけられる話し手に及ぶことを表していますが、「お／ご＋動詞語幹＋くださる」のほうが「動詞テ形＋してくださる」より敬意の度合いが高いようです。この違いは、高めるべき人のために何かを勧めるときにも同様です。＞は敬意の違いを表します。

(16) a. どうぞお入りください＞入ってください。
　　 b. ここにおかけください＞かけてください。
　　 c. こちらで少々お待ちください＞待ってください。
　　 d. どうぞご自由におくつろぎください＞くつろいでください。
　　 e. ご自由にお取りください／お持ちください＞取ってください。

最後に表3の謙譲語としての受け取る動詞の敬語「受け手〈私〉ガ与え手ニ・カラモノをイタダク／～シテイタダク」を、先の謙譲語Ⅰの (6e, f) も加えて、考察します。

(17) a. 先生にご著書をいただきました。
　　 b. 先生に推薦書をお書きいただきました＞書いていただきました。
　　 c. お客様にお入りいただきました＞入っていただきました。
　　 d. お客様にお持ちいただいたお菓子

謙譲語としての受け取る動詞の敬語も、尊敬語としての与える動詞の敬語同様、「お／ご＋動詞語幹＋イタダク」のほうが「動詞テ形＋イタダク」より敬意の度合いが高いです。

イタダクには、基本的にモラウの使役性が継承されています。クダサルと比

べてみましょう。

(18) a. 先生がご著書をクダサイマシタ。
b. 先生にご著書をイタダキマシタ。
c. 先生が推薦書を書いてクダサイマシタ。
d. 先生に推薦書を書いてイタダキマシタ。
e. お客様がお持ちクダサッタお菓子
f. 客様にお持ちイタダイタお菓子

　モノの授受の (18a, b) では、2つの差がそれほど感じられませんが、恩恵の授受のクダサルを用いた (18c, e) からは、動作主体（先生、客）の意志的行為の恩恵が話し手に及んだことが伝わります。恩恵の授受のイタダクを用いた (18d, f) からは、話し手があらかじめ先生と客に依頼した行為の恩恵が自身に及んだというニュアンスが生じ、背後に使役の効果が含意されます。
　以上、待遇表現としてのさまざまな敬語のあり方を概観しました。敬語の適切な使用は日本語学習者はもとより、日本語母語の話し手にとっても、決してやさしいものではありません。次節で、近年の敬語使用の傾向について補足します。

14.5　待遇表現の動向

　最近では、母語話者にも敬語の適切な使用を難しいと感じている人が増えているようです。敬意を表すことばとして、謙譲語を尊敬語のつもりで使ってしまうケースを耳にすることが多くなりました。また、ファーストフード店やファミリーレストラン、スーパーマーケット、コンビニなどの接客用語などにも敬語本来の使い方と異なる表現が現れ、それがマニュアル化され、一般的な敬語使用の領域に広がりつつあるようです。これを敬語の乱れと懸念する声も聞かれます。
　このような現状を反映して、近年、敬語のゆれとされる現象を含め、敬語に関する文献が多数手に入るようになりました（井上1999、菊池2010、滝浦2005、2008、高橋2016など）。敬語の今後の変化の傾向は高橋 (2016) に簡潔にまとめられています。本節でも、いくつかの現象を例に待遇表現の使用動向を考えます。

[1]　尊敬語と謙譲語の混同と対者敬語使用への傾き

　素材敬語の尊敬語と謙譲語の区別は、特に意識的学習が必要なのですが、最近、尊敬語の代わりに使われる謙譲語をよく耳にします。(19)はその例です。

(19)　a.　*パンフレットはあちらでいただいてください。
　　　　　→お受け取りください。
　　　b.　*ずいぶんお待ちしましたか。
　　　　　→お待ちになりましたか。
　　　c.　*デザートは何をいただきますか。
　　　　　→召し上がりますか。
　　　d.　*寒いようでしたら、窓をお閉めしてください。
　　　　　→お閉めになってください。／お閉めください。

　待遇表現は、母語話者にとっても、母語の無意識的な獲得とは次元の異なる、意識的な学習を必要とするものです。ただ、実際には、社会人になるまでは、尊敬語と謙譲語の適切な使用が求められる状況は少なく、自然に習得するのは困難です。尊敬語も謙譲語もどちらも素材敬語ですが、話し手と話題の人物との距離のとり方は異なります。その正確な使い分けを耳にすることも、実際に練習をする機会も少なくなったのが現状のようです。

　実際のところ、会話の場にいない第三者を話題の人物として語り合う機会より、話し手と聞き手がお互いを話題の人物とする会話の機会のほうが多いと思います。話し手と聞き手に距離があれば、素材敬語の尊敬語と謙譲語を対者敬語の丁寧体と組み合わせて使用することが求められるはずです。話し手と聞き手の距離が近ければ、ウチ同士の普通体会話で済みます。前者は、いわば敬意の指標が二重であり、後者はゼロとなり、経済性から考えても、前者の敬意の指標を１つ、つまり対者敬語の丁寧体のみにしても、普通体との対照で有標であり、敬意は表明されると考えるからではないでしょうか。

　最近では、高等教育でも教師と学生の関係が緊密化し、時に互いに普通体で話す場合もあるようですから、尊敬語と謙譲語の意識的な学習と使い分けの練習を積む機会が少なく、人によっては、社会に出てからも、敬語使用が対者敬語の丁寧体にとどまる場合も少なくないようです。

[2]　尊敬語の過剰使用と -rare 形への傾斜

　尊敬語のさまざまな形を理解したうえで、それらを組み合わせることで、よ

り高い敬意を示そうとするケースもあります。(19)がその例です。

(20) a. 社長、この書類はもうご覧になられましたか。
　　　　　＝ご覧になる＋rare →二重敬語
　　　b. お客様、よくお休みになられましたか。
　　　　　＝お休みになる＋ rare →二重敬語
　　　c. お客様、何をお召し上がりになられますか。
　　　　　＝召し上がる＋「お〜になる」＋rare →三重敬語
　　　d. もうすこしお召し上がりになられませんか。
　　　　　＝召し上がる＋「お〜になる」＋rare＋否定→三重敬語＋否定

　また、複文のすべての述語を敬語にする例もあります。

(21) a. お客様、ご覧になった雑誌は、そのままご放置なさらず、……
　　　　　＝ご覧になる＋N「ご〜なさる」
　　　　　……元の書棚にお戻しになっていただきたく存じます。
　　　　　＝お〜になる＋テイタダキタイ＋存じる＋ます

　(20)(21)の複数の素材敬語の多用は人によって適切性の判断が異なるため、どれが間違いかを断定することはできませんが、少なくとも、(20)のような素材敬語の多重化、また(21)のような1文中に尊敬語と謙譲語の素材敬語が複数使われる発話に違和感を覚える人は多いと思います。

　また、最近の、特に若者の言語使用で、尊敬語の過剰使用とは逆の方向の変化が目につきます。特別の尊敬語動詞「おっしゃる」「なさる」や「お／ご〜になる」の「お書きになる」や「お読みになる」よりも、形態的により簡潔な、受け身形と同形の尊敬語「言われる」「される」や「書かれる」「読まれる」などを耳にすることが多くなりました。形態的な簡潔さが、表立った敬意表明より、控えめな敬意表明を実現させ、最近の若者の薄く広い人間関係、いわば淡白な人との距離のとり方に合致しているからではないでしょうか。

[3]　させていただくの多用と過剰一般化による誤用

　「させていただく」の多用も最近の現象です。「させていただく」は動詞の使役形のテ形にイタダクがついたものです。この場合の動詞の使役形は、話し手〈私〉の行動に対する聞き手への許可要求の「させてください」の「させて」と

同じです。テクダサイは聞き手に対する依頼・懇願になりますが、テイタダクは、先にも指摘したように、あらかじめの働きかけ、つまり相手への使役性を含意します。その意味で、サセテイタダクは許可要求と働きかけの、いわば二重の使役です。

(22) a. （店頭の張り紙）本日は休業させていただきます。
    b. （店内のアナウンス）商品入れ替えのため、明日は、午後5時閉店とさせていただきます。
    c. （ゼミ授業の冒頭で）発表を始めさせていただきます。
    d. （パーティなどの最後に）これでお開きにさせていただきます。

「させていただきます」は、あたかも相手から許可を得たかのように表現して、その受益を「いただきます」で宣言する形です。謙譲語 II の「動詞語幹＋する」の「発表いたします」なら、話し手が自身の行為実行の意志をへりくだって述べているだけですが、「させていただく」は、聞き手への許可を求めを通した恩恵を話し手が受けるということが含意されています。あたかも相手から許可を得たように見立てて、実際は相手の許可を待たず、話し手自身の益になることをするという宣言に近く、強引な感じを与えることは否めません。謙譲語のようで、実は謙譲語とは言えそうにないところが「させていただく」の特徴です。

また、このサセテイタダクのサが過剰一般化される傾向も見逃せません。(23)がその例で、この誤用は「サ入れ」と呼ばれることがあります。→の右側は正用で、＜は敬意の度合いの不等号です。

(23) a. *私にも一言、言わさせてください。
       →言わせてください。
    b. *今日はお先に帰らさせていただきます。
       →お先に帰らせていただきます（＜帰らせてください）。
    c. *明日、この教室を使わさせていただきたいんですが。
       →使わせていただきたいんですが（＜使わせていただけますか）。

サセテイタダクを固定した表現ととって、その前に「言わ」「帰ら」「使わ」をつけたと考えるよりは、第5章で取り上げた使役動詞の過剰一般化で「言う」を「言わす」、「帰る」を「帰らす」、「使う」を「使わす」とし、「話す→話させ

る→話させて」に準じて、「言わす→言わさせる→言わさせて」「帰らす→帰らさせる→帰らさせて」「使わす→使わさせる→使わさせて」のように語形変化させた結果であろうと考えます。いずれの語形成の結果であっても、(22)のようなサセテイタダクは誤用です。

[4] 意志の表明と断定の回避

話し手の意志や考えを率直に表現することを避ける傾向が強くなっています。その傾向を示唆する現象がいくつかあります。

①スル表現の使用を避け、ナル表現を使用

第5章の「ヴォイスと格」で、スルコトニスルではなく、スルコトニナルを使って、話し手の意志表示を背景化する傾向について触れました。同様の傾向は、「～です」の代わりに「～になります」を使うことです。最近の話しことばでよく耳にするのは、何かを紹介したり、どこかを案内したりする場面での「こちらが弊社の新商品になります」とか「こちらが式典会場になります」など、また注文を持ってきた店員が「こちらが天丼になります」などという表現です。スルではなくナルを使って、話し手の関与しないところで自然に生じた結果であるかのように表現することで、話し手自身を背景化しようとしているからだと言うことができます。

②「ようだ」「と思う」「と思われる」の使用

第10章で触れましたが、「～だ」の代わりに、「～ようだ」「～と思う」さらに「～思われる」などの使用傾向があります。断定的に言いきることを避けて、「これはあくまで私の個人的な意見ですので、そのようにお聞きください」というような話し手の意図が含意されています。

③「でしょうか」「じゃないでしょうか」の使用

これも①②と同様に、「～だ」の代わりに、第10章の「モダリティ1」で述べた推量のモダリティ表現である「だろう」の丁寧体を質問の形にして、断定を避ける傾向です。「こうしたほうがいいです」という代わりに、「こうなさったほうがよろしいのではないでしょうか」とか、相手の名前を聞く場合に「どちらさまですか」ではなく「どちらさまでしょうか」、相手の意志を聞く場合に、「どれがいいですか」ではなく「どちらがよろしいでしょうか」「どちらがよろしかったでしょうか」などの表現を選択する傾向が見られます。

これらの待遇表現の使用傾向は、対人関係のトラブルを避けたい、話し手のソトの人とは希薄な関係でいたい、距離をとりたいという話し手の気持ちの表れで、現代社会の一面を反映しています。
　以上のほかにも、要注意の待遇表現があります。詳細は参考文献をご覧ください。人の考え方も言語による表現の仕方も時代とともに変化していくもので、その変化の兆しが「ゆれ」と表現され、いつか正用になっていく可能性を否定できません。敬語の「ゆれ」や待遇表現の使用傾向を、規則を逸脱した誤用とみなすのか、言語変化の過程であると肯定的に捉えて分析するのかは、日本語学と社会言語学の課題です。

14.6　ポライトネス（Politeness）と日本語の待遇表現

　日本語の敬語のような個別言語の待遇表現や敬意表現の研究は、その個別言語内で定義され、コード化のありようを記述することはできますが、対照言語的な視点は得にくいものです。対照言語的に待遇表現のありようを捉えるには、共通の分析ツールが必要ですが、ポライトネス（politeness）は、そのような分析を可能にする概念です。
　ポライトネス研究はさまざまな段階を経て、現在では Brown and Levinson（1978、以下 B & L）の提唱したポライトネス理論が一定の評価を得ています（ポライトネス研究と語用論は Thomas 1995 が分かりやすく解説しています）。B & L のポライトネス理論が定義するポライトネスの概念は、対照言語的分析の可能性を示唆し、日本語でもポライトネス研究が始まりました。その結果、日本語の敬語という個別言語内の閉じたシステムを含め、日本語の待遇表現および待遇行動を、他言語との比較のうえで位置づける試みがなされています。本章の最後に、日本語の敬語に特化せず、日本語の待遇表現と待遇行動をポライトネスの観点から概観します。
　B & L のポライトネス理論の基本は、滝浦（2008）や福田（2013）で詳しく論じられています。概略は (24) のようになります。

(24)　B & L のポライトネス理論（概略）
　① 待遇表現の基本にフェイス（face）の概念を置く。
　② フェイス＝対人コミュニケーションで、自身がどう扱われたいかという欲求（want）
　③ 2 種類のフェイス
　　　ポジティブ・フェイス＝積極的で首尾一貫した自己イメージ（人格）とそ

のイメージが相手からも支持されたいという欲求（「相手によく思われたい」など）

ネガティブ・フェイス＝縄張りや自分の領域や邪魔されないことの権利などに対する基本的な欲求、行動の自由や押しつけからの自由に対する欲求（「相手から何かを押しつけられたり行動を妨げられたりしたくない」など）

④ あらゆる言語的働きかけは、会話参加者双方のフェイスを脅かす行為（FTA）になり得るが、FTA の度合いは、次の関係性から"算出"できる：
FTA の度合い＝話し手と聞き手の社会的力関係（P）、聞き手との心理的距離（D）、依頼や申し出などの行為がある文化や社会でどのように評価されるかという負荷（W）の総和

⑤ 話し手は自身と聞き手のフェイスに配慮しながら、FTA の度合いを調整するストラテジーを選択する。

ポジティブ・ストラテジー： ポジティブ・フェイスへの配慮＝聞き手との連帯感や友好的関係の方向へ

ネガティブ・ストラテジー： ネガティブ・フェイスへの配慮＝聞き手に干渉しない／聞き手から干渉されない方向へ

　日本語の敬語を（24）をもとに考えてみます。まず、本書は、待遇表現の選択の基本を 2 種類の人間関係軸上の距離と考えました。縦の関係（力関係）の距離と横の関係（親疎関係）の距離があり、それぞれ、素材敬語と対者敬語の選択に関与しています。この縦の距離と横の距離は、それぞれ B＆L の FTA の度合いを測る P と D に当たります。

　尊敬語の選択は、話題の人物との縦の距離が大きくなるように、軸上で話題の人物を話し手自身より高い位置に置くことでした。また、謙譲語 I は、同じ縦の軸上で、話題の人物の位置より話し手自身を低い位置に置くことでした。尊敬語の選択も謙譲語 I の選択も、いずれも、話し手と話題の人物との距離を大きくすることで、相互の関与が少なくなる、つまり、干渉しない・干渉されないためのネガティヴ・ストラテジーと考えることができます。

　謙譲語 II と美化語の選択は、話し手自身の話し方を上品なものにしたい、やさしさが伝わるようにしたい、つまり相手と険悪な関係になりたくない、友好的関係を築きたいとするポジティブ・ストラテジーと考えることができます。このように、日本語の敬語もポライトネス理論の枠組みで分析する可能性があ

ります。
　どの言語でも、ポライトであるということは、基本的に肯定的だと考えますが、具体的にどのような言動がポライトであるかは、言語と文化によって異なります。しかし、ポライトネス理論の枠組みで、異なる言語のポライトネス、あるいは敬意の表し方を対照的に捉えることが可能になりそうです。待遇表現や敬語を、やわらかいもの言い、丁寧なことば遣いといった、曖昧な性格づけにとどめるのではなく、個別言語の記述的研究を踏まえたうえで、対照言語的な視点を取り込み、より具体的に分析することが可能になると考えます。これも、日本語学、談話分析、また社会言語学の課題です。

第15章

おわりに

　日本語の文法研究は歴史も長く、本書の執筆に当たり、言語学、日本語学、日本語教育学などの多くの先行研究と学説からの学びをもとに、拙論を述べました。序章で日本語を考える4つの視点として「述語が最後の言語（Verb-final language）」「膠着語言語（Agglutinative language）」「主題が顕著な言語（Topic prominent language）」そして「主観的把握の言語（language of Subjective Construal）」を掲げ、第2章から第14章まで、語レベル、文レベル、談話レベルで、これらの4つの特徴がどのように文法のしくみに組み込まれているか、どのように現れるかを具体的に考察し、現代日本語の文法の諸相について本書なりの分析を試みました。

　語順の類型は、第2章で述語の3タイプ（動詞述語文、形容詞述語文、名詞述語文）を論じ、形容詞にイ形容詞とナ形容詞を認め、名詞述語を「名詞＋ダ（コピュラ）」としました。また、語順については、2.4節で、節（文）も句もその主要部の位置が最後であることを内部構造に見ました。名詞句の語順については、第12章の名詞を修飾する従属節の項でも論じました。日本語の基本語順を次のようにまとめました。

(1)　日本語の語順の基本（第2章 (8)）
　① 文の主要部（述語）は文の最後に現れる→述語が最後の言語（Verb-final language）
　② 名詞句の主要部（被修飾語）は修飾語句のあとに現れる→被修飾語句が最後の language
　③ 補語は名詞句に助詞が後続する→後置詞言語（post-positional language）

　膠着言語としての語構成の類型も、第2章の語と品詞と語形変化の分析で論じました。
　動詞の分類では、いわゆる学校文法の分類の代わりに、語構成に基づいて、

五段動詞と一段動詞をそれぞれ子音動詞と母音動詞と分類し、2.3 節で日本語教育での文法の視点を取り入れ、機能語の「助動詞」を再考し、述語の語形変化（活用語尾）を担う形態素として分析することを提案しました。また、語形変化の名称に未然形、終止形、過去形、条件形などの意味による用語を用いず、ナイ形、ル形、タ形、バ形など、語の形に基づく名称を使うことを提案し、具体的な活用表を提示しました。

　主題・解説構造の顕著性については、とりたて助詞の観点から、第 9 章で主題化・焦点化の分析で、ハとガの比較を通してハが主語・述語構造ではなく、主題・解説構造の主題として機能することを論じ、また、ハ以外に主題化の機能を持つ形式の 1 つとして無助詞を提案しました。同時に、とりたて助詞の焦点化の機能についても論じました。

　日本語母語話者の事態把握の傾向については、まず、第 1 章で、本書の中心となる概念として日本語母語話者の〈主観的把握〉を池上（2011: 52）から次のように定義しました。

(2) 〈主観的把握〉（第 1 章 (7)）
　　話者は問題の事態の中に自らの身を置き、その事態の当事者として体験的に事態把握をする——実際には問題の事態の中に身を置いていない場合であっても、話者は自らがその事態に臨場する当事者であるかのように体験的に事態把握をする。

　そして、第 4 章で、〈主観的把握〉を軸に、日本語の分析に必要な概念をいくつか導入しました。まず、4.1 節で、話し手の〈見え〉の概念を援用し、日本語母語話者の事態把握には、話し手に話し手が見えない、つまり、話し手の〈見え〉に話し手が含まれない傾向があることを論じ、それを日本語母語話者の発話に「わたし」があまり現れないことの裏づけとしました。この「見えない私」を〈私〉と表記し、〈私〉がコトの描写の原点であることを次のように定義しました。

(3) コトの描写の原点としての〈私〉（第 4 章 (7)）
　　主観的把握の傾向のある話者にとって、〈私〉は事態を観察し把握する原点であり、自分自身は〈見え〉に入らず、したがって、〈私〉は見えない。

「コトの描写の原点としての〈私〉」はまた、感情感覚形容詞との関連で、コ

トの「体験者としての〈私〉」でもあることを述べました。

(4) 体験者としての〈私〉（第4章（17））
　　日本語母語の話し手は、自分以外の人の感情感覚や内面の状態に直接言及できない。自分以外の人について言及するときは、それを発話のイマ・ココでの〈見え〉として捉えたことを示す言語標識を必要とする。

　以上の日本語母語話者の主観的把握の傾向を基に、第5章から第9章で、事態把握の指標と考えられる言語現象を、ヴォイス、テンス、アスペクト、移動、主題化と焦点化の具体例とともに論じました。
　主観的把握が顕著に現れる典型はナル型言語の様相で、第5章の5.1節の非対格自動詞と対応する他動詞の関係を、5.2節で直接受け身文に対する間接受け身文の優位性と顕著性、5.3節で非対格自動詞と使役の関係を論じました。続く第6章でも、話し手の事態把握を映し出すヴォイスとしての授受動詞について、シテクレル文を中心に考察しました。
　また、時間軸に沿った動きや変化で、話し手の事態把握が成立する時点がどこにあるかを、第7章でテンスとアスペクトの対立に、続く第8章で、空間移動と変化の表し方に見ました。

　第9章は上に述べたように、日本語の主題・解説構造の顕著性をハとガと無助詞を中心に考察しました。特に、無助詞の考察では、〈共同注意〉の概念を援用し、無助詞の機能を話し手と聞き手の〈共同注意〉に基づく〈見え〉の共有と分析しました。また、同じく第9章で、とりたて助詞のいくつかを焦点化の機能を持つ形式と分析し、焦点化の方向を添加と排他として、添加型とりたて助詞（モ、サエ、マデ）と排他型とりたて助詞（ダケ、シカ、バカリ）とこれらの助詞の背後にある話し手が意図した含意を考察しました。

　第10章と第11章で、話し手がコトをどのように評価し、またそれをどのように聞き手に伝えるかを表すモダリティについては、まず、聞き手の存在を前提としうるかどうかで、モノローグ的あるいはダイアローグ的と言う観点で分析しました。

　第10章では、モダリティとムードの関係を整理し、日本語の文はコトをモダリティ要素が包み込む構造をとるという先行研究の立場を踏襲し、モノロー

グでの機能が主と思えるものについて、先行研究の分析をもとに、評価、断定と推量、証拠性を中心に論じました。評価のモダリティについては、10.4節で、個別の形式の分析ではなく、義務的（拘束的）モダリティと認識的モダリティとの関連で考察しました。10.5節では、断定と推量、蓋然性、証拠性について個別の形式の異同を分析しました。とくに証拠性の議論では、ヨウニのヨウを話し手の〈見え〉とする可能性を論じました。

また、聞き手の存在を前提とすると考えられるものをダイアローグ的として、第11章で、話し手の聞き手の〈共同注意〉と話し手の〈見え〉の概念を援用し、従来コトに対する話し手の心的態度に分析される「表現類型」を「話し手の意志を表す表現」を中心にダイアローグ的に分析する可能性を論じ、同じく従来コトに対するモダリティ要素とされる「説明」のノダとワケダを、聞き手を前提としたダイアローグでの〈共同注意〉と関連づけの観点から分析しました。また、基本的にダイアローグで使われる終助詞を、〈共同注意〉の観点から分析しました。以上、第4章から第11章まで、日本語の文の基本的なしくみと、要所要所に現れる話し手の主観的把握を論じました。

第12章は複文のしくみとして、連体修飾節、トキ節、日常的な推論が関わる従属節を取り上げ、12.1節で連体節と文の名詞化を論じました。特にノ節およびいわゆる「主要部内在型関係節」のノが話し手の〈見え〉の言語化である可能性を論じました。また、12.3節では、日常言語の推論が理解に関わる従属節をいくつか取り上げ、とりわけ、一般的なテ形接続の意味は日常言語の推論が支える聞き手の解釈にゆだねられることを指摘しました。

第13章では、文より大きな単位である談話について、その結束性を司る言語形式として、指示語と接続表現を考察し、特に、指示語の使い分けに話し手と聞き手の〈共同注意〉の概念が関連しうることを論じました。また、談話の連接関係を司る接続表現を談話連結語や談話標識としての分析への拡がりとして論じました。

第14章で、話し手が聞き手と話題の人物を会話のイマ・ココでどのように位置づけるか、すなわち、話し手が想定する人間関係を表す指標として待遇表現を解説し、今後の動向を述べました。

以上が、本書の全体像です。本書は日本語の文法の網羅的な記述ではありませんが、取り上げた文法事象と表現形式の分析を通して、日本語がいかに話し手の主観的把握を映し出しているかを、ある程度示すことができたのではないかと思います。

　主観的把握の傾向の側面は「話し手中心性（speaker orientedness）」と呼ぶこともできます。発話のイマ・ココでは、話し手の〈見え〉には話し手自身は入らない、すなわち「見えない〈私〉」が出発点になることが重要です。話し手の〈見え〉は話し手の目の前の情景をすべて映し出すのではなく、話し手が注目するもののみが前景化し、注目が行かないものは、話し手自身を含めて背景化される、すなわち、「見えない」のです。したがって、あるべきものが文脈からの復元可能性を条件に省略されるのではなく、そもそも話し手の〈見え〉の対象とならないものは言語化されないと論じました。とりたて助詞のハや「私」などの人称詞は、比較や対照などの本来見えない私を見せる必要があるときに、必要性に応じて使用されるのであろうと考えます。

　話し手と聞き手のコミュニケーションは、Griceの協調の原理に則って、〈共同注意〉と〈見え〉の共有の実現を前提として構築されると考えると、話し手だけでなく、聞き手の役割も重要です。たとえば、ナル表現とスル表現の選択や間接受け身文の背後にある話し手の主観的把握、話し手によるノダ文の主観的な関連づけ、それぞれのとりたて助詞に現れる話し手の意図した含意、終助詞に現れる話し手の聞き手への働きかけ、従属節と主節の関係、とりわけテ形接続で話し手が意図した意味的な関係の適切な解釈は、すべて聞き手に委ねられます。その意味で、伝達の場において、聞き手は受け身の存在ではなく、話し手と同じく能動的なコミュニケーターであり、聞き手の側に話し手の発話意図の適切な解釈の責任が生じます。そのような伝達の場では、ハとガ、ノダ、とりたて助詞、指示語、接続表現、非対格自動詞と間接受け身などは、聞き手の推論を導く手続き的意味を持つ言語指標となっています。話し手と聞き手が共同で構築するコミュニケーションの成立に、冒頭の類型論的な特徴、とりわけ、主題・解説の顕著性と日本語母語話者の主観的把握の理解は不可欠であると考えます。

注　釈

【第 1 章】
注 1 (p. 2)
　　　ウエイリー（2006: 92）　表 5.2　Lehmann による構成要素順序の相関

(S) VO	例　英語	(S) OV	例　日本語
前置詞＋名詞	at the library	名詞＋後置詞	山本さんが、本を図書館で、
名詞＋属格	book of John's	属格＋名詞	山本さんの本
名詞＋形容詞		形容詞＋名詞	分厚い本
名詞＋関係節	the book which ～	関係節＋名詞	図書館で借りた本
文頭の疑問詞	What did he read?	文頭以外の疑問詞	彼は何を読んだか。
接頭辞	un-happy	接尾辞	山本-さん、厚-み、
助動詞＋主動詞	can read	主動詞＋助動詞	yom-e-ru
比較の形容詞＋基準	bigger than　X	基準＋比較の形容詞	X より大きい
動詞＋副詞	walk fast	副詞＋動詞	早く歩く
否定語＋動詞	does not read	動詞＋否定語	読ま‐ない
従位接続詞＋主節	because it is cold	主節＋従位接続詞	寒い＋から

注 2 (p. 3)
　　言語の類型：語の形態による類型（cf. 風間ほか 2004: 69–70、森山卓郎 2000: 8）の例。
　　孤立語（isolating language）：形態素がすべて独立性のある語で、語は語形変化がない。
　　　　　　　　　　　　　　　主語や目的語などは語の順序によって表示される。
　　　　　　　　　　　　　例　中国語など　　我 愛 他.
　　膠着語（agglutinative language）：名詞や動詞などの内容語の文法的機能は、原則、それに付加される機能語によって表される。

　　　　　　　　　　　　　　例　日本語、韓国語など　　私は本を読みました。
　屈折語（inflectional language）：内容語の文法的機能は、語自体の変化形によって表されるか、付加される機能語によって表される。
　　　　　　　　　　　　　　例　ラテン語、英語など　　I caught him.
　抱合語（incorporating language）：動詞に他の多数の意味的、文法的機能語が複合されて、1 語で 1 文に相当する意味を表す。
　　　　　　　　　　　　　　例　モホーク語　wa-hi-'sereht-ohare-'se 彼 - 車 - 洗った - 私のため（意味：彼は私のために洗車する）

【第 2 章】
注 3（p.10）

　名詞の分類に関係する文法範疇には、格（case）、性（gender）、数（number）、人称（person）などがありますが、日本語の名詞は、これらの範疇によって、形が変化することはありません。格は、2.1.3 の格助詞で明示されますが、男性名詞、女性名詞、中性名詞といった区別はなく、単数と複数の区別もありません。たとえば、「女性たち」「子どもたち」の「たち」は複数を表しますが、「田中さんたち」は、通常複数の田中さんを表すのではなく、田中さんを含む複数の人々という意味で、いわゆる名詞の複数とは異なります。「友だち」は単数にも複数にも解釈できます。名詞の数量を明示したいときは、「学生が 3 人いる」「ペンを 3 本買った」「2 冊の本」のように、数詞と助数詞からなる数量（名）詞を使います。また、日本語では、誰が主語でも「話す・話した・話さない・話さなかった」となり、主語名詞の人称も述語の形態に反映しません。つまり、主語名詞句と述語の一致（agreement）はありません。ただし、日本語でも、第 14 章で扱う「尊敬語」と「謙譲語」を主語名詞句と述語の一致と見ることは可能です。

【第 3 章】
注 4（p.31）

　英語にも同じように動詞の語彙的意味に基づいた研究があります。Vendler（1967）は次のように英語動詞を分類しています。英語動詞の語彙的意味分析の先駆け的な研究です。
1. 状態（states）：know, have, love, believe
2. 到達（achievements）：lose, find, recognize, reach, die
3. 活動（activities）：run, walk, swim, sing, dance
4. 達成（accomplishments）：make a chair, read a book, paint a picture

注 5（p.32）

　影山（1993, 1996）は、非対格性に関する日本語と英語の現象をもとに、両言語の動詞の語彙概念構造の分析を通して、4 章 4.3 で解説する〈スル型・ナル型〉の対立と〈結果重視（日本語）/ 動き重視（英語）〉の対立の関連を明らかにする試みです。

注釈　271

注6（p. 32）
　無生物の存在を表す状態動詞の「ある」については、「ここにある」を「*ここにあろう」とは言えませんが、名詞述語文のコピュラ「である」の推量形としては、「明日は、雨であろう（雨だろう）」などの使用が可能です。

注7（p. 32）
　書き言葉では、意志ではなく、「このようなことができるでしょう」という推量の意味で「このようなことができよう」、あるいは、反意表現として「どうしたそんなことができようか」などの使い方が可能です。

【第4章】

注8（p. 44）
　英語母語の話し手が主観的な事態把握をしないということでもありません。あくまでも傾向に過ぎません。このことについて、認知言語学で紹介される典型的な例は次の例です。Langacker (1990) を参照します。
例　a.　Vanessa is sitting across the table from me.
　　b.　Vanessa is sitting across the table.
　この2つの文の絵を描いてみると対照的な違いがあります。aの絵には、話し手が描かれますが、bの絵には、話し手はいません。同じ事態ですが、aの話し手はこの事態を客観的にVanessaとIの位置を描きます。客体化されたIが描かれているわけです。写真を見ながら説明をしているような感じになります。一方、bは、話し手の〈見え〉で、主観的な描き方です。英語を母語にする話し手も、aとbの両方の描写が可能です。ただし、aを好む傾向があります。
　Gibson, J.J. (1986: 12) の「左目で見たときの自己観察者の左の眼科からの習慣的視野」の図も自身が自身の〈見え〉に入らないということが分かる典型的な例です。

注9（p. 46）
　「〜したい」を第三者に使う場合は「〜したがっている」を使うという解説をする日本語教科書があるようですが、「〜したがる」の使用には制限があります。次の下線部にどのような言葉が入るか考えてください。
　　＿＿＿＿＿＿が何か飲みたがっています。
　「うちの子、うちの猫、太郎ちゃん、友だち」など、話し手に身近な人物や動物なら問題ありませんが、「○○さん、○○先生、こちらの学生」など、話し手とイマ・ココを共有していても親しい間柄でない人物または目上の人物などには使えません。

注10（p. 48）
　『春が来た』という童謡や『夏の思い出』という唱歌には、「春が来た、春が来た、どこに来た…」また「夏が来れば思い出す…」という歌詞がありますが、日本語に典型的なナルではなく、あえて「来る」と言う動詞を使うことで、聞く人に、季節の到来を待

ちわびる人の気持ちをより強く感じさせることに成功していると言えるかもしれません。

【第5章】

注11 (p.57)
「雨に降られた」の意味で、It rained on me. という表現が使われることがあります。自動詞の能動文に、その影響が及ぶ先を on me で表しているもので、受動文ではありません。

注12 (p.57)
日本語学での受け身の分類例は、次のようになります。本書は基本的に寺村（1982）に準じて、間接受け身の1タイプと考えます。
①子どもが先生に叱られた。②子どもが犬にほえられた。③財布を盗まれた。④足を踏まれた。⑤雨に降られた。

	①	②	③	④	⑤
森山卓郎 1988	まともな受け身		所有受け身	部分受け身	迷惑の受け身
鈴木重幸 1972	直接受け身	相手の受け身	持ち主の受け身		第三者の受け身
寺村秀夫 1975	直接受け身		間接受け身		

注13 (p.59)
ピーターセン（1988）には、自然科学などの論文で、日本語母語研究者が英語の受け身文を多用する傾向があるという指摘があります。

注14 (p.61)
「動作主から」あるいは「対象から」というのは、話し手の事態把握からの記述です。視点論の「視点」の概念を使うと、次のように言い換えられます。

　　能動文　　：Aガ　Bヲ　他動詞　　　：Aの視点からの描写

　　直接受け身：Bガ　Aニ　他動詞の受身形：Bの視点からの描写
　視点による分析で、どのようなときに影響を被ったBの側の視点をとるかについては、「共感（empathy）」の概念が有効です。詳しくは、久野（1987）を参照してください。

注15 (p.64)
「降って、助かった」より「降ってくれて助かった」のほうが出来した事態を歓迎する話し手の捉え方がより鮮明になります。この形は、第6章で扱います。

注16 (p.72)
二重ヲ格の制約は単文内の制約です。「子どもを学校に行かせて、部屋を掃除した」な

どのように、複文のそれぞれの節でヲ格が現れるのはこの制約違反ではありません。

【第6章】
注17 (p. 90)
近藤・姫野 (2012) で、姫野は、この2つの形式を発話行為の観点から分析しています。関心のある方は参照してください。

【第7章】
注18 (p. 102)
テ形に補助動詞のミルがついたシテミルもありますが、シテミルは動作主体の恣意的な試みを表す形式で、アスペクト形式とみなしません。関心のある方は高橋ほか (2005) などを参照してください。

【第8章】
注19 (p. 121)
広辞苑の見出し語に「やってくる」が複合動詞として認められています。「サンタクロースがやってくる」は「*サンタクロースがやってここに来る」とは言えませんから、複合語1語と考えます。

【第9章】
注20 (p. 135)
日本語文法記述研究会編 (2009b: 228) には、随筆や小説などで無助詞が現れることがあるとして、次の例を指摘しています。本書は、この例では、仮にハが使われても、大きな意味上の違いが生じないことから、ジャンルや個別の作家による個性と考えてよいのではないかと考えます。「この山本という男∅、態度は大きいが、気はいたって小さい」

注21 (p. 137)
共同注意は、生後9ヶ月以降の幼児の認知の発達過程に発現する普遍的な現象で、自身とモノ、そして自分の擁護者（親）の三者の関係を認識する現象を言います。

注22 (p. 140)
とりたての機能を焦点化とし、それに添加型と排他型を認めるのは、König (1991) の分析に依拠します。König は、also や even などに Additive Particles という用語を、only や just、solely などに Exclusive Particles という用語を使っています。本書の添加型と排他型は、著者によるこれらの用語の訳語です。

【第10章】
注23 (p. 150)
黒滝 (2005: 39–49) は中右の分析をモダリティ研究の正当的な立場として評価してい

ます。

【第12章】

注24 (p. 203)

　(1a)は、電気を消したのも部屋を出たのも太郎ですが、(1b)は、電気を消したのは太郎でも、部屋を出たのは太郎ではないことが含意されます。三上は(1a)のテ形接続のようなタイプを単式、(1b)のト節のようなタイプを複式と呼びます。また、(1c)のノデ節は、窓を開けた理由を表すのに対して、(1d)のカラ節は、連体修飾節の外の要素として窓を閉め忘れた理由とも解釈できます。ノデ節のようなタイプを軟式、カラ節のようなタイプを硬式と呼んで区別します。

(1) 　a. 　太郎iが電気を消しテ、φi 部屋を出た。
　　　b. 　太郎iが電気を消すト、φj 部屋を出た。
　　　c. 　〈暑いノデ窓を開けた〉人が窓を閉め忘れた。
　　　d. 　暑いカラ〈窓を開けた〉人が窓を閉め忘れた。

注25 (p. 203)

　南はD類も提案しています。D類はトイウの前の直接引用部分で、単文の要素がすべて入りうる、独立度100%の従属節です。庵 (2001: 204) は、南のA類からD類の分類が日本語の文の階層構造に対応するという点を評価しています。

注26 (p. 205)

　英語の関係代名詞を正しく理解したことを示すために、トコロノを使って「太郎が買ったトコロノ本」と訳すことがありますが、これは日本語本来の表現ではなく、不自然であり、語順が異なる英語などの連体修飾節の翻訳専用の表現と考えるべきものです。

注27 (p. 216)

　坂原 (1985: 116–124) は、条件文と理由文の関係を次のように説明します。「コーヒーを飲めば眠れないぞ」という条件文について、「コーヒーを飲んだ」が真であれば、「眠れないぞ」も真になると前提すると、「コーヒーを飲んだ」が真であると確認されれば、「コーヒーを飲んだから眠れないぞ」という理由文が成立します。また、「コーヒーを飲んだ」と後件の真が確認されると、「コーヒーを飲んだから、眠れなかったのだ」となります。それが「コーヒーを飲まなければ眠れたはずだ」のような反事実的条件文や、「コーヒーを飲んでも眠れただろう」のような譲歩文を支える知識となっています。

【第13章】

注28 (p. 232)

　指示語を使った慣用句は、「そこここ」「そんなこんなで…」「それやこれやで…」「そうこうするうちに」などのソとコを使ったもの、「あれこれ考えた」「あっちこっち探した」などのアとコを使ったものはありますが、「あれそれ」「あっちそっち」「ああそう」

のアとソを使ったものはないようです。ソとコの組み合わせは現場指示の対立型に、アとコの組み合わせは現場指示の融合型に基づきます。

注 29 (p. 242)

テクスト分析と談話分析の詳細については、de Beaugrande, R. de, & Dressler, W. (1981)、Brown, G. and Yule, G. (1983)、Stubbs, M. (1983) なども参照してください。

参考文献

阿部純一・桃内佳雄・金子康朗・李光五（1994）『人間の言語情報処理』サイエンス社
庵功雄（2001）『新しい日本語学入門』スリーエーネットワーク
池上嘉彦（1981）『「する」と「なる」の言語学』大修館書店
　　　　　（2003, 2004）「言語における〈主観性〉と〈主観性〉の言語的指標」(1)(2)『認知言語学論考』3号・4号、ひつじ書房
　　　　　（2011）「日本語と主観性・主体性」、澤田春美（編）『ひつじ意味論講座5　主観性と主体性』ひつじ書房
池上嘉彦・守屋三千代（編）（2009）『自然な日本語を教えるために——認知言語学をふまえて』ひつじ書房
石黒圭（2008）『日本語の文法理解過程における予測の型とその機能』ひつじ書房
伊豆原英子（1994）「感動詞・間投助詞・終助詞「ね・ねえ」のイントネーション——談話進行との関わりから」『日本語教育』83, pp. 96–107, 日本語教育学会
井出祥子（2006）『わきまえの語用論』大修館書店
市川孝（1978）『国語教育のための文章論概説』教育出版
市川保子（編著）（2010）『日本語誤用辞典』スリーエーネットワーク
伊藤たかね・杉岡洋子（2002）『語の仕組みと語形成』原口庄輔・中島平三・中村捷・川上誓作（編）英語学モノグラフシリーズ 16, 研究社
井上和子（1976）『変形文法と日本語（上）』大修館書店
井上史雄（1999）『敬語はこわくない』講談社現代新書
ウェイリー，リンゼイ，J.（2006）大堀壽夫, 古賀裕, 山泉実訳『言語類型論入門』岩波書店
大江三郎（1975）『日英語の比較研究——主観性をめぐって』南雲堂
大鹿薫久（2004）「モダリティを文法史的に見る」北原保雄（監修）、尾上圭介（編）『朝倉日本語講座 6 文法 II』pp. 193–214, 朝倉書店
大堀壽夫（2002）『認知言語学』第9章文法化、pp. 179–202, 東京大学出版会
　　　　　（2004）「文法化の広がりと問題点」『月刊言語』Vol. 33, No. 4, pp. 26–33, 明治書院
奥田靖雄（1985）「文のさまざま（1）文のこと」『教育国語』80, pp. 41–49, むぎ書房
　　　　　（1985）『ことばの研究・序説』むぎ書房
小野晋・中川裕志（1997）「階層的記憶モデルによる終助詞「よ」「ね」「な」「ぞ」「ぜ」

の意味論」『認知科学』Vol. 4, No. 2, pp. 39–57, 日本認知科学会
尾上圭介・坪井栄治郎（1997）「国語学と認知言語学の対話 II」『月刊言語』Vol. 26, No. 13, 明治書院（再録 尾上圭介（2001）『文法と意味 I』pp. 453–471, くろしお出版）
影山太郎（1993）『文法と語形成』ひつじ書房
──────（1996）『動詞意味論──言語と認知の接点』日英語対照研究シリーズ（5）、くろしお出版
影山太郎（編）（2001）『日英対照 動詞の意味と構文』大修館書店
風間喜代三・上野善道・松村一登・町田健（2004）『言語学第 2 版』東京大学出版会
片桐恭弘（1997）「終助詞とイントネーション」音声文法研究会（編）『文法と音声』pp. 235–256, くろしお出版
神尾昭雄（1990）『情報のなわ張り理論』大修館書店
亀山恵（1999）「談話分析：整合性と結束性」『岩波講座言語の科学 7　談話と文脈』岩波書店
菊田千春（2009）「文法化としてのトコロ関係節の成立──主要部内在型関係節との比較からみえるもの」『同志社大学英語英文学研究』84, pp. 71–106
菊池康人（1989）「待遇表現──敬語を中心に」『講座日本語と日本語教育 1』明治書院
──────（2010）『敬語再入門』講談社学術文庫
木村秀樹・森山卓郎（1997）「聞き手情報配慮と文末形式」『日本語と中国語の対照研究論文集』
金田一春彦（1950）「国語動詞の一分類」『言語研究』15（金田一編（1976）に採録）
金田一春彦（編）（1976）『日本語動詞のアスペクト』むぎ書房
工藤真由美（1985）「ノ、コトの使い分けと動詞の種類」『国文学　解釈と鑑賞』50-3
久野暲（1973）『日本文法研究』大修館書店
──────（1978）『談話の文法』大修館書店
──────（1983）『新日本文法研究』大修館書店
窪田富男（1990, 92）『敬語教育の基本問題（上・下）』国立国語研究所編　日本語教育指導参考書 17, 18
黒滝真理子（2005）『Deontic から Epistemic への普遍性と相対性──モダリティの日英対照研究』くろしお出版
黒田成幸・中村捷（編）（1999）『ことばの核と周縁──日本語と英語の間』くろしお出版
甲田直美（2001）『談話・テクストの展開メカニズム──接続表現と談話標識の認知的考察』風間書房
小金丸春美（1990）「ムードの「のだ」とスコープの「のだ」」『日本語学』9 巻、3 号、明治書院
ゴッフマン，E.（1967）（浅野敏夫訳『儀礼としての相互行為──対面行動の社会学』〈新訳版〉法政大学出版局（Goffman, E.（1967 [1982] *Interaction Ritual: Essays on Face-to-Face Behavior*, Pantheon Books.）
小柳かおる（2004）『日本語教師のための新しい言語習得概論』スリーエーネットワーク
小山哲春（1997）「文末詞と文末イントネーション」音声文法研究会（編）『文法と音声』

pp. 97–119, くろしお出版
近藤安月子（2002）「会話に現れる「ノダ」──「談話連結語」の視点から」上田博人（編）シリーズ言語科学 5『日本語学と言語教育』pp. 225–248, 東京大学出版会
────（2008a）『日本語学入門』研究社
────（2008b）「共同注意と日本語教育──発話末のノを中心に」北京大学日本語言文化系・北京大学日本文化研究所（編）『日本言語文化研究』第 8 号、pp. 154–162
────（2011）「「します」と「するんです」」東京大学言語情報科学専攻（編）『言語科学へ世界へ──ことばの不思議を体験する 45 題』pp. 2–15, 東京大学出版会
近藤安月子・姫野伴子（編著）（2012）『日本語文法の論点 43』研究社
近藤安月子・姫野伴子・足立さゆり（2013）「韓国語母語日本語学習者の事態把握──中上級・上級学習者の場合」『日本語学研究』36 輯、pp. 81–99, 韓国日本語学会
────（2014）「韓国語母語日本語学習者の事態把握──日韓対照言語調査の結果から」『日本認知言語学会誌 14 号』pp. 373–382
近藤安月子・池上嘉彦・姫野伴子・足立さゆり・王安（2010）「中国語母語日本語学習者の事態把握──日本語主専攻学習者を対象とする調査の結果から」『日本認知言語学会論文集』10 巻、pp. 690–709
近藤安月子・丸山千歌（編著）（2001/ 2008）『日本への招待（第二版）』東京大学出版会
────（2005）『文化へのまなざし』東京大学出版会
坂原茂（1985）『認知科学選書 2　日常言語の推論』東京大学出版会
佐久間鼎（1936, 66）『現代日本語の表現と語法』増補版、恒星社厚生閣
佐久間まゆみ（1989）「文章の統括と要約文の構造特性」佐久間まゆみ（編）『文章構造と要約文の諸相』くろしお出版
────（1992）「文章と文──段の文脈の統括」『日本語学』11-4
佐久間まゆみ（編）（1994）『要約文の表現類型』ひつじ書房
佐治圭三（1957）「終助詞の機能」『国語国文』26 (7)、pp. 23–31（佐治 1991 に所収）
────（1991）『日本語の文法の研究』ひつじ書房
定延利之（2003）「現代語の限定のとりたて」沼田・野田編（2003）、pp. 145–158
────（2008）『煩悩の文法』ちくま新書
澤田美恵子（2007）『現代日本語における「とりたて助詞」の研究』くろしお出版
柴谷方良（1978）『日本語の分析──生成文法の方法』大修館書店
────（1982）「ヴォイス──日本語・英語」森岡健二他（編）『講座　日本語学 10』「外国語との対照 1」明治書院
須賀一好・早津恵美子（編）（1995）『動詞の自他』ひつじ書房
杉藤美代子（2001）「終助詞「ね」の意味・機能とイントネーション」音声文法研究会（編）『文法と音声 III』pp. 3–16, くろしお出版
鈴木重幸（1972）『日本語文法・形態論』むぎ書房
高梨信乃（2010）『評価のモダリティ』くろしお出版
高橋圭子（2016）『自然な敬語が基本から身につく本』研究社
高橋太郎・金子尚一・金田章宏・齋美智子・鈴木泰・須田淳一・松本泰丈（2005）『日本

語の文法』ひつじ書房
高見健一・久野暲 (2014)『日本語構文の意味と機能を探る』くろしお出版
滝浦真人 (2005)『日本語の敬語論——ポライトネス理論からの再検討』大修館書店
_____ (2008)『ポライトネス入門』研究社
田中紀子 (監訳) (2011)『ポライトネス——言語使用における、ある普遍現象』研究社
田窪行則・金水敏 (1996)「対話と共有知識——談話管理理論の立場から」『言語』Vol. 25, No. 1, pp. 30–39, 大修館書店
_____ (2000)「複数の心的領域による談話管理」坂原茂 (編)『認知言語学の発展』pp. 251–280
田野村忠温 (1990)『現代日本語の文法 I:「のだ」の意味と用法』和泉書院
_____ (2004)「現代語のモダリティ」北原保雄 (監修)、尾上圭介 (編)『朝倉日本語講座 6 文法 II』pp. 215–234, 朝倉書店
陳常好 (1987)「終助詞——話し手と聞き手の認識のギャップをうめるための文接辞」『日本語学』Vol. 6, No. 10, pp. 93–109, 明治書院
つくば言語文化フォーラム編 (1995)『「も」の言語学』ひつじ書房
角田大作 (1991)『世界の言語と日本語』(改定版 2009) くろしお出版
角田太作・佐々木冠・塩谷亨 (編) (2007)『他動性の通言語的研究』くろしお出版
角田三枝 (2004)『日本語の節・文の連接とモダリティ』3 章 pp. 69–128, 4 章 pp. 129–152, くろしお出版
坪本篤朗 (2003)「再び、主要部内在型関係節構文——「分離」と「統合」の間」『ことばと文化』6, pp. 27–44, 静岡県立大学
寺村秀夫 (1982)『日本語のシンタクスと意味 I』くろしお出版
_____ (1984)『日本語のシンタクスと意味 II』くろしお出版
_____ (1991)『日本語のシンタクスと意味 III』くろしお出版
_____ (1993)『寺村秀夫論文集 I』くろしお出版
東京大学言語情報科学専攻 (編) (2011)『言語科学の世界へ——ことばの不思議を体験する 45 題』東京大学出版会
時枝誠記 (1950)『日本文法 口語篇』岩波書店
中右実 (1979)「モダリティと命題」林栄一還暦記念論文集編集委員会 (編)『英語と日本語と』pp. 223–250, くろしお出版
_____ (1999)「モダリティをどう捉えるか」『月刊言語』Vol. 28, No. 6, pp. 26–33, 明治書院
中澤恒子 (2011)「「行く」時、「来る」時: 直示表現の視点」東京大学言語情報科学専攻 (編) (2011)『言語科学の世界へ ことばの不思議を体験する 45 題』pp. 33–44, 東京大学出版会
永野賢 (1986)『文章論総説』朝倉書店
名嶋義直 (2007)『ノダの意味・機能——関連性理論の観点から』くろしお出版
仁田義雄 (1989)「現代日本語のモダリティーの体系と構造」仁田義雄・益岡隆志 (編)『日本語のモダリティー』pp. 1–56, くろしお出版

　　　　　　（1991）『日本語のモダリティと人称』くろしお出版
　　　　　　（1997）『日本語文法研究序説』くろしお出版
　　　　　　（1999）「モダリティをめぐって」『月刊言語』Vol. 28, No. 6 , pp. 34–45, 明治書院
仁田義雄（編）（1995）『複文の研究（下）』くろしお出版
日本語記述文法研究会（編）（2003）『現代日本語文法4　モダリティ』くろしお出版
　　　　　　（2007）『現代日本語文法 3　アスペクト、テンス、肯否』くろしお出版
　　　　　　（2008）『現代日本語文法 6　複文』くろしお出版
　　　　　　（2009a）『現代日本語文法 2　格と構文、ヴォイス』くろしお出版
　　　　　　（2009b）『現代日本語文法 5　とりたて、主題』くろしお出版
　　　　　　（2009c）『現代日本語文法 7　談話、待遇表現』くろしお出版
沼田善子・野田尚史（編）（2003）『日本語のとりたて――現代語と歴史的変化・地理的変異』くろしお出版
野田春美（1995）「ノとコト」『日本語類義表現の文法（下）複文・連文編』pp. 419–428
　　　　　　（1997）『「の（だ）」の機能』くろしお出版
野田尚史（1991）『はじめての人の日本語文法』くろしお出版
芳賀綏（1954）「"陳述"とは何もの？」『国語国文』23（4）, pp. 241–255
蓮沼昭子（1995）「対話における確認行為「だろう」「じゃないか」「よね」の確認用法」仁田編（1995）pp. 389–419
原沢伊都夫（2005）「テアルの意味分析――意図性の観点から」『日本語文法』5-1, pp. 20–38
早津恵美子（1989）「有対他動詞と無対他動詞の違いについて」『言語研究』95, pp. 231–56（須賀・早津編に採録）
ピーターセン，マーク（1988）『日本人の英語』岩波書店
福田一雄（2013）『対人関係の言語学――ポライトネスからの眺め』開拓社
文化審議会答申（2007）『敬語の指針』
堀江薫，パルデシ，プラシャント（2009）『言語のタイポロジー――認知類型論のアプローチ』（「認知言語学のフロンティア」5 巻）、研究社
ポズナー，マイケル, I（編）（1991）佐伯・土屋監訳『言語への認知的接近』産業図書
ホッパー, P. J.、トラウゴット, E. C.（2003）『文法化』日野資成（訳）、九州大学出版会
本多啓（2005）『アフォーダンスの認知意味論』東京大学出版会
前田直子（2006）『「ように」の意味・用法』笠間書院
　　　　　　（2009）『日本語の複文――条件文と原因・理由の記述的研究』くろしお出版
益岡隆志（1987）『命題の文法』くろしお出版
　　　　　　（1991）『モダリティの文法』くろしお出版
　　　　　　（1999）「命題との境界を求めて」『月刊言語』Vol. 28, No. 6, pp. 46–57, 明治書院
　　　　　　（2000）「価値判断を表す「ものだ」と「ことだ」」『日本語文法の諸相』pp. 123–134, くろしお出版

　　　　　　（2007）『日本語モダリティ探求』くろしお出版
益岡隆志・田窪行則（1992）『基礎日本語文法・改定版』くろしお出版
益岡隆志・野田尚史・沼田善子（編）（1995）『日本語の主題と取り立て』くろしお出版
松岡弘（1987）「「のだ」の文、「わけだ」の文に関する一考察」『言語文化』24, pp. 3–20
三尾砂（1942）『話ことばの文法』（改定版1978）　法政大学出版局
三上章（1953, 59）『現代語法序説』刀江書院
南不二男（1974）『現代日本語の構造』大修館書店
　　　　　　（1993）『現代日本語文法の輪郭』大修館書店
三原健一（1994）「いわゆる主要部内在型関係節について」『日本語学』15巻7月号, pp. 80–92
三宅友宏（2006）「「実証的判断」が表される諸形式──ヨウダ・ラシイをめぐって」益岡・野田・森山編（2006）『日本語文法の新地平2　文論編』pp. 119–136, くろしお出版
宮崎和人・安達太郎・野田春美・高梨信乃（2002）『新日本語文法選書4　モダリティ』くろしお出版
茂木敏伸（2002）「「ばかり」文の解釈をめぐって」『日本語文法』2巻1号, pp. 171–189, 日本語文法学会
森田良行（2002）『日本語文法の発想』ひつじ書房
守屋三千代（2006）「〈共同注意〉と終助詞使用」『言語』Vol. 35, No. 5, pp. 62–67, 大修館書店
森山卓郎（1988）『日本語動詞述語文の研究』明治書院
　　　　　　（1989）「コミュニケーションにおける聞き手情報──聞き手情報配慮非配慮の理論」仁田義雄・益岡隆志（編）『日本語のモダリティ』pp. 95–120, くろしお出版
　　　　　　（2000）『ここから始まる日本語文法』くろしお書店
山口佳也（1975）「「のだ」の文について」『国文学研究』56, pp. 223–235
山田孝雄（1936）『日本文法学概論』宝文館
山梨正明・有馬道子（編著）（2003）『現代言語学の潮流』勁草書房
渡辺実（1953）「叙述と陳述──述語文節の構造」『国語学』165, pp. 26–37.
綿巻徹（1997）「自閉症児における共感獲得表現助詞「ね」の使用の欠如：事例研究」『発達障害研究』Vol. 19, No. 2, pp. 146–157, 日本発達障害学会
Blakemore, D. (1987) *Semantic Constraints on Relevance*, Basil Balckwell
　　　　　　(1988) "'So' as a Constraint on relevance" in Kempson, R. (ed) *Mental Representations : The Interface between Language and Reality*, pp. 183–196, Cambridge University Press
　　　　　　(1992) *Understanding Utterances*, Ch. 8 pp. 134–154, Blackwell（武内道子・山崎英一（訳）『ひとは発話をどう理解するか──関連性理論入門』1994, ひつじ書房）
Brown, P. and Gilman, A. (1960) "The Pronoun of Power and Solidarity" in P. P. Giglioli, ed. *Language and Social Context*, pp. 252–282, Penguin Books.
Brown, P. and S. Levinson (1978, 1987) *Politeness some universals in language usage*,

Cambridge University Press.（田中典子（監訳）『ポライトネス——言語使用における、ある普遍現象』2011, 研究社）
Brown, G. and G. Yule. (1983) *Discourse Analysis*, Cambridge University Press.
Burzio, Luigi, 1986 *Italian Syntax*, Reidel.
Comrie, B. (1981) *Language Universals and Linguistic Typology: Syntax and Morphology*, Oxford: Blackwell and Chicago: University of Chicago Press.（松本克己・山本秀樹（訳）『言語普遍性と言語類型論——統語論と形態論』2001, ひつじ書房）
＿＿＿＿＿ (1989) *Language Universals and Linguistic Typology*, Oxford: Blackwell. (2nd edition).
de Beaugrande, R. de, & Dressler, W. (1981) *Introduction to Text Linguistics*, Longman.
Gibson, J.J. (1986) *The Ecological Approach to Visual Perception*, Psychology Press.
Goffman, E. (1967) *Interactional Ritual: Essays on Face-to-Face Behavior*, Anchor / Doubleday,（抜粋, Jaworski & Coupland, eds. (1999) *The Discourse Reader*, pp. 306–320, Routledge.）
Greenberg (1966) "Some Universals of Language with Particular Reference to the Order of Meaningful Elements" in Greenberg, ed. 1966 *Universals of Language*, pp. 73–113, MIT Press.
Grice, H.Paul (1967) "Logic and Conversation" in Grice P. (1989) *Studies in the Way of Words*.
＿＿＿＿＿ (1975) "Logic and Conversation" in Peter Cole and Jerry Morgan eds., *Syntax and Semantics 3: Speech Acts*, Academic Press, New York, pp. 41–58.（Grice1989 に再録）
＿＿＿＿＿ (1989) *Studies in the Way of Words*, Harvard University Press（清塚邦彦（訳）『論理と会話』1998, 勁草書房）
Grosz, B. J. & Sidner, C. L. (1986) "Attention, intentions, and the structure of discourse", *Computational Linguistics*, 12 (3), pp. 175–204.
Halliday, M.A.K. & Hasan, R. (1976) *Cohesion in English*, Longman.
Hobbs, J. R. (1985) "On the Coherence and Structure of Discourse", *CSLI Report*, No. CSLI-85-37.
Horie, Kaoru (1998) "On the Polyfunctionality of the Japanese Particles *NO*: From the Perspectives of Ontology and Grammaticalization" in *Studies in Japanese Grammaticalization*. Ed. T. Ohori, pp. 169–192. Kuroshio Publishers.
Ide, Sachiko (1990) "How and Why Do Women Speak More Politely in Japanese?" in Sachiko Ide, and Naomi Hanaoka McGloin (eds.) *Aspects of Japanese Women's Language*, pp. 63–79, Kurosio Publishers.
Ikegami, Yoshihiko (1991) "Do-language and Become-language: two contrasting types of linguistic representation" in *the Empire of Signs: Semiotic Essays on Japanese Cultures*. d. Y. Ikegami, pp. 285–326, Amsterdam: John Benjamins.
＿＿＿＿＿ (2015) "'Subjective Construal' and 'Objective Construal': A Typology of How

the Speaker of Language Behaves Differently in Linguistically Encoding a Situation"『認知言語学研究』Vol. 1, pp. 1–21.
Joseph, Lewis S.（1976）"Complementation", *Syntax and Semantics* 5, Academic Press
König, E.（1991）*The Meaning of Focus Particles*, Routledge.
Kuroda, Shiyeyuki（1992）"Pivot-independent relativization in Japanese I, II, III", Papers in Japanese Linguistics 3, 4, 5（1974, 75, 76）, reprinted in *Japanese Syntax and Semantics collected papers*（1992）, Kluwer Academic Publishers.
Lakoff, Robin（1973）"The Logic of politeness; or Minding your p's and q's", Chicago Linguistic Society, 9, pp. 292–305.
Langacker, Ronald.W.（1990）"Subjectification", *Cognitive Linguistics 1*, pp. 5–38.
―――（1991）*Foundations of cognitive grammar*, Vol. II, pp. 269–281, Stanford University Press.
Leech, J. N.（1983）*Principles of Pragmatics*, Longman.（池上嘉彦・河上誓作（訳）『語用論』1987, 紀伊国屋書店）
Lehmann, W.P.（1973）, "A structural Principles of Language and Its Implications", *Language 49*, pp. 47–66.
Li, C. & Thompson, S. A.（1976）"Subject and topic: A new typology of languages" in Li.C.（ed）, *Subject and topic*, pp. 457–489, New York Academic Press.
Lyons, John 1977 *Semantics 2*, Cambridge University Press.
Mann, W. C., & Thompson, S. A.（1986）"Relational Propositions in Discourse", *Discourse Processes*, 9（1）, pp. 57–90.
Martinet, A（1965）*La Linguistique synchronique, etudes et researches*, Paris.
McCawler, Noriko A.（1978）"Another look at no, koto, and to: epistemology and complementizer choice in Japanese" in Hinds, J. and Howard. I.（eds.）（1978）*Problems in Japanese Syntax and Semantics*, Kaitakusha.
McGloin, Naomi（1990）"Sex Difference and Sentence-Final particles" in Sachiko Ide and Naomi Hanaoka McGloin（eds.）Aspects of Japanese Women's Language, pp. 23–41, Kuroshio Publishers.
Miyagawa, Shigeru（1989）*Structure and Case Marking in Japanese*（Syntax and Semantics 22）, Academic Press.
Obana, Yasuko（2000）*Understanding Japanese: A handbook for learners and teachers*, Kuroshio Publishers.
Ohori, Toshio（1995）"Remarks on suspended clauses: A contribution to Japanese Phraseology" in Shibatani, M and S.A. Thompson（eds.）（1995）*Essays in Semantics*, pp. 201–219, John Benjamin Publishing Co.
Perlmutter, David.（1978）"Impersonal Passives and the Unaccusative Hypothesis," *BLS* 4, pp. 157–89, Berkley Linguistic Society Berkeley Linguistics Society.
Pinker, Steven（1989）*Learnability and Cognition*, MIT Press.
Reynolds, Katsue Akiba（1990）"Female Speakers of Japanese in Transition," in Sachiko

Ide, and Naomi Hanaoka McGloin (eds.) *Aspects of Japanese Women's Language*, pp. 129–146, Kurosio Publishers.

Schiffrin, D. (1987) *Discourse Markers*, Cambridge University Press.

Sperber D. & Wilson, D. (1986) *Relevance: Communication and Cognition*, Oxford University Press.

Stubbs, M. (1983) *Discourse Analysis*, Oxford: Basil Blackwell.

Sweetser, Eve (1990) *From etymology to pragmatics*, Ch. 3 Modality, pp. 49–75, Cambridge University Press. (澤田治美（訳）『認知意味論の展開——語源学から語用論まで』2000, pp. 69–105, 研究社)

Thomas, J. (1995) *Meaning in Interaction: An introduction to Pragmatics*, Longman. (浅羽亮一（監修）、田中典子他（訳）『語用論入門』1998, 研究社)

Tsunoda, Tasaku (1999) "Transitivity and intransitivity", *Journal of Asian and African Studies*.

Ueno, Tazuko (1971) *A study of Japanee modality: A performative analysis of sentence particles*, PhD. thesis, University of Michigan.

Vendler, Zeno (1967) *Linguistics and Philosophy*, Cornell University Press.

Watts, R. (2003) *Politeness*, Cambridge University Press.

Watts, R., Ide. S. & Ehlich, K. (eds) (1990, 2005) *Politenes in Language*, Second Edition.

Whorf, B.L. (1939, 1956) *Language, thought, and reality*, MIT Press (有馬道子（訳）『言語・思考・実在』南雲堂；池上嘉彦（抄訳）『言語・思考・現実』講談社学術文庫)

索　引

【あ行】

アスペクト　30, 92, 97, 101, 202, 266
イ形容詞　15, 264
意志動詞　30, 32, 49
一段動詞　17, 265
一貫性　228
移動動詞　31, 37, 49, 115, 120
意味役割　27
ヴォイス　50, 78, 87, 266
有情物主語　88
ウチとソト　79, 91, 244, 246
内の関係　205
うなぎ文　133
恩恵性　83, 85
恩恵の授受　78, 84, 253

【か行】

外界照応　230, 236
蓋然性　156, 160, 267
会話分析　246
格助詞　11, 27, 128, 249
画像標識　180
語り　95, 233
語り言語　137
活動動詞　32
感覚形容詞　44
感情形容詞　44, 46
間接受け身　56, 62, 64, 67, 88, 91, 266
感動詞　13
関連づけ　153, 181, 185, 188, 191, 219,
　223, 267
義務的モダリティ　149, 152, 154, 267
逆接　224
逆接条件　220
却下可能性　157
客観的把握　5
旧情報　132, 133, 234
共感　59
協調の原理　174, 182, 187, 268
共同注意　137, 152, 174, 187, 192, 197,
　231, 266
屈折語　2
敬意　243, 247
敬語　44
継続動詞　31, 49
形態素　8, 20, 69
形態素分析　22
形態論　8
形容動詞　13, 14
結束性　228, 267
言語類型論　1
謙譲語　44
謙譲語Ⅰ　245, 249
謙譲語Ⅱ　245, 250
現場指示　231, 236
語彙概念構造　32
語彙的アスペクト　112
語彙的ヴォイス　80
語彙的な結束関係　229
後置詞言語　10, 24

膠着語　2, 3, 7, 19, 30, 264
後方照応　230, 236
語構成　1, 2, 264
語順　1, 7, 23, 205, 264
コソアド語　10, 229, 231, 233
五段動詞　17, 265
好まれる言い回し　5, 41
コピュラ　21, 109, 156, 181, 264
語用論　8, 261
語用論的推論　217
孤立語　2
こんにゃく文　134

【さ行】
作成動詞　104
指し言語　137, 197
子音動詞　20, 55, 70, 71, 265
使役受け身文　71
使役態　51
使役動詞　77, 259
使役文　69, 71, 73, 75, 87, 88
指示　228
指示語　10, 137, 230, 267
指示対象　71, 230
事態把握　1, 4, 47, 115, 265
視点　39, 59, 68, 82
自動詞　31, 34, 54
終助詞　11, 90, 192, 194, 199
従属度　202
主観的把握　4, 5, 38, 41, 45, 120, 264
主語・述語　1, 3, 127, 133
授受動詞　40, 78, 80, 84, 87, 253, 266
主題化　12, 127, 128, 134, 265, 266
主題・解説　1, 3, 127, 133
受動態　51
主要部内在型関係節　210, 212
瞬間動詞　31, 49
順接条件　220, 223
照応　132

照応関係　228, 230
照応表現　230
証拠性　156, 165, 171, 267
状態動詞　30, 31, 92, 101
焦点化　127, 133, 139, 144, 265
譲歩条件　220, 224
消滅動詞　32
省略　229
助動詞　13, 17, 155
所有者主語　75
新情報　132, 133, 138, 186, 191
親疎　245, 246, 262
心的態度　149
心理的距離　172, 173
推量　156, 267
推論　162
スカラー含意　141
スル型　47, 49, 52, 54
接触・打撃動詞　32
接続　229
接続詞　13, 237
接続助詞　11, 199, 237
絶対敬語　243
説明のモダリティ　153, 174, 181
前置詞言語　10
前方照応　230, 231
総記　130, 133, 139
相対敬語　243
相対テンス　96, 213
相対名詞　208, 213
属性形容詞　44
素材敬語　243, 262
外の関係　205
尊敬語　245, 247, 257

【た行】
ダイアローグ　153, 176, 192
待遇表現　243, 256, 261, 267
体験者としての〈私〉　44, 46, 266

対者敬語　243, 246, 262
対比　129, 139, 218
代用　229
第4種の動詞　31, 49
他動詞　31, 34, 49, 52, 54, 75
他動性　34, 60
断定　156, 267
談話　8, 127, 228, 240, 267
談話管理理論　192
談話標識　240, 267
談話分析　241
談話文法　228
談話連結語　240, 267
中立叙述　129, 133
直接受け身　56, 58, 64, 266
陳述度　202
丁重語　245, 250
丁寧語　245
丁寧さ　246
手続き的意味　181, 186, 268
添加型とりたて助詞　139, 142, 266
テンス　25, 92, 95, 202, 266
伝達態度　149
伝聞　171
統語的ヴォイス　84
統語論　8
動態動詞　30, 101
とりたて助詞　11, 110, 127, 128, 265

【な行】
ナ形容詞　15, 264
ナル型　47, 49, 52, 54, 266
日常言語的推論　216, 218, 224
任意の補語　28
認識的モダリティ　149, 152, 154, 267
ネガティブ・ストラテジー　262
ネガティブ・フェイス　262
能格自動詞　49

【は行】
排他型とりたて助詞　144, 146, 266
破壊動詞　32
ハとガのスコープ　131
話し手中心性　268
美化語　245, 252
非対格自動詞　36, 49, 52, 75, 87, 266
非対格性の仮説　36
必須補語　28
否定極性表現　144
非能格自動詞　37
評価性形容詞　44
評価のモダリティ　153, 154, 267
フェイス　261
不規則動詞　20, 56, 70, 71
副詞　12
複数性　146, 147
複文　202
文章論　228, 240
文体　246
文体の切り替え　246
文の名詞化節　208, 210
文法範疇　50, 92, 149, 151
文脈指示　233, 236
並立助詞　11
並列助詞　11
変格動詞　17
変化動詞　31, 37, 49, 115
母音動詞　20, 56, 70, 71, 265
抱合語　2
法助動詞　149, 150
ポジティブ・ストラテジー　262
ポジティブ・フェイス　261
ポライトネス　261

【ま行】
〈見え〉　41, 47, 121, 137, 173, 187, 191, 197, 266
見えない〈私〉　41, 136, 231, 268

無意志動詞　30, 32, 49
ムード　149, 150, 151
無情物主語　60, 61, 72, 74
無助詞　134, 137, 229, 265
モダリティ　97, 149, 153, 174, 260
持ち主の受け身　57, 65, 67
モノの授受　78, 80, 253
モノローグ　153, 176

【や・ら・わ行】
有対自他動詞　36, 54, 87
類似性　169
連接関係　228, 237
連体詞　13, 204
連体修飾節　205
連体助詞　11
〈私〉のゼロ化　46

「日本語らしさ」の文法

2018年4月1日 初版発行

● 著　者 ●
近藤　安月子
© Kondoh Atsuko, 2018

● 発行者 ●
関戸　雅男

● 発行所 ●
株式会社　研究社
〒102-8152　東京都千代田区富士見 2-11-3
電話　営業　03-3288-7777（代）
　　　編集　03-3288-7711（代）
振替　00150-9-26710
http://www.kenkyusha.co.jp/

KENKYUSHA
〈検印省略〉

● 印刷所・本文レイアウト ●
研究社印刷株式会社

● 装　丁 ●
寺澤　彰二

ISBN978-4-327-38477-7　C1081　　Printed in Japan